80대20
러닝 훈련법

더 천천히 달리면 더 빠르게 달릴 수 있다

80대20
러닝 훈련법

맷 피츠제럴드 지음 최보배 옮김

빌리버튼 billy button

일러두기

· 원서에 나오는 거리 단위 마일(mile)은 킬로미터(km)로 변환했습니다. 1mile당 1.6km를 기준으로 계산했으며, 보기 쉽도록 일부는 근삿값으로 표기했습니다.

· 외래어 표기는 국립국어원 규정을 원칙으로 하였으나, 일반적으로 통용되는 경우에는 관용을 따르기도 했습니다.

· 본문에 나오는 다양한 러닝 이름의 경우 직관적으로 알 수 있도록 번역했습니다. 전문적인 용어는 보기 쉽도록 앞쪽에 정리했습니다. 단계별 훈련 프로그램을 쉽게 이해하고, 러닝 퍼포먼스를 향상시키는 데 도움이 될 것입니다.

· 기초체력을 기르는 러닝, 회복 러닝, 거리별 대회 훈련 프로그램 등 저강도부터 고강도 러닝까지 일상에서 쉽게 적용할 수 있도록 단계별로 정리했습니다. 자신의 체력과 목적에 맞게 훈련 계획을 세우고 싶으신 분들은 〈7장〉부터 읽고 따라해 보시면 됩니다.

이봉주

(한국 마라톤 신기록 보유자)

달리기는 단순한 운동을 넘어 하나의 문화로 자리 잡았습니다. 트레일 러닝이나 철인 3종처럼 다양한 형태의 러닝을 즐기는 사람도 많아졌습니다. 각종 대회에서 한계를 넘어서며 최선을 다하는 러너들의 모습을 보면 큰 힘을 얻습니다. 훈련 과정의 시행착오와 부상을 극복하고 달리는 일이 쉽지 않다는 걸 누구보다 잘 알기 때문입니다. 잘 달리긴 위해선 신체 능력을 이해하는 것도 필요하지만, 꾸준하게 달리기 위해선 어떻게 달리느냐가 더 중요합니다.

《80대20 러닝 훈련법》은 세계 최고 러너들의 1순위 훈련 비법을 모든 레벨의 러너에게 제공합니다. 훈련 페이스를 설정하고 경기력을 높이는 방법에 대해 과학적이면서도 체계적으로 구성된 획기적인 러닝 교과서라 할 수 있습니다. 단거리는 물론 풀코스 마라톤까지 바로 적용할 수 있는 프로그램을 따라가다 보면 실력 향상은 저절로 따라올 거라 확신합니다.

저 역시 매 순간 끊임없이 노력하며 달렸습니다. 인생의 크고 작은

5

시련들 앞에서 묵묵히 나아가는 것처럼 그렇게 달리길 바랍니다. 인내는 어떤 훈련보다 강하며, 달릴 때 가장 큰 감동을 받는 사람은 여러분 자신이 될 것입니다. 기록을 위해 달려도 좋고, 신체 건강을 위해 달려도 좋습니다. 달리기를 이해하고 새로운 동기부여를 얻길 바랍니다.

로버트 허드슨

(2024년 JTBC 서울마라톤 마스터즈 1위)

《80대20 러닝 훈련법》은 모든 러너에게 가치 있는 책이지만, 특히 러닝을 처음 접하는 초보 러너에게 더욱 유용합니다. 이 책에는 아서 리디아드Arthur Lydiard와 빌 스콰이어스Bill Squires와 같은 전설적인 코치들의 통찰이 담겨 있습니다. 그들은 높은 훈련량이 성공적인 러닝 퍼포먼스 향상에 필수라 강조하며, 이를 실현하기 위해서는 '80%는 천천히, 20%는 빠르게' 뛰라고 말합니다. 그리고 바로 이것이 이 책의 핵심 개념입니다.

5km부터 풀코스 마라톤까지 단계별로 정리된 훈련 프로그램을 꼭 따라 해 보길 바랍니다. 부상을 예방하고 점진적으로 훈련 강도를 높여 실력을 향상하는 데 큰 도움이 될 것입니다. 천천히 그리고 꾸준히 달리다 보면 개인 기록은 저절로 경신될 거라 확신합니다.

이병도

(2025년 대구마라톤 마스터즈 2위)

20년 전 달리기를 시작한 나에게 선물하고 싶은 책입니다. 스무 살의 나는 의욕으로 가득 차 있었고, 빨리 달리고 싶은 만큼 더 강하게 몰아붙였습니다. 하지만 현실은 시행착오의 연속이었고, 반복된 부상으로 일찌감치 정체기가 찾아왔습니다. 최선을 다했지만 올바른 방향을 몰랐던 것이죠. 지금은 20년 차 마스터즈 러너로 꽤 많은 우승 경력도 쌓았습니다. 하지만 그 당시 몇 년의 시행착오를 줄일 수 있었다면 어땠을까요? 만약 스무 살의 나에게 한 권의 책을 선물할 수 있다면 이 책을 건네 줄 것입니다. 《80대20 러닝 훈련법》은 과학적 원리를 바탕으로 훈련법을 분석하고, 러너의 상황과 목표에 맞춘 체계적인 가이드를 제시합니다. 과거의 저처럼 열정은 넘치지만 방법을 몰라 헤매는 모든 러너에게 적극 추천합니다. 더 빠르게 달리고 싶다면 천천히 달리는 법을 먼저 배워야 하니까요.

유문진

(2024년 경주 국제마라톤 마스터즈 1위)

달리기의 가장 큰 장점은 가벼운 차림에 운동화만 있으면 어디에서나 즐길 수 있다는 것입니다. 평소에 무심코 지나쳤던 풍경들을 보면서 달리다 보면, 달리기 그 자체의 즐거움을 느끼곤 합니다. 그만큼 달리기는 인간의 본능적인 움직임에 가깝습니다. 가벼운 마음과 옷차림으로 시작했던 처음처럼 끝까지 즐거워야 합니다. 그렇지만 달리기를 계속해 나가다 보면 여러 가지 어려움을 마주합니다. 그 과정에서 나쁜 습관을 버리고 좋은 습관을 형성하는 것을 목표로 해야 합니다. 《80대20 러닝 훈련법》이 이제 막 달리기를 시작한 사람부터 오랜 시간 달려온 모두에게 훌륭한 이정표가 되어 줄 거라 생각합니다.

김보건

(2024년 JTBC 서울마라톤 마스터즈 3위)

천천히 달리는 것이 정말 레이스에 도움이 되는지 궁금했습니다. 때로는 기록을 위해 더 빨리 달리고, 자신의 한계치까지 시험하기도 합니다. 《80대20 러닝 훈련법》은 훈련의 부담을 줄이면서도 기록 향상을 목표로 하는 러너라면 꼭 읽어야 할 책입니다. 달리기의 전문적인 이해를 높이는 것은 물론 러닝 강도를 효율적으로 조절하는 방법을 찾을 수 있습니다. 결국 러닝 강도를 현명하게 조절할 줄 아는 러너가 성장할 것입니다.

러닝의 새로운 기준, 80/20 훈련법

_로버트 존슨(러닝 커뮤니티 웹사이트 렛츠런LetsRun.com 공동창립자)

15년 전 10km를 28분에 달리던 나의 쌍둥이 형제 웰던과 함께 미국 올림픽 예선전에 나가기 위해 고강도 훈련을 했다. 그때 나는 90세였던 사랑하는 할머니와 잊지 못할 대화를 나누었다.

"애들아, 이 달리기라는 게 도무지 이해가 안 돼. 아침에 일어나서 24km를 뛰어야 한다는 걸 깨닫는 것보다 나쁜 일이 있니?" 할머니는 말씀하셨다.

나는 대답했다. "할머니, 그런 게 아니에요. 달리기는 제가 정말 좋아하는 일이에요. 힘들게 달리지 않아요. 웰던과 저는 편안하게 뛰면서 한 시간 반 동안 대화를 나눠요. 90분 동안 친목을 다지는 거죠."

그러자 할머니가 말씀하셨다.

"오, 그거 나쁘지 않네. 난 항상 달리기란 게 호되게 벌받는 일로 여겨졌거든."

할머니의 오해는 드문 일이 아니었다. 많은 사람이 할머니처럼 달리기를 보았다. 그리고 여전히 그런 시선으로 보고 있다. 하지만 맷 피츠제럴드는 당신에게 비밀을 알려주려 한다. 달리기는 항상 힘들 필요는 없다. 사실 대부분은 쉽고 즐거워야 한다.

알다시피 달리기 실력이 꾸준히 향상되려면 훈련 시스템이 반복 가능한 수준이어야 한다. 날마다, 주마다, 월마다 반복해야 하기 때문

9

이다. 그런데 힘든 달리기는 신체적으로나 심리적으로 반복하는 게 쉽지 않다. 마음이 먼저냐 몸이 먼저냐의 문제일 뿐, 훈련을 너무 많이 하면 지치기 마련이다.

전성기 시절 마라톤 훈련을 받을 때, 여유롭게 뛰다가 나보다 기록이 한 시간 이상 느린 러너에게 따라잡히는 일이 종종 있었다. 그때마다 스스로 이렇게 최고의 칭찬을 보내곤 했다.

"저 사람은 오늘 꽤 녹초가 됐겠군. 나는 더 단련되었고 말이야."

지나치게 빨리, 지나치게 자주 달리면서 자신을 힘들게 하는 러너가 너무 많다. 특히 요즘은 그 어느 때보다 그렇다. 즉 고강도 훈련에 대한 집착이 있다. 최근 훈련 방법의 추세는 속도 훈련에 중점을 둔다. 러닝 잡지, 웹사이트, 관련 도서는 '인터벌의 마법 같은 힘'에 대해 앞다투어 강조한다. 대회에서 우승한 러너조차도 천천히 달리기보다는 속도 훈련을 더 인정하기도 한다. 그러나 많은 엘리트 러너는 빠르게 달리기를 3.2km 할 때마다 천천히 달리기를 12.8km 한다.

속도 훈련은 느린 러닝보다 더 매력적으로 보일 수 있다. 그러나 역도 선수가 이틀 연속으로 무리하지 않듯이 러너도 그러지 말아야 한다. 실제로 역도 선수는 쉬는 날에 몸이 더 단련된다. 마찬가지로 러너 역시 대부분의 러닝을 천천히 함으로써 더 빨라진다. 이상하게도 역도 선수는 이 원칙을 이해하지만, 기록 향상을 목표로 달리는 러너는 잘 이해하지 못한다. 과도한 고강도 러닝은 마라톤에서 가장 흔한 실수이다.

맷 피츠제럴드의 혁신적인 80/20 러닝 프로그램 덕분에 이제 변화가 찾아올 것이다. 새로운 과학적 연구에 따르면 '대부분 천천히 훈련하는 방식'이 더 효과적이라는 것이 입증되었다. 80/20 러닝은 세계 최고의 러너들이 사용하는 훈련의 핵심 비법을 모든 러너들에게 공유하며, 경험과 실력에 상관없이 누구나 적용할 수 있도록 돕는다. 천천히 달리기의 가치를 잘 알고 있었기에 이 책이 제가 선수 시절에 존재했다면 얼마나 좋았을까 싶다. 피츠제럴드의 80/20 러닝 프로그램은 천천히 달리기를 쉽고 체계적으로 실천할 수 있도록 정리해 준다. 결국 핵심은 단순하다.

'전체 훈련의 80%는 저강도로, 나머지 20%는 고강도로 달리면 됩니다.'

이것이 전부다. 나머지는 세부사항이다. 더 느리게 훈련함으로써 실제로 더 빨리 달릴 수 있다는 말을 믿기 어려울 것이다. 하지만 피츠제럴드의 새로운 방법에 대한 설득력 있는 설명을 읽고 나면, 한 번 시도해 볼 만하다고 생각할 것이다. 그리고 직접 실행해 보면 그 효과를 확신하게 될 것이다.

80%는 가볍게, 20%는 강하게 달려라

더 빨리 달리고 싶은가? 그렇다면 속도를 늦춰야 한다. 모순적으로 들리겠지만 빠르게 달리는 러너가 되는 비결은 천천히 달리는 것이다. 느리게 달린 시간이 얼마나 많으냐에 따라 잠재력을 최대한 발휘하는 러너와 그렇지 못한 러너로 자연스럽게 나뉜다. 세계 최고의 러너들을 대상으로 한 분석에 따르면, 이들은 전체 훈련 시간의 약 80%를 환기역치 아래에서, 즉 대화를 나눌 수 있을 정도로 천천히 달린다. 최근의 연구를 보아도 전문 선수는 아니지만 기록 향상을 목표로 하는 러너 역시 천천히 훈련할 때 기량이 더 빨리 향상되었다.

하지만 대부분의 러너는 실제로 편안한 강도로 훈련하는 경우가 거의 없다. 자신도 모르게 매일 조금씩 더 무리하게 훈련한다. 엘리트 러너는 고강도 훈련 한 번에 쉬운 훈련 네 번을 한다. 반면에 개인 기록 향상을 목표로 달리는 러너는 고강도 훈련 한 번에 쉬운 훈련 역시 한 번 한다. 간단히 말해 너무 자주 강하게 달리는 것이 달리기에서 가장 흔하고 해로운 실수다.

이런 경향은 충분히 이해할 만하다. 훈련 중 빠르게 달리는 것은 대부분의 러너에게 직관적으로 맞는 것처럼 느껴진다. 어쨌든 훈련의 목적은 대회를 준비하는 것이고, 가능한 한 빨리 결승선에 도달하는 것이 목표이다. 훈련 중 빠르게 달리는 것이 중요하다는 사실을 부정하는 사람은 없지만, 빠른 달리기를 엄격히 제한한 러너가 훈련에서 더 유리하고 대회 결과도 더 좋다. 반면 무리하게 달리기를 하면 피로가 누적되어 기록을 내기 어렵다.

나는 이 교훈을 직접 배웠다. 열두 번째 생일을 맞기 몇 주 전에 달리기를 시작했다. 첫 달리기는 가족이 살던 뉴햄프셔주 시골의 흙길을 따라 9.6km를 달렸다. 스톱워치를 차고 좋은 기록을 내기 위해 노력했으며, 특히 아버지의 평균 기록을 따라잡고 싶었다. 이틀 후 같은 코스를 다시 달렸고 기록을 경신했다. 또 이틀 후에는 기록을 더 단축하는 데 성공했다. 어린 시절 나는 이런 패턴이 계속될 것이라고 기대했다. 하지만 몇 주가 지나도 기록은 더 나아지지 않았고, 달리기가 힘들어졌다. 결국 훈련을 그만두고 다시 축구에 집중하게 되었다.

2년 후, 축구 경기 중 무릎을 다쳤고 수술 후 회복하면서 다시 달리기를 시작했다. 우연히 당시 고등학교 코치 중 한 명이 나이키의 첫 번째 직원이자 회사 이름을 지은 제프 존슨이었다. 제프의 코칭 철학은 뉴질랜드 출신의 육상 코치 아서 리디아드Arthur Lydiard에게 영향을 크게 받았다. 리디아드는 1960년대에 천천히 편안하게 달리면서 적정 속도 훈련을 결합한 혁신적인 방법을 소개했다. 나는 이 방법을 통해 크게 성장했고, 야외를 달리는 크로스컨트리와 트랙 경기에서 주 대표 선수가 되어 팀에게 챔피언십 타이틀을 여러 번 안겼다.

1960년대에 시작된 리디아드 혁명 이후 주요 국제대회 우승자들은 모두 천천히 달리기를 통해 성공했다. 천천히 달리기는 새로운 것이 아니다. 그러나 오늘날 천천히 달리기의 힘을 인식하고 이를 제대로 활용하는 러너는 소수에 불과하다. 천천히 달리기가 스포츠계 전반에 널리 퍼지지 못한 데에는 여러 이유가 있다. 그중 하나는 회의론적 입장으로 많은 과학자가 여전히 천천히 달리기가 쓸모없다고 믿는 것이다. 최근 달리기에서 최적의 훈련 강도 분배를 연구하는 혁명이 일어나고 있으며, 천천히 달리기의 새로운 옹호자들이 주목받고 있다.

과거에는 천천히 달리기를 쓸데없는 짓이라고 치부하던 과학자들이 있었고, 그들의 주장에 더 힘을 실어주었다. 그러다 노르웨이에 있는 미국인 운동생리학자 스티븐 사일러Stephen Seiler가 등장했다. 성공적인 운동선수들이 사용하는 훈련법이야말로, 통제된 실험실에서 밝혀낸 것보다도 더욱 효과 있는 훈련법이라고 말했다. 실험 결과에 따르면 세계 최고의 장거리 선수들은 자신들이 뭘 하는지도 모르는 것이나 다름없었다. 사일러는 이 직관을 바탕으로 연구를 시작했고, 결국 천천히 달리기에 대한 아서 리디아드의 초기 발견 이후 달리기에서 가장 중요한 돌파구인 '80/20 법칙'으로 이어졌다.

사일러는 세계적 수준의 조정 선수들과 크로스컨트리 스키 선수들의 훈련 방법을 철저히 분석했다. 그는 놀라운 일관성을 발견했다. 그들 모두 훈련량에서 약 80%는 저강도로, 20%는 고강도로 수행했다. 이어진 연구에서 사일러는 사이클 선수, 수영 선수, 트라이애슬론 선수, 조정 선수, 그리고 러너도 같은 훈련 방식을 따른다는 사실을 발견했다. 이 패턴이 우연이 아니라고 판단한 사일러와 다른 연구자들은 여러 운동선수를 대상으로 80/20 훈련과 더 많은 고강도 훈련 방식을 비교 연구했다. 모든 연구에서 결과는 동일했다. 80/20 훈련이 강도 높은 훈련보다 훨씬 나은 결과를 가져왔다.

80/20 법칙은 달리기뿐만 아니라 다른 지구력 스포츠에서도 혁신을 가져올 것이다.

첫 번째, 속도 중심의 훈련 방식이 더 효과적인지, 아니면 느린 훈련 방식이 더 효과적인지에 대한 논쟁을 끝낸다. 이제 고강도 또는 중강도를 선호하는 과학자나 코치가 러너를 잘못된 방향으로 이끌 수 없게 될 것이다.

두 번째, 사일러의 발견은 명확한 수치 목표를 제시함으로써 이미 올바르게 훈련하고 있는 러너도 더 효과적으로 훈련할 수 있도록 돕는다. 80/20 법칙을 적용하면 훈련할 때 머뭇거릴 필요가 없다. 러너가 효과를 최대로 끌어올리려면 80/20 법칙에 따라 훈련을 계획하고, 각 훈련 단계에서 자신의 달리기 강도를 관찰하여 올바른 지점에 있는지 확인하기만 하면 된다.

사일러의 법칙은 러너들이 저강도 운동의 기준을 명확히 이해하는 데 도움을 준다. 사일러에 따르면 저강도와 중강도 경계는 환기역치VT, Ventilatory Threshold에서 결정된다. 이는 호흡이 갑자기 깊어지는 지점을 의미하며, 우리에게 더 익숙한 젖산역치LT, Lactate Threshold보다 약간 낮은 강도다. 쉽게 말해 젖산역치는 편하게 대화를 나누며 달리기가 어려운 최고 강도로 생각할 수 있다.

훈련이 잘된 러너의 경우 환기역치는 최대 심박수의 77~79% 수준에서 나타난다. 10km 레이스를 50분(1.6km당 8분 3초) 이내에 달리는 러너의 경우, 환기역치 속도는 약 1.6km당 8분 40초에 해당한다. 10km를 40분(1.6km당 6분 26초) 이내에 달리는 러너의 경우, 환기역치 속도는 약 1.6km당 7분 2초에 해당한다. 두 선수 모두 이 속도보다 천천히 달릴 때 편안하게 느껴지는 강도가 된다.

과학자들은 기록 향상을 목표로 달리는 러너 대부분이 전체 훈련 시간의 절반도 저강도로 달리지 않는다는 사실을 알아냈다. 이는 문제라 지적했다. 연구에 따르면 저강도 65대 고강도 35의 강도 분포조차도 80/20 법칙을 완전히 따르는 것보다 경주 성적이 나쁘기 때문이다. 좋은 소식은 엘리트 러너가 아니라면 전체 훈련 시간의 80%를 저강도로 달리지 않는다는 것이 거의 확실하며, 속도를 늦추기만 해도 기록이 크게 향상될 수 있다는 것이다. 이 책의 목적은 그렇게 할 수 있도록 돕는 것이다.

제프 존슨이 고등학교 시절 내게 천천히 달리기의 힘을 보여줬을 때, 내가 언젠가 러너를 지도하게 될 줄은 상상도 하지 못했다. 내 역할은 아서 리디아드나 스티븐 사일러처럼 혁신을 이끌고 새로운 것을 발견하는 것이 아니라, 그들과 러닝 커뮤니티를 연결하는 다리 역할을 하는 것이다. 경력 초기에 나는 엘리트 러너가 보강 운동을 활용해 성과를 높이고 부상을 방지하는 새로운 방법들에 충격을 받았고, 그 결과 《러너스 월드 크로스 트레이닝 가이드Runner's World Guide to Cross-Training》를 집필했다. 이후 뇌 과학이 스포츠에 미치는 영향에 관심을 두게 되었고, 이를 모든 러너에게 알리기 위해 《러너를 위한 뇌 훈련Brain Training for Runners》을 썼다.

스티븐 사일러의 연구에 대해 알게 되었을 때, 나는 즉시 80/20 법칙이 경기의 흐름이나 승패에 큰 요소가 될 것이란 걸 알았다. 나는 항상 대부분 느리게 훈련하는 방식을 가르쳤지만, 여전히 많은 러너가 너무 자주 너무 빠르게 달린다는 것을 알고 있었다. 내가 깨달은 것, 그리고 과학이 증명한 것은 느리게 달리는 것이 대부분의 러너에게는 자연스럽지 않다는 점이다. 내가 열한 살의 초보 러너로서 느꼈던 본능은 수많은 러너의 마음속에도 내재되어 있다. 그들의 경험이 많든 적든 상관없이 모든 달리기를 의미 있게 만들기 위해 편안한 수준을 넘어서서 밀어붙이려는 충동이 존재한다. 이 본능 때문에 실제로 많은 러너가 훈련에 어려움을 겪는다. 저강도 훈련이 대부분인 훈련 계획을 제공하는 것과, 러너가 실제로 환기역치 아래에서 달리는 것은 완전히 다른 문제다. 러너를 체계적으로 관리하고 강제로 억제하지 않으면 쉬운 날에도 무리하게 달려 훈련 계획을 망치는 경우가 많다는 것을 발견했다.

스티븐 사일러의 연구를 발견하기 전까지는 러너가 가장 흔히 범하는 실수를 막으려던 내 노력이 효과적이지 않았다. 하지만 사일러의 연구와 80/20 혁명의 다른 선도 과학자들의 연구를 공부한 후 상황은 급격히 바뀌었다. 나는 사일러와 그의 협력자들과 직접 연락을 취해 더 많은 것을 배웠다. 나는 80/20 방법의 정량적 기준을 사용하여 너무 힘들지도 않고, 너무 쉽지도 않게 훈련 계획을 세웠다. 이후 '피어 모바일 앱'을 위한 여러 가지 80/20 훈련 계획을 설계했으며, 내 목소리를 통해 러너에게 심박수 기반 훈련을 안내했다. 또한 저강도와 고강도 훈련 시간을 추적하는 별도의 80/20 러닝 앱을 개발했다.

많은 러너가 80/20 법칙에 맞추기 위해 속도를 늦춰야 했다. 일부 러너는 훈련을 더 쉽게 해야 대회에서 더 빠르게 달리는 데 도움이 된다는 것을 믿지 못했다. 하지만 이 과정을 끝까지 수행한 러너는 큰 보상을 받았다. 그들의 달리기는 더 즐거워졌고 덜 피곤해졌다. 이제 한 번의 달리기에서 느낀 피로가 다음 달리기로 이어지지 않으며, 더 빠르게 달려야 하는 달리기에서도 더 나은 성과를 냈다. 갑자기 한 주에 추가로 8~16km를 더 달리는 것이 불가능하지 않게 느껴졌다. 이를 활용하는 러너는 더욱 발전했다.

샌디에고의 조 역시 그런 경우다. 경험이 많은 러너이자 트라이애슬론 선수였던 조는 나와 함께 훈련을 시작하기 전까지 20년 동안 서브3 마라톤 기록을 목표로 했다. 이전에 조는 혼자 훈련했으며, 다른 자가 훈련 러너처럼 중강도 훈련을 많이 하고 저강도 훈련을 적게 했다. 그를 천천히 달리게 하는 것은 어려웠다. 조는 80/20 법칙을 받아들이기는 했지만, 막상 달리면 예전 습관으로 돌아가곤 했다. 마침내 피어 모바일 앱의 도움을 받아 천천히 달릴 수 있게 되었다. 그러자 그의 에너지 수준이 급상승했고, 우리는 그 에너지를 잘 활용해 훈련 일정에 몇 킬로미터를 추가할 수 있었다. 2012년 5월, 조는 47세의 나이로 오렌지 카운티 마라톤에서 2시간 59분 20초에 완주했다.

이제 당신 차례다. 이 책의 목적은 내가 조를 도운 것처럼 당신을 돕는 것이다. 나는 이 책에서 너무 자주 무리하게 달리는 나쁜 습관을 끊고 천천히 달리기를 받아들이는 방법을 보여줄 것이다. 또한 이 방법이 오랜 세월 동안 스포츠에서 자연스럽게 발전한 과정과, 80/20 러닝이 다른 방법들보다 더 효과적이라는 과학적 증거를 분석할 것이다. 80/20 러닝이 어떻게 체력을 키우고 달리기 기술을 극대화하는지 설명할 것이며, 〈6장〉에서 〈13장〉까지는 80/20 러닝을 효과적으로 실천하기 위해 알아야 할 모든 내용 다룰 것이다.

나는 이 책의 첫 번째 교육적인 부분(1~6장)이 끝나면, 두 번째 부분(7~13장)의 실질적인 지침과 프로그램을 바로 실행하고 싶어질 것이라고 확신한다. 결국, 더 쉬운 방법이 더 나은 방법이라는 사실을 깨닫게 될 것이다.

-맷 피츠제럴드

환기역치 VT, Ventilatory Threshold
운동 강도가 높아지면서 호흡이 급격하게 빨라지는 지점을 나타낸다. 환기역치는 크게 두 가지 구간으로 나눌 수 있다. 첫 번째 환기역치|VT1는 운동 강도가 증가함에 따라 호흡량이 점진적으로 증가하는 지점이다. 빠른 걷기나 조깅처럼 말하며 운동할 수 있는 수준의 강도다. 두 번째 환기역치|VT2는 젖산 축적이 급격히 증가하는 지점이다. 호흡 속도가 빨라지면서 더 이상 말하면서 운동할 수 없는 수준의 강도다.

젖산역치 LT, Lactate Threshold
젖산은 우리 몸이 에너지를 만들 때 생기는 부산물로 특히 고강도 운동을 할 때 많이 생성된다. 젖산 자체는 문제가 되지 않지만, 처리할 수 있는 신체 능력이 떨어지면 근육이 피로해져 고강도 운동의 지속이 어렵다. 즉 젖산역치|LT는 신체가 제거할 수 있는 속도보다 젖산이 급격히 증가하는 지점을 나타낸다.
젖산역치와 환기역치는 운동 수행력을 예측하거나 유산소 운동 프로그램의 강도 수준을 설정하는 데 활용한다. 환기역치|VT1 → 환기역치|VT2 → 젖산역치|LT 순서로 강도가 증가한다. 환기역치 VT2와 젖산역치|LT는 비슷하지만 젖산역치|LT가 더 높은 강도에서 발생한다.

호흡보상점 RCT, Respiratory Compensation Threshold
호흡보상점은 첫 번째 환기역치|VT1 이후 운동 강도가 더욱 증가하면서 호흡수가 다시 한 번 급격히 증가하는 지점으로, 두 번째 환기역치|VT2 와 같은 지점을 의미한다. 젖산 축적이 급격히 증가하며 체내 pH 균형을 유지하기 위해 호흡이 더욱 빨라진다.

최대 산소 섭취량 VO$_2$max
최대 산소 섭취량은 운동 중 신체가 흡수할 수 있는 산소의 최대량을 의미하며, 심폐 능력과 지구력을 나타내는 지표로 활용된다. 최대 산소 섭취량이 높을수록 피로가 덜 쌓이기 때문에 더 오랫동안 더 높은 강도로 운동할 수 있다.

운동자각도 RPE, Rating of Perceived Exertion
운동자각도는 몸이 느끼는 주관적인 운동 강도를 의미한다. 〈6장〉 이론 부분까지는 전문 용어인 '운동자각도'를 사용했으며, 〈7장〉 실전부터는 쉽게 이해하기 위해 '체감하는 운동 강도'로 표현했다.

보그 척도 Borg Scale
운동 중 느끼는 강도를 평가하기 위해 개발된 도구로 운동자각도를 수치화한 방식이다. 6~20까지의 평가 척도로 나타내며, 특별한 장비나 계산 없이 컨디션에 따라 유연하게 조절이 가능하다. 직관적으로 보기 쉽게 수정된 '10점 척도' 역시 함께 수록했다.

피크 단계 Peak Phase
대회 전 최상의 컨디션을 만들어 경기력을 극대화 시키는 단계로, 훈련량은 줄이고 강도는 유지한다. 책에서는 '핵심 단계'로 표기했다.

테이퍼링 Tapering
대회를 앞두고 훈련량을 줄여 피로를 회복하는 단계로, 부상을 예방하고 체력 유지를 목표로 한다. 책에서는 '조정 단계'로 표기했다.

타임 트라이얼 Time Trial
타임 트라이얼은 대회에 가장 가까운 형태로 실시하는 훈련이다. 일정 거리를 빠른 시간 내에 완주하는 걸 목표로 하며, 자신의 현재 페이스를 확인하고 기록을 경신하기 위해 실시한다.

파틀렉 Fartlek
스웨덴어로 '스피드 플레이'란 뜻으로 속도를 변화시키는 훈련이다. 빠른 러닝과 느린 러닝을 교대로 실시해 심폐 지구력과 순발력을 기른다. 책에서는 '변속 질주 러닝'으로 표기했다.

러닝 이코노미
특정 속도로 달릴 때 필요한 산소의 양으로, 같은 산소 양으로 얼마나 잘 달릴 수 있느냐를 뜻한다. 즉 에너지 소비를 줄이고 효율적으로 잘 달리는 것을 의미한다. 적은 에너지로 더 빠르고 편하게 달리는 사람은 러닝 이코노미가 높다고 할 수 있다.

케이던스
1분 동안의 총 걸음 수를 나타내는 개념으로 '보폭 수'를 뜻하기도 한다. 발이 지면에 닿는 빈도가 높아지면 보폭이 줄고 신체의 수직 진폭이 감소한다. 무릎과 발목 등의 관절 부상 위험이 낮아지고 러닝 효율이 높아진다.

러닝 마일리지
주어진 기간(훈련 기간) 달린 총 거리를 의미한다.

스프린트 Sprint
육상, 수영, 스피드 스케이트 등에서 단거리 레이스를 의미한다. 또는 단거리를 전력으로 수영하거나 달리는 일을 뜻한다.

트라이애슬론 Triathlon
수영, 사이클, 마라톤의 세 종목을 연달아 시행하여 기록에 따라 순위를 매기는 복합 경기이다. 올림픽 트라이애슬론은 수영 1.5km, 사이클 40km, 마라톤 10km로 이루어진다. 일반적으로 많이 알려진 '철인 3종' 또는 '아이언맨' 경기는 수영 3.8km, 사이클 180km, 마라톤 42.195km로 17시간 이내에 완주해야 한다.

일립티컬 머신 Elliptical Machine
일립티컬 머신은 발을 올리는 발판과 손잡이로 구성된 유산소 운동 기구이다. 걷기와 비슷한 동작으로 팔과 다리를 동시에 움직이며, 관절에 부담을 주지 않고 전신 근육을 강화할 수 있다.

차례

1장

일단, 천천히 달려라

몇 년 전, 나는 후안 카를로스라는 러너를 위해 맞춤형 훈련 계획을 설계했다. 그는 3년 동안 달리기를 해왔지만 최근에는 진전이 없어 답답함을 느끼고 있었다. 그의 10km 최고 기록인 52분 30초에서 경신되지 않을 듯 느껴졌고, 최근 훈련에서는 자주 몸 상태가 좋지 않다고 느꼈다. 그는 이메일로 "이제 1.6km를 8분 45초 속도로도 달릴 수가 없어요"라고 말했다.

나는 후안 카를로스에게 그의 현재 체력 수준으로는 1.6km당 8분 45초 속도로 달리는 것이 적절하지 않으며, 이 속도는 중강도 훈련에서만 해야 한다고 설명했다. 그리고 쉬운 달리기에는 1.6km당 9분 30초의 속도가 더 적합하며, 이 속도로 전체 달리기의 약 80%를 해야 한다고 말했다.

후안 카를로스가 속도를 줄여야 했던 첫 번째 러너는 아니었다. 사실 나에게 도움을 청한 거의 모든 러너가 천천히 달려야 함에도 너무 빠르게 달렸다. 또한 많은 러너가 훈련 중 속도를 줄여야 한다는 조언을 받아들이기 어려워했다. 그들은 훈련할 때 속도를 늦추어야 대회에서 더 빠르게 달릴 수 있다는 사실을 믿지 못했다. 후안 카를로스도 그랬다. 80/20 러닝을 시작한 후에도 그는 "몸 상태가 정말 좋을 때는 더 빠르게 달려도 될까요?"라고 여러 번 물었다. 나는 그때마다 참으라고 조언했다.

80/20 러닝은 매우 간단하다. 두 가지 요소로 이뤄지는데 하나는 계획이고 다른 하나는 모니터링이다. 첫 번째는 80/20 법칙을 바탕으

로 훈련 계획을 세우는 것이다. 전체 훈련 시간의 약 80%는 저강도로 하고, 나머지 20%는 고강도로 해야 한다. 두 번째 모니터링 요소는 각 달리기에서 강도를 측정하여 80/20 법칙이 제대로 실행되고 있는지 확인하는 것이다.

내가 제시한 간단한 지침에 따라 계획을 세우고 훈련 강도를 모니터링하면 곧 이전보다 훨씬 잘 달리게 될 것이다. 그러나 80/20 러닝에 들어가기 전에 꼭 해야 할 중요한 첫 단계가 있다. 그것은 '대부분 천천히 달리는' 접근 방식을 받아들이는 것이다. 이 천천히 달리기에 대한 수용은 마음과 몸 두 가지 차원에서 모두 이루어져야 한다.

80/20 러닝을 마음으로 받아들이는 것은 이 방식이 다른 훈련 방법보다 더 효과적이라는 사실을 지적으로 납득하는 것이다. 〈2장〉에서 〈5장〉까지 80/20 러닝의 분명한 장점을 명확하게 보여주는 설득력 있는 증거를 제시한다.

80/20 러닝을 몸으로 받아들이는 것은 속도를 늦추는 법을 익히는 것이다. 이는 후안 카를로스를 포함한 많은 러너가 처음에는 놀랄 만큼 어렵게 느끼는 일이다. 이는 마치 좋아하는 정크 푸드를 끊는 것과 비슷하다. 이미 익숙해진 습관을 바꾸는 데는 시간이 걸리므로, 이 책을 계속 읽으며 당장 시작할 것을 권한다. 먼저 천천히 달리는 것이 처음에는 왜 그렇게 어려운지 〈1장〉에서 자세히 풀었다.

지금 당장 이 책을 내려놓고 속도를 선택해 8km를 달린다고 가정해 보자. 단, 조건은 시계를 착용하지 말아야 한다. 아마 당신은 마지막으로 쉽고 편안하게 달렸을 때와 매우 비슷한 속도로 달릴 것이다. 또한 그 속도는 환기역치를 넘어 중강도 구간에 속할 가능성이 크다.

여기에는 두 가지 문제가 있다. 첫째는 당신이 습관적으로 달리는 속도가 후안 카를로스에게 그랬듯이 당신의 발전을 방해하고 있다는 점이다. 둘째는 빠른 속도로 달리는 것이 이미 습관이 되었다는 점이다. 오랜 반복을 통해 익숙한 리듬이 된 이 속도는, 마치 걸음걸이처럼 자연스럽게 몸에 배어 있다. 이런 이유로 습관적인 달리기 속도는 관성의 힘을 가지고 있으며, 다른 습관이 그렇듯이 깨기가 어렵다.

대부분의 러너가 훈련 중에 자신을 한계치까지 밀어붙이는 나의 관찰은 과학적으로도 증명된 사실이다. 1993년 애리조나주립대학교 운동스포츠과학연구소의 뮤리얼 길먼Muriel Gilman은 기록 향상을 목표로 달리는 여성 러너에게 심박수 측정기를 지급하고, 일주일 동안 훈련 중 착용하게 했다. 일주일 후 연구자들은 측정기를 수거하고 러너가 각각의 강도 구간에서 보낸 시간을 계산했다.

길먼은 저강도와 중강도의 경계를 환기역치로 설정했으며, 연구 참가자들의 환기역치는 최대 심박수의 82%에서 발생했다. 중강도와 고강도의 경계는 젖산역치로 설정되었으며, 이는 젖산이 혈액 내에 축적되기 시작하는 운동 강도다. 참가자들의 젖산역치는 최대 심박수의 94%에서 나타났다.

결과적으로 이 러너들은 일주일의 전체 훈련 시간 중 평균 45.8%를 저강도로, 거의 동일한 45.7%를 중강도로, 나머지 8.9%를 고강도로 훈련했다. 다른 연구에서도 밝혀졌듯이 이렇게 균형 잡힌 훈련 방식은, 훈련의 80%를 저강도로 나머지 20%를 중강도에서 고강도로 훈련하는 러너들보다 개선 효과가 훨씬 적었다. 따라서 애리조나주립대학교 연구에서 여성들이 보여준 약 50대 50의 훈련 비율은 기록 향상을 목표로 하는 러너들의 일반적인 패턴이며, 이것이 그들의 발전을 방해했다고 볼 수 있다.

그렇다면 왜 대부분의 러너는 중강도로 그렇게 많은 시간을 달릴까?

80/20 법칙을 발견한 스티븐 사일러는 그 이유가 달리기가 다른 운동과 달리 최소 강도 임계값을 가지고 있기 때문이라고 주장했다. 매우 천천히 달리기는 사실상 달리기가 아니라 걷기에 가깝다. 평균적인 사람은 1.6km당 약 13분 속도에서 자연스럽게 걷기에서 달리기로 전환한다. 천천히 걷기 시작해서 점차 속도를 높이면, 대략 그 속도쯤에서 달리고 싶은 충동을 느낀다. 반대로 달리다가 점차 속도를 줄이면 1.6km당 약 13분 속도에서 다시 걷고 싶어진다.

문제는 많은 러너, 특히 초보 러너나 과체중 러너가 걷기에서 달리

기로 전환하자마자 이미 환기역치에 가까워진다는 것이다. 이들은 저
강도 구간에서 훈련할 수 있는 여지가 거의 없다. 반면 남성 엘리트
러너는 환기역치 아래에서 1.6km당 6분이라는 빠른 속도로 달릴 수
있다. 엘리트 러너의 저강도 구간은 훨씬 넓기 때문에 자연스럽게 더
많은 시간을 그 구간 내에서 보낼 수 있다.

이 설명은 일리가 있지만, 기록 향상을 목표로 달리는 러너가 전체
훈련 시간 중 저강도로 훈련하는 시간이 엘리트 러너보다 훨씬 적다
는 현상을 완전히 설명하지는 못한다. 자전거 타기와 같은 다른 유산
소 운동에는 걷기-달리기 전환이 없지만, 벨기에 연구진이 자전거 통
근자 그룹의 자율적인 운동 강도를 측정했을 때, 이들도 마치 기록 향
상을 목표로 달리는 러너처럼 환기역치 바로 위의 강도를 선택하는
것을 발견했다. 이런 현상은 발판을 밟으며 팔과 다리를 동시에 움직
이는 일립티컬 트레이닝이나 수영 등 거의 모든 유산소 운동에서도
관찰되었다. 그렇다면 왜 대부분의 러너가 본능적으로 중강도에서 훈
련하는 경향이 나타날까? 특히 대부분의 시간을 저강도로 훈련하는
것이 더 효과적이고, 더 쉽다는 것이 알려져 있는데도 말이다.

운동과학자들은 사람들이 생리학적 원리를 따라 운동 강도를 자연스럽게 선택한다고 가정했다. 예를 들어, 일부 연구자들은 대부분의 러너가 습관적으로 고강도에서 달리는 이유가 대사적으로나 생체역학적으로 그 범위에서 효율이 가장 높기 때문이라고 주장했다. 실제로 러너가 자주 훈련하는 속도에서 효율이 높아지는 경우도 있지만, 이는 단순히 자주 연습한 속도에 적응했기 때문이다. 여러 연구 결과를 보면 기록 향상을 목표로 하는 러너가 처음에 속도를 선택할 때 생리학이 아니라 인식을 바탕으로 하고, 그 속도가 결국 효율적인 습관이 된다는 것을 알 수 있다.

2001년 웨인주립대학교 연구자들은 대학생 지원자 그룹에게 트레드밀, 사이클, 계단 오르기 기구에서 자율적으로 선택한 속도로 20분 동안 운동하도록 했다. 연구자들은 심박수, 산소 섭취량, 인식된 운동 강도를 측정했다. 연구자들은 실험 참가자들이 무의식적으로 세 가지 운동에서 상대적으로 동일한 생리학적 강도를 목표로 할 것이라고 예상했다. 예를 들어 어떤 기구를 사용하든 최대 심박수의 65%로 운동을 한다든지, 세 가지 운동 모두 최대 산소 섭취량$_{VO_2max}$의 70%에서 리듬을 잡을 것으로 예상했다. 하지만 실제로는 그렇지 않았다. 세 가지 운동에서 심박수와 산소 섭취량에 일관성이 없었다. 대신 실험 참가자들은 트레드밀, 사이클, 계단 오르기 기구에서 비슷한 수준의 운동 자각도를 선택한 것으로 나타났다. 운동자각도RPE, Rating of Perceived Exertion는 심박수 상승, 호흡 증가, 근육 피로 등을 별다른 계산 없이 느끼는 강도에 따라 판단하는 주관적인 척도다.

과학자들이 이러한 실험에서 참가자들의 운동자각도를 측정하기 위해 사용하는 표준 도구는 6에서 20까지의 범위를 가진 보그 척도Borg Scale이다. 세 가지 기구에서 실험 참가자들은 모두 평균 12.5의 노력을 기록했으며, 이는 보그 척도의 중간에 해당한다. 이 척도에서 13의 노력 수준은 '약간 힘듦'으로 설명된다. 이 수준의 운동자각은 활동마다 서로 다른 심박수와 산소 소비량을 나타내지만, 모든 활동에서 환기 역치와 젖산역치 사이의 강도에 해당한다. 이는 기록 향상을 목표로 하는 많은 러너가 훈련 시간의 대부분을 보내는 지점이다.

이 연구의 한계는 실험 참가자들이 운동선수가 아니었다는 점이다. 하지만 숙련된 러너를 대상으로 한 다른 연구에서도 동일한 결과가 나왔다. 2012년 한 연구에서 연구자들은 30명의 여성 러너에게 트레드밀에서 자율적으로 선택한 속도로 30분 동안 달리도록 요청했다. 달리기가 끝난 후 여성들은 보그 척도에서 자신이 느낀 운동 강도를 평가했다. 여성 러너 그룹의 평균 운동자각도는 12.79로, 웨인주립대학교 연구에 참여한 일반인보다 약간 높았다. 또한 이 평균에서 표준편차는 1.15로 매우 낮았으며, 이는 30명의 여성 모두가 12.79에 근접한 운동 강도로 달렸다는 것을 의미한다.

러너가 더 편안하게 느끼는 강도를 선택하지 않는 것이 이상하게 보일 수 있다. 그 이유는 인간이 본래 목표지향적이기 때문이라고 생각한다. 우리는 어떤 일을 할 때 그 일을 빨리 끝내고 싶어 한다. 물론 20분짜리 운동은 어떤 속도로 하든 20분 동안 지속된다. 하지만 인간은 시계가 발명되기 훨씬 이전부터 진화했기 때문에, 시간보다는 거리를 기준으로 생각하는 경향이 있다. 시간에 구애받지 않더라도 목표 거리인 8km를 완주하는 데 집중한다.

8km 달리기처럼 거리를 목표로 한 러닝을 가장 빨리 끝내는 방법은 경주처럼 생각하고 전력을 다하는 것이다. 그러나 순간적인 최대한의 노력은 상당한 고통을 수반하기 마련이며, 인간은 그 고통을 피하려는 본능도 지니고 있다. 그래서 우리는 운동을 빨리 끝내고 싶은 욕망과 고통받고 싶지 않은 욕망 사이에서 타협한다. 그 결과 러닝이나 사이클, 계단 오르기에서 중강도로 운동하는 것이다.

보그 척도에서 12.5(또는 12.79)의 인식된 운동자각은 '약간 힘듦'에 해당하는 수치 바로 아래에 위치한다. 하지만 러너는 자신의 습관적인 속도로 달릴 때는 다소 힘들게 달리고 있다는 사실을 인식하지 못한다. 그런데 인식된 운동 강도를 평가해 달라는 요청을 받았을 때만 이를 알아차리게 된다.

나는 코치로서 러너에게 '쉬운' 속도로 특정 거리를 달리라고 지시하면, 대부분 러너가 그 지시를 따르지 않고 습관적인 속도로 달린다는 사실을 잘 알고 있다. 이 습관적인 속도는 중강도 범위에 속할 가능성이 높다. 그 후에 그 러너에게 쉬운 속도로 달렸는지 물으면 러너는 분명히 그렇게 했다고 대답할 것이다. 요약하면 대부분의 러너가 실제로는 '약간 힘듦' 정도의 중강도로 달리고 있음에도 불구하고, 자신이 쉬운 속도인 저강도로 달렸다고 착각한다.

나는 이를 '강도 인식의 맹점'이라 부르며, 이 문제는 앞서 언급한 애리조나주립대학교 연구에서 잘 드러난다. 처음 이 연구를 설명할 때 언급하지 않은 사실이 하나 있다. 연구자들이 실험 참가자들에게 심박수 측정기를 지급하기 전에, 그들에게 자신의 훈련 강도를 설명해 보라고 요청했다는 점이다. 참가자들은 평균적으로 일주일에 저강도 달리기 3번, 중강도 달리기 1번, 고강도 러닝 1.5번을 한다고 생각했다. 그러나 실제로는 그렇지 않았다. 러너들은 중강도보다 저강도에서 3배나 더 많이 달린다고 생각했지만, 심박수 데이터는 그들이 두 강도에서 동일한 비율로 훈련하고 있었다는 사실을 보여주었다.

대부분의 러너가 그러하듯 중강도로 훈련하는 것이 치명적일 만큼 나쁜 결과로 이어진다면 이런 실수를 범하는 러너는 많지 않았을 것이다. 그러나 이 실수는 러너의 성과를 후퇴시키기보다는, 단순히 발전 속도를 더디게 하거나, 후안 카를로스의 경우처럼 잠시 정체기에 빠지게 한다. 너무 자주, 너무 강하게 달리는 것이 발전을 저해하는 효과는 대개 치명적이지 않기 때문에 대부분의 러너는 자신이 쉬운 달리기를 제대로 하지 않았다는 사실을 인식하지 못한다. 그뿐만 아니라 그 실수가 자신에게 해를 끼치고 있다는 것조차 깨닫지 못한다.

'기분이 나빠져야 자신이 좋았던 상태를 알 수 있다'는 노래 가사처럼 때로는 현재 상황이 잘못되었음을 깨닫기 위해 대조되는 경험이 필요하다. 이 점에서 러너가 겪는 강도 인식의 맹점과 그로 인한 결과는 일반인에게 만연한 만성적인 수면 부족 문제와 크게 다르지 않다. 만약 당신에게 필요한 최적의 수면 시간은 매일 8시간이지만, 지속적으로 7시간만 잔다면 당신은 '그럭저럭 괜찮다'고 느끼고 하루를 무리 없이 보낼 것이다. 그러나 출퇴근 거리가 짧아져 추가로 한 시간을 더 자게 된다면, 그간 얼마나 더 나은 일상을 보낼 수 있었는지 깨닫게 된다.

이와 비슷하게 저강도 달리기가 진짜로 어떤 느낌인지 경험해 보

기 전까지는 자신이 평소에 얼마나 힘들게 달렸는지, 그것이 자신의

발전을 얼마나 방해했는지 깨닫지 못하는 경우가 많다.

코치로서 나는 러너가 쉬운 달리기를 '약간 힘든' 달리기로 바꾸지 않도록, 훈련마다 특정한 속도, 심박수, 그리고 주관적으로 느끼는 운동 강도 목표를 제시한다. 특히 심박수 모니터링은 러너가 주관적으로 속도를 줄이도록 하는 데 효과적인 도구이다. 반면에 속도 목표는 러너들이 20%의 고강도 훈련에서 자신을 밀어붙이도록 하는 데 더 효과적이다. 〈6장〉에서 심박수, 페이스, 체감하는 운동 강도를 사용해 달리기의 강도를 관찰하고 조절하는 방법을 설명할 것이다. 하지만 이러한 지침을 사용하기 전에 먼저 시도해야 할 도전 과제가 있다. 나는 이것을 '천천히 달리기 주간'이라고 부른다.

천천히 달리기 주간은 주스 단식과 같다. 일부 사람들은 단기적인 주스 단식을 통해 식습관을 재정비한다. 단식 자체에 목적을 두는 것이 아니라, 나쁜 습관을 버리고 좋은 습관을 만드는 것을 목표로 삼는다. 하지만 이러한 변화를 하루아침에 이루기보다는, 먼저 과거 습관에서 벗어나기 위해 며칠 동안 과일과 채소로 만든 주스만 섭취한다. 고열량 고지방의 정크 푸드에 대한 갈망을 극복한 후, 평범하지만 질 좋은 식단으로 돌아가는 것이다.

천천히 달리기 주간은 중강도 달리기에서 벗어나고자 하는 러너에게 비슷한 역할을 한다. 나는 스티븐 사일러의 80/20 법칙을 처음 알게 된 후 이 방법을 스스로 고안해 냈다. 나는 이미 모든 쉬운 달리기를 환기역치 아래에서 하고 있었지만, 일주일 동안 더 천천히 달려 보았다. 그 결과 속도를 늦추면 체력을 소모하지 않고도 몸 상태가 더 좋아진다는 것을 알게 되었다. 그 뒤로 나는 다른 러너에게도 이 방법을 권하고 있다.

방법은 간단하다. 달리기를 할 때 천천히, 정말로 천천히 달리면 된다. 심박수나 속도에 신경 쓰지 않아도 된다. 그런 것은 나중에 하면 된다. '정말로 천천히 달리기'를 할 때는 80/20 훈련의 쉬운 강도보다 더 느리게 달려도 좋다. 지금은 본격적으로 훈련하는 게 아니라, 습관적인 속도에서 벗어나 천천히 달리기를 받아들일 준비를 하는 것이다. 그러니 완전히 편안한 속도를 찾아야 한다. 정말 편할 때까지 속도를 계속 줄여도 상관없다. 혹시 천천히 달리는 것이 부끄럽다면 평소 달리는 곳 말고 사람이 없는 다른 장소에서 달려도 좋다.

첫 시도에서 전혀 무리가 없는 속도를 찾으면, 평소 습관적으로 달린 속도가 사실 조금은 무리였다는 사실을 깨닫게 될 것이다. 이것은 중요한 깨달음이며 80/20 러닝의 혜택을 온전히 누리는 첫걸음이다. 80/20 프로그램에서는 쉬운 달리기를 할 때 이 미묘한 부담감을 더는 느끼지 않을 것이다.

이제 편안한 느낌을 찾았다면 그 감각에 계속 집중해야 한다. 혹시 마음을 비우는 선명상을 해본 적 있는가? 그렇다면 10초 동안이라도 생각이 흐트러지지 않게 유지하는 것이 얼마나 어려운지 알 것이다. 마찬가지로 천천히 달리기 주간 첫날에 당신의 생각은 방황할 것이고, 그때 당신은 다시 속도를 올릴 것이다. 그리고 다시 몸에 집중하면 평소와 같이 습관적인 속도로 달리고 있음을 인지하게 될 것이다. 그리고 이전에 느끼지 못하고 지나쳤던 미묘한 자극을 알아차리게 된다.

괜찮다. 이것도 과정의 일부다. 다시 속도를 줄여서 그 무리 없는 느낌을 되찾으면 된다. 이런 식으로 달리기를 마칠 때까지 계속해서 조정하라. 달리기가 다소 어려울 수도 있지만 실망하거나 낙담하지 말아야 한다. 의식적으로 속도를 늦추려는 노력과 습관적인 속도로 달리려는 본능적인 충동 사이에서 줄다리기가 일어날 것이다. 느린 속도가 더 편안할지라도 내면의 갈등 때문에 그 편안함을 온전히 즐기지 못할 수도 있다. 정신적으로나 신체적으로 도전적인 달리기가 될 것이므로 첫날의 달리기는 비교적 짧게 해야 한다.

다음번 달리기 때도 같은 방법을 반복하되 조금 더 멀리 달려보자. 마치 영원히 달릴 수 있을 것 같은 느낌이 드는 편안한 속도를 찾아야 한다. 속도가 빨라졌다는 걸 깨달으면 다시 속도를 늦추면 된다. 두 번째 달리기에서는 첫 번째보다 속도를 느리게 유지하기가 조금 더 쉬워질 것이며, 습관적인 속도의 부담감에서 벗어나 온전히 자유로움을 즐길 수 있을 것이다.

표1.1 '천천히 달리기 주간' 일정 예시

	레벨 1	레벨 2	레벨 3
1일 차	3km	6km	8km
2일 차		8km	10km
3일 차	5km		11km
4일 차		10km	
5일 차	6km		13km
6일 차		11km	14km
7일 차	8km	13km	16km

일주일 동안 점차 거리를 늘리며 느리게 달리기를 계속해야 한다. [표 1.1]은 러너의 수준에 따른 세 가지 천천히 달리기 주간 일정 예시다. 이 중 하나를 따르거나 자신만의 일정을 만들면 된다.

7일 차에는 매우 느린 속도로 달리는 것이 첫날보다 훨씬 더 자연스럽게 느껴질 것이다. 그리고 더 이상 속도를 높이고 싶은 충동에 방해받지 않고, 완전한 편안함 속에서 달리는 즐거움을 느끼게 될 것이다. 더 나아가 달리기를 마친 뒤 피곤함을 덜 느끼고, 다음 달리기를 시작할 때 더 활기찬 느낌을 받을 수 있을 것이다. 어떤 러너는 너무 힘들게 달리는 것이 동기부여를 떨어트리고 발전을 방해했다는 사실을 깨닫기도 한다. 이것은 천천히 달리기 주간을 끝내고 80/20 법칙에 기반한 정규 훈련으로 전환한 후 얻게 될 장점의 일부에 불과하다.

후안 카를로스를 기억하는가? 그는 10km 기록이 52분 30초에서 정체되어 있었다. 그가 습관적으로 훈련했던 속도는 1.6km당 8분 45

초였으며, 이는 그에게 '약간 힘든' 강도였다. 천천히 달리기 주간과 11주간의 80/20 훈련을 마친 뒤, 그는 10km 개인 기록을 48분 47초로 단축했다. 이것이 바로 속도 늦추기의 힘이다.

2장

80/20 러닝의
발전

19세기 최고의 러너는 영국인 월터 조지Walter George였다. 1886년 그는 1.6km를 4분 12초 75의 세계 기록으로 달렸으며 이 기록은 29년 동안 깨지지 않았다. 오늘날 뛰어난 러너 중 한 명은 영국으로 귀화한 소말리아 출신 모 파라Mo Farah다. 2013년 파라는 1,500m에서 3분 28초 81의 영국 기록을 세웠는데, 이는 1.6km로 환산하면 3분 44초에 해당한다. 월터 조지의 기록보다 거의 30초, 즉 11% 더 빠른 기록이다.

오늘날의 러너는 어떻게 예전의 러너보다 훨씬 더 빨리 뛰게 되었을까? 그 이유는 하나가 아니다. 지난 150년 동안 달리기라는 스포츠는 많은 변화를 겪었다. 월터 조지의 시대에는 달리기를 진지하게 받아들이는 나라가 소수에 불과했지만, 오늘날 마라톤은 전 세계에 퍼져 있다. 마라톤 문화가 발달한 만큼 선수들 개개인의 실력 역시 상향 평준화되었다. 그리고 달라진 환경과 기술적인 차이도 무시할 수 없다. 조지는 흙과 잔디 위에서 달렸지만, 파라는 고무 처리된 타원형 트랙에서 달린다.

하지만 가장 큰 차이는 훈련량과 방식이다. 조지는 경력 초기에 주당 16km 이상 달리지 않았다. 가장 오래 달렸을 때조차도 하루에 4.8~6.4km만 달렸다. 반면 모 파라는 경력 초기에 주당 112km를 달렸고, 나중에는 192km까지 늘렸다. 이 엄청난 차이는 저강도 훈련량의 차이로 이어진다. 월터 조지는 전성기에 주당 평균 40km를 달렸는데 그중 25.6k는 저강도로 달렸다. 모 파라는 주당 192km를 달리며, 그중 거의 160km를 저강도로 달렸다. 따라서 파라는 조지보다 2.5배 더 많은 고강도 훈련을 했지만, 6배 더 많은 저강도 훈련을 했다.

　월터 조지가 고무 트랙에서 달리고 더 높은 수준의 경쟁을 즐겼다면, 분명히 4분 12초보다 더 빠르게 16km를 달렸을 것이다. 하지만 하루에 6.4km도 채 안 되는 훈련으로는 한계가 있다. 마찬가지로 모 파라 역시 현대의 경쟁과 기술적 이점을 감안하더라도, 월터 조지의 훈련 방식으로 달렸다면 3분 44초에 근접한 기록을 달성할 수 없었을 것이다. 19세기 후반과 오늘날 사이에 기록이 향상된 가장 큰 이유는 훈련 방식의 차이에 기인한다. 월터 조지의 훈련 방식은 당시의 표준이었고, 모 파라의 훈련 방식은 현재의 표준이다. 소량의 저강도와 고강도 러닝으로 구성된 빅토리아 시대의 훈련 방식에서, 대량의 저강도 러닝과 적당한 양의 고강도 러닝으로 이루어진 현대의 훈련 방식으로의 전환은 갑작스럽게 이루어진 것이 아니다. 이는 동물이 진화하는 방식처럼 점진적으로 이루어졌다.

　사실 달리기라는 스포츠는 진화와 공통점이 많다. 지구상의 생명체는 적자생존이라는 게임을 한다. 달리기도 어느 면에서는 이와 비슷하다. 생명체는 유전적 특성을 갖고 있으며 번식을 위해 경쟁한다. 생존에 유리한 유전자는 후세에 살아남을 가능성이 크고, 생존을 방해하는 유전자는 도태된다. 시간이 지남에 따라 종은 살아남기 위해 환경에 점점 더 적응하게 된다. 달리기에서도 선수들은 다양한 훈련 방식으로 체력을 기르고 경쟁한다. 패자들은 승자가 사용하는 훈련 방식을 모방하며 자신의 열등한 방식을 버린다. 시간이 지남에 따라 이러한 과정은 항상 개선된 훈련 방식을 만들어 내고, 결과적으로 더 강하고 빠른 러너가 탄생한다.

달리기 훈련의 가장 중요한 두 가지 변수는 얼마나 많이 달리는 '훈련량'과 얼마나 빠르게 달리는 '훈령 강도'이다. 지난 150년 동안 이 두 가지 변수는 모든 가능한 경우의 수로 조합되었다. 적은 훈련량(단거리)/저강도, 많은 훈련량(장거리)/저강도, 적은 훈련량(단거리)/고강도, 많은 훈련량(장거리)/고강도 훈련이다. 네 가지 접근 방식은 각각 다양한 변형으로 확장되었다. 일주일에 160~192km를 달리고, 그중 80%를 저강도로 달리는 많은 훈련량(장거리)/저강도 조합은 1950년대 엘리트 러너에 의해 처음 시도되었다. 1960년대 후반까지는 다른 모든 훈련 방식이 거의 사라졌으며, 오늘날 엘리트 러너들 사이에서 많은 훈련량(장거리)/저강도 방식은 거의 보편적으로 사용되고 있다.

간단히 말해 80/20 훈련 강도는 적자생존에서 승리한 방법이다. 이 방식이 어떻게 발전했는지 자세히 살펴 보자.

1948년 7월 성공한 핀란드 사업가인 파보 누르미Paavo Nurmi는 런던 올림픽 개막을 며칠 앞두고 영국 옥스브리지에 위치한 올림픽 훈련센터를 방문했다. 그는 중장거리 러너의 훈련을 지켜보는 데 관심이 많았다. 그가 관찰한 러너 중에는 체코의 25세 병사 에밀 자토펙Emil Zatopek도 있었다. 당시 자토펙은 10,000m 세계 기록에 2초 차이로 도전한 바 있었다. 누르미는 자토펙이 200m를 34초에 5번 달리고, 다음 단거리를 뛰기 전에 잠깐씩 조깅하는 것을 본 후, 다시 400m를 56초에서 75초로 20번 달리는 것을 보며 놀라움을 감추지 못했다. 마지막으로 자토펙은 다시 200m를 전력으로 5번 달렸다. 그것은 누르미가 목격한 훈련 중 가장 힘든 훈련이었다.

그다음 주에 열린 올림픽에서 자토펙은 10,000m에서 금메달을, 5,000m에서 은메달을 획득했다. 핀란드로 돌아간 누르미는 자국의 러너에게 자토펙의 훈련 방식을 따라야 한다고 권장하며 "이 선수만이 진정한 훈련의 의미를 이해했다"고 말했다.

이 이야기는 달리기에서 진화가 어떻게 작동하는지를 보여주는 대표적인 사례다. 한 젊은 러너가 기존의 최고 러너들이 하던 것과 다른 새로운 훈련 방식을 개발했고, 그는 주요 국제대회에서 그 러너들을 제쳤다. 이후 패자들은 승자의 훈련 방식을 따라야 한다는 깨달음을 얻었고, 이는 다음 세대의 젊은 러너가 더 나은 방법을 찾아내기 전까지 새로운 표준이 된다.

파보 누르미 역시 마음속으로는 20년 전으로 돌아가 자토펙의 방법을 자신의 훈련에 적용하고 싶었을지도 모른다. 누르미는 전성기 시절 주당 64km를 달리고 40km를 걸었는데, 이전 러너들의 훈련량보다 더 많은 거리였다. 이것만으로도 그는 역대 최고의 러너가 되었다. 1920년부터 1928년까지 세 번의 올림픽에서 9개의 금메달과 은메달을 획득하고, 수많은 세계 기록을 세운 덕분에 '날아다니는 핀란드인'으로 불렸다. 흥미롭게도 누르미는 처음부터 뛰어난 러너는 아니었지만, 당시 비교적 새로운 고강도 인터벌 훈련을 도입한 후 성적이 급격히 향상되었다. 그는 400m를 60초에 6번 달리는 훈련으로 기록을 세웠고, 몇 년 동안 견줄 만할 선수가 없었다. 그러나 은퇴 후, 누르미는 자신의 훈련 방식이 잘못되었다고 회고했다. 그는 자신의 전기 작가에게 "내가 저질렀던 가장 큰 실수는 '장거리를 느리게 너무 많이 달리는 일방적인 훈련 프로그램'을 많이 한 것이다"라고 말했다. 그는 1973년에 사망했는데, 이 평가가 잘못되었음을 알게 될 만큼 오래 살았다.

그러나 에밀 자토펙은 결코 '장거리를 느리게 너무 많이 달리지' 않았다. 그는 1943년 한 친구가 그에게 인터벌 훈련 방식을 소개하기 전까지 다른 체코 러너들처럼 매일 몇 km씩 느리게 조깅하고 있었다. 그때 자토펙은 문득 깨달았다.

'왜 내가 천천히 달리기를 연습해야 하지?' 그러고는 이렇게 결심했다. '빠르게 달리고 싶다면, 빠르게 달리기를 연습해야 한다.'

자토펙은 8km 조깅을 버리고 매일 100m 또는 200m의 단거리 10회와 400m 고강도 인터벌 6회를 포함한 인터벌 훈련을 시작했다. 당시 많은 러너가 인터벌 훈련을 병행했지만, 자토펙은 인터벌만을 했다. 그리고 시간이 지남에 따라 그 횟수를 점점 늘렸다. 그의 논리는 간단했다.

'인터벌 훈련을 몇 번 해서 좋아진다면 더 많이 하면 더 좋을 것이다.'

자토펙은 매년 인터벌 훈련량을 점점 더 늘렸다. 더 열심히 훈련할수록 기록은 더 빨라졌다. 1949년에는 10,000m에서 29분 02초 6의 세계 기록을 세웠고, 2년 후에는 20km에서 역사상 최고 기록을 세웠다. 그는 1952년 헬싱키 올림픽에서 금메달 4개를 땄다. 자토펙은 여전히 만족하지 못했고 훈련량을 더 늘렸다.

1954년 자토펙은 400m 50회를 경주 속도로 달렸고, 훈련을 가장 강도 높게 하던 시기에는 이 세션을 하루에 2번씩 반복했다. 이렇게 해서 그는 주당 224km 이상을 달렸지만 회복 조깅은 총 훈련량의 3분의 1에 불과했다. 그해 자토펙은 5,000m 13분 57초 2와 10,000m 28분 54초 2로 다시 세계 기록을 세웠다.

다음 해 겨울, 자토펙은 자신의 기록을 또 한 번 경신하려고 했다. 2월에는 일주일 동안 288km를 달렸다. 그러나 이번에는 훈련량 증가가 더 나은 성과로 이어지지 않았다. 당시 33세였던 자토펙은 실망스러운 결과를 낸 뒤 "올해는 안 된다"고 말했다. 그는 인터벌 훈련의 최대 효과를 초과했다. 결국 한계에 도달한 것이다.

자토펙은 자신의 한계가 다른 러너들보다 훨씬 높다는 사실에 위안을 삼았다. 1950년 〈애슬레틱스 위클리〉의 편집자인 지미 그린Jimmy Green은 "자토펙의 훈련 방식은 전례가 없으며, 그의 엄청난 훈련량을 모방하려는 러너는 거의 없을 것"이라고 썼다. "자토펙의 훈련량과 훈련 강도는 몇 년 이상 지속할 수 없을 것이라고 예상했지만, 그는 여전히 대회에서 이기고 기록을 깨고 있다"고 말했다.

그린의 말처럼 자토펙은 독자적인 법칙을 따랐다. 그의 엄청난 훈련량을 소화할 수 있는 러너는 거의 없었다. 그의 영향을 받은 유일한 러너는 러시아의 블라디미르 쿠츠Vladimir Kuts였다. 자토펙보다 반세기 후배인 쿠츠는 고강도 인터벌 훈련으로, 1956년 올림픽에서 5,000m와 10,000m에서 금메달을 따고 두 종목에서 세계 기록을 세웠다. 그러나 그의 경력은 짧았다. 자토펙의 혹독한 훈련 방식은 5년이 채 되지 않아 쿠츠의 다리를 지치게 했다.

자토펙의 속도 기반 훈련 시스템은 달리기를 한 단계 발전시켰지만 결국 그 방식은 한계에 부딪혔다. 그는 고강도 인터벌 훈련이 장거리 훈련의 중요한 요소라는 것을 입증했지만, 최종적으로 그 비중이 자토펙과 누르미가 예상했던 것보다 훨씬 적다는 것이 드러났다. 이후 세대의 러너들이 더 빠르게 달리기 위해서는 속도 기반 훈련 방식 외의 다른 방법을 찾아야 했다.

에밀 자토펙이 '고강도 러닝을 많이 하는 것이 최고의 성과를 내는 비결'이라고 생각했을 때, 그는 체코슬로바키아의 즐린에 있는 신발 공장에서 일하고 있었다. 몇 년 후인 1945년, 기묘한 우연 중 하나로 아서 리디아드는 지구 반대편 뉴질랜드 오클랜드의 신발 공장에서 일하고 있었다. 그는 '저강도 러닝을 많이 하는 것이 최고의 성과를 내는 비결'이라고 생각했다.

당시 리디아드는 27세로 결혼한 지 얼마 되지 않았고 갓 태어난 아이가 있었다. 여가 시간에는 클럽 수준의 럭비를 즐겼고, 때때로 1.6km 이상의 거리는 뛰지 않는 가벼운 대회에 나가며 재미 삼아 달리곤 했다. 그러던 어느 날, 오클랜드의 달리기 커뮤니티에서 중심 인물인 잭 돌란Jack Dolan이 리디아드를 설득해 8km를 달리게 했다. 이는 그가 평소 달리던 거리보다 훨씬 길었다. 돌란은 유망한 젊은 러너가 마라톤이라는 스포츠를 더 진지하게 받아들일 수 있도록 영감을 주려고 노력했다.

리디아드가 이 훈련에서 좋은 성과를 냈다면 그의 삶에 별다른 영향을 미치지 않았을 것이다. 그러나 그는 처참하게 패배했다. 리디아드는 나중에 이 달리기 때문에 "거의 죽을 뻔했다"라고 말했다. 이는 과장된 표현이었지만 이 경험이 그에게 큰 굴욕감을 안겨준 것은 사실이었다. 그는 자신의 체력에 자부심이 있었고, 돌란보다 훨씬 젊었기 때문이다. 중년의 도전자를 상대로 이처럼 간단한 체력 테스트에서 간신히 버텼다는 사실에 큰 충격을 받았고, 이를 반드시 극복하겠다고 결심했다.

리디아드와 같은 상황에 놓인 다른 사람이었다면, 아마도 주 2~3회 15분간 하는 트랙 훈련을 조금 더 강화했을지도 모른다. 그러나 리디아드는 직관적으로 다른 방향으로 나아갔다. 럭비 선수로서 그는 단거리를 전력으로 달리는 스프린트에 익숙했고, 속도는 충분히 빠른 편이었다. 그를 굴욕감에 빠뜨린 것은 속도가 아니라 지구력이었다. 사실 리디아드는 지구력이 부족해서 800m와 1.6km 트랙 경주에서 패배했다고 생각했다. 그는 충분히 빨랐지만 그 속도를 지속할 수 있는 능력이 부족했던 것이다.

이 문제는 리디아드에게만 해당되는 것은 아니었다. 그는 중거리와 장거리 경주에서 더 빨리 달리기 위해 꼭 더 빠르게 달릴 필요는 없다는 것을 깨달았다. 왜냐하면 아무리 재능이 뛰어나거나 잘 훈련된 러너라도 800m를 달리는 동안 최대 속도를 유지할 수는 없기 때문이다. 하지만 일부 러너는 다른 러너보다 장거리에서 더 자연스럽게 속도를 오래 유지할 수 있었다. 대회에서 이기는 사람들은 가장 빠른 러너들이 아니라, 바로 그런 러너들이었다. 지구력이야말로 달리기의 진정한 한계였다. 리디아드는 지구력 향상에 중점을 둔 훈련을 해야 한다는 결론을 내렸다. 경주에 대비해 체력을 키우는 과정은 러너가 끝없이 달릴 수 있을 때까지 지구력을 늘리는 것이어야 했다. 더 빠르게 달리는 비결은 더 멀리 달리는 것이었다.

리디아드는 이 아이디어를 먼저 자신에게 적용해 보았다. 그는 매일 달리기 시작했다. 매일 달리는 것이 편해지자 장거리 러닝의 거리를 19.2km까지 늘렸다. 얼마 지나지 않아 그는 모든 훈련에서 19.2km를 달렸다. 그래도 지치지 않았기에 계속 거리를 늘려 결국 일주일에 400km까지 달리게 되었다. 이는 분명히 너무 멀고 너무 많은 훈련량이었다. 320km도 그리 짧지는 않았다. 결국 리디아드는 주간 160~192km를 달리고 매일 훈련 거리의 변화를 줄 때 가장 강해진다는 것을 발견했다. 리디아드가 이상적인 훈련 방식을 찾아낸 후의 일반적인 주간 훈련은 다음과 같았다.

월요일	16km
화요일	24km
수요일	19km
목요일	29km
금요일	16km
토요일	24km
일요일	38km

리디아드는 이 경험으로 아무리 피곤하더라도 천천히 달리기만 하면 거의 항상 다시 달릴 수 있다는 것을 깨달았다. 그렇다고 항상 천천히 달리지는 않았다. 리디아드는 훈련량뿐만 아니라 훈련 강도 실험도 병행했다. 그는 속도 훈련이 저강도 러닝 기반 위에 가볍게 추가될 때 가장 효과적이라는 것을 알게 되었다. 본질적으로 그는 80/20 훈련 방식을 발명한 셈이다.

리디아드는 실험을 하는 9년 동안 대회에 자주 나가지 않았지만, 훈련 방식을 완성해갈수록 기록은 점점 더 좋아졌다. 그는 대부분 혼자 훈련했지만, 1953년과 1955년 전국 마라톤 챔피언 타이틀을 포함한 꾸준한 성적 향상은 다른 러너에게 영감을 주었다. 결국 다른 러너들과 함께 훈련하게 되었다.

리디아드의 첫 번째 정기적인 훈련 파트너는 신발 공장에서 함께 일하던 젊은 초보 러너 로리 킹Lawrie King이었다. 킹은 첫해에 오클랜드 주니어 크로스컨트리 챔피언십에서 56위로 고전했지만, 1년 후 같은 대회에서 약 64m 차이로 우승했다. 이렇게 리디아드의 느린 훈련 방식은 즉각적인 효과를 내지 않더라도 꾸준히 적용하면 해마다 개선된다는 패턴이 확립되었다. 킹은 뉴질랜드 크로스컨트리 챔피언십에서 우승했으며, 9.6km 국내 기록을 세우기도 했다.

리디아드가 80/20 훈련법을 깨달았을 때쯤, 그는 오클랜드 서쪽의 와이타케레 산맥을 따라 서너 명의 젊은 러너들과 함께 장거리 러닝을 하고 있었다. 킹은 더 이상 그들의 훈련 파트너가 아니라 코치였다.

그중에는 럭비 부상으로 왼팔이 마비된 후 달리기를 시작한 머레이 할버그Murray Halberg, 산업 재해로 아버지를 잃은 10대 배리 매기Barry Magee, 그리고 머리보다 목이 굵은 피터 스넬Peter Snell도 있었다. 그들은 비록 대단하진 않았지만 리디아드의 주간 160km 프로그램 덕분에 승리할 수 있었다.

1960년에는 '아서의 소년들'이 뉴질랜드 전역에서 찬사를 받으며 두려움의 대상이 되었다. 그들은 1954년 이후 매년 적어도 하나 이상의 국내 타이틀을 따냈다. 그중 5명은 올림픽팀에 선발되었다. 할버그는 5,000m와 10,000m에서, 스넬은 800m에서, 매기는 마라톤에서 올림픽팀에 합류했다.

로마 올림픽에서 아서의 소년들은 당시 주류였던 인터벌 훈련 방식으로 단련된 러너들과 맞붙어 세 개의 메달을 획득했다. 이는 작은 나라 뉴질랜드로서는 전례 없는 성과였다. 할버그는 5,000m에서 금메달을 땄고, 스넬은 800m에서 금메달을 따며 올림픽 신기록을 세웠다. 매기는 마라톤에서 동메달을 거머쥐었다.

아서의 소년들과 그들의 독특한 훈련 방식은 로마 올림픽에서 화제가 되었다. 진화가 일어나듯 리디아드의 저강도, 고훈련량 훈련법이 퍼지기 시작했다. 자칭 열정적인 자기 홍보가였던 리디아드가 자신의 철학을 전파하는 주요한 역할을 했다. 1962년 봄, 리디아드는 〈스포츠 일러스트레이티드〉에 '내가 마일러(1마일 경주 선수)에게 마라톤을 처방하는 이유'라는 제목의 기사를 썼다.

"이론적으로 나는 러너들을 지치지 않는 상태로 만들려고 한다. 실전에서 그들이 어떤 거리를 뛰든 자연스러운 속도를 유지할 수 있는 충분한 지구력을 길러주려는 것이다. 즉 지구력이 열쇠다. 속도는 이미 갖추어져 있다고 봐야 한다. 아니라고? 잘 들어봐라. 1.6km를 4분에 뛴다고 하면 모두 엄청나다고 생각하지만, 사실 그것은 400m를 1분에 뛰는 것을 4번 반복한 것에 불과하다. 거의 모든 운동선수는 400m를 1분에 달릴 수 있다. 하지만 400m를 4번 연속으로 달릴 지구력을 가진 사람은 드물다. 그들에게 필요한 지구력을 어떻게 줄 수 있느냐고? 더 많이 달리고, 또 달리고, 또 더 많이 달리게 만드는 것이다."

이 기사가 큰 반향을 일으켰을 때 그는 초청을 받아 미국에 있었다. 그는 3개월간 미국을 순회하며 대학과 코치들이 모인 곳에서 강연했다. 초기 강연들은 만원사례를 기록했고, 주최 측은 강연 기간을 8개월로 연장했다. 그동안 리디아드의 혁명이 전 세계로 퍼져 나갔다.

그 후 10년 동안, 스포츠의 최고 수준에서 흥미로운 실험이 진행되었다. 리디아드 시스템을 먼저 받아들인 러너는 여전히 속도 기반 훈련에 충실한 러너들과 대결했다. 이 두 가지 프로그램에 따라 훈련한 선수들은 각종 대회에서 경쟁을 벌였고, 최종적으로 리디아드 훈련법이 승리했다. 그러나 그 승리가 단숨에 이루어진 것은 아니다. 1964년 도쿄올림픽에서는 800m와 1,500m에서 아서의 소년들 중 하나인 피터 스넬이 우승했으며, 5,000m는 속도 기반 훈련을 한 미국의 밥 슐

이 차지했고, 10,000m는 리디아드 시스템으로 전향한 또 다른 미국인 빌리 밀스가 우승했다.

밀스의 경우는 흥미로웠다. 그는 캔자스대학교 시절 일주일에 48km를 뛰며 전미대학체육협회NCAA 개인 타이틀을 한 번도 따지 못했다. 졸업 후 밀스는 휴스턴으로 이주해 리디아드의 초기 제자 중 한 명인 호주 출신의 팻 클로헤시의 영향을 받았다. 도쿄 올림픽에서 놀라운 성과를 거두기까지 밀스는 일주일에 최대 144km의 저강도 훈련을 했다.

이러한 이야기는 더 많은 러너에게 리디아드 시스템을 도입할 용기를 주었다. 1972년까지 타고난 재능을 지닌 러너가 속도 기반 훈련으로 세계 무대에서 승리하는 것은 어려워졌다. 뮌헨 올림픽에서 남자 800m는 미국의 데이브 워틀, 1,500m는 핀란드의 페카 바살라, 5,000m는 핀란드의 라세 비렌, 10,000m도 라세 비렌이 우승했고 이들은 모두 저강도, 고훈련량 방식을 따랐다. 하지만 리디아드 시스템의 힘은 이제 막 증명되기 시작했을 뿐이었다.

1962년 미국 순회강연 중에 아서 리디아드는 아이오와주의 주요 상업지인 디모인에 잠시 들렀다. 그곳에서 리디아드의 강연을 들은 사람 중에는 빌 스콰이어스가 있었다. 그는 노트르담대학교의 전직 올아메리칸 마일러(1.6km를 4분 이내로 완주한 고등학생 중거리 러너에게 수여되는 타이틀)로 이제 막 보스턴에서 고등학교 육상 코치를 시작했다. 그는 즉시 리디아드의 신봉자가 되었고, 보스턴으로 돌아와 리디아드의 훈련법을 전파했다.

　11년 후 스콰이어스는 새롭게 창설된 그레이터 보스턴 트랙 클럽 Greater Boston Track Club의 감독이 되었다. 그는 젊은 선수들과 함께 리디아드 스타일의 훈련으로 좋은 결과를 얻었기 때문에, 주로 느린 페이스의 접근법을 그레이터 보스턴 트랙 클럽의 성인 회원들에게도 적용했다. 이들 중 다수는 속도 중심의 훈련에 익숙했지만 결과는 성공적이었고, 새로운 인재를 클럽으로 끌어들였다. 이는 더 큰 성공을 가져왔고, 더 많은 인재가 클럽으로 유입되었다.

　처음으로 합류한 선수 중 한 명은 25세의 병원 청소부 빌 로저스Bill Rodgers였다. 18개월 후 로저스는 보스턴 마라톤에서 2시간 9분 55초의 미국 기록으로 우승했다. 스콰이어스의 지도 아래, '보스턴 빌리'로 알려진 로저스는 이후 보스턴 마라톤에서 세 번 더 우승하며 1979년 대회에서 자신의 미국 기록을 2시간 9분 27초로 단축했다. 그는 뉴욕 시티 마라톤에서도 네 번 우승했다.

[표 2.1]은 로저스가 보스턴에서 처음으로 우승하기 2주 전에 했던 일주일간의 훈련 일정을 보여준다. 그는 7일 동안 205.6km를 달렸다. 로저스가 남긴 기록만으로는 훈련 강도를 정확하게 알기 어렵지만, 표에서 굵게 강조된 거리들은 환기역치 이상으로 달렸다고 추측된다. 만약 그렇다면 로저스는 그 주에 205.6km 중 167.2km, 즉 81%를 저강도로 달린 것이다. 그는 인지하지 못했겠지만 80/20 법칙을 따른 것이다.

1976년 알베르토 살라자르라는 재능 있는 지역 고등학교 선수가 그레이터 보스턴 트랙 클럽에 합류했다. 살라자르는 3년 후 19세의 나이로 미국 전국 크로스컨트리 챔피언십에서 우승했다. 그 대회에서 2위, 4위, 5위를 차지한 이들도 그레이터 보스턴 트랙 클럽 회원들이었다. 그 시기에 살라자르는 보스턴을 떠나 오리건대학교의 학생이 되었고, 그곳에서 빌 델링거의 지도를 받았다. 델링거는 1962년 뉴질랜드를 방문하여 리디아드에게 80/20 훈련법을 배운 초기 제자 중한 명이었다. 살라자르는 대학교를 졸업한 후 5,000m 13분 11.93초, 10,000m 27분 25.61초의 기록을 세웠다. 마라톤에서는 2시간 8분 13초로 완주해 미국 기록을 세웠다.

그레이터 보스턴 트랙 클럽의 또 다른 초기 회원인 밥 세베네는 이전에 육군 엘리트 팀의 일원으로 속도 중심의 훈련을 했었다. 빌 스콰이어스 아래에서 저강도, 장거리 훈련으로 전환하면서 체력의 새로운 가능성을 발견했다. 1983년 세베네는 26세의 떠오르는 인재 조앤 베누이트의 코치가 되었다. 리디아드가 스콰이어스에게 가르쳐 주고, 스콰이어스가 세베네에게 가르쳐 준 것과 같이 주로 느린 페이스의 훈련 방법을 그녀에게 가르쳤다. 베누이트는 보스턴 마라톤에서 세 번 우승했고, 여성 올림픽 마라톤에서도 우승했다. 또한 그녀는 하프 마라톤과 풀코스 마라톤에서 미국 기록은 물론 세계 기록도 수립했다.

표 2.1 빌 로저스의 훈련 일정, 1975년 4월 7일~13일

월요일	11.2km 정오 – 평탄한 코스에서 편안한 속도로 러닝 19.2km 오후 3:30 – 낮은 언덕에서 느린 속도로 러닝 총 30.4km
화요일	**11.2km 정오 – 평탄한 코스에서 편안한 속도로 러닝** **→ (인터벌 훈련)800m×12회(2:28 페이스) / 훈련 사이 3분 조깅(12회)** **→ (강한 인터벌 훈련)1.6km×2회(4:51, 4:56페이스) / 훈련 사이 3분 조깅(2회)** → 3.2km 쿨다운 총 30.4km
수요일	12.8km 정오 – 평탄한 코스에서 편안한 속도로 러닝 19.2km 이상 평탄한 코스에서 편안한 속도로 러닝 총 32km 이상
목요일	28.8km 오후 4:15 – 약간의 완만한 언덕에서 적당한 페이스로 러닝
금요일	11.2km 이상 오후 1시 – 평탄한 코스에서 러닝 → 오후 6:15 4.8km 추가 러닝 **→ (인터벌 훈련)1.6km×4회(4:49페이스) / 훈련 사이 400m 조깅** → (인터벌 훈련 후) 4.8km 추가 러닝 총 28km 이상
토요일	12.8km 오전 10:30 – 평탄한 코스에서 편안한 속도로 러닝 **19.2km 오후 5시 – 빠른 페이스로 러닝** 총 32km
일요일	24km 오전 11:30 – 언덕이 꽤 많은 코스 러닝
총 거리 저강도거리	205.6km 167.2km(81%)

리디아드의 80/20 러닝 훈련법이 그레이터 보스턴 트랙 클럽에 적용되었을 때 로저스, 살라자르, 베누이트 만큼의 인재는 아니지만, 많은 러너에게도 큰 성과를 가져왔다는 점에서 그 효과를 입증했다.

딕 마호니를 예로 들어보자. 그는 우체부로 일하면서도 1979년 보스턴 마라톤을 2시간 14분 36초에 완주했다. 그 기록은 전체 10위에 해당하는 좋은 성적이었지만, 그레이터 보스턴 트랙 클럽 회원 중에서는 우승자 로저스, 3위 밥 호지(2시간 12분 30초), 4위 톰 플레밍(2시간 12분 56초)에 이어 4위에 불과했다.

그레이터 보스턴 트랙 클럽은 1980년대 초반, 마라톤이 프로 스포츠화되면서 하락세를 보였다. 정상급 러너들이 스폰서 계약을 맺고 신발 회사로 스카우트되면서 팀을 떠났기 때문이다. 그러나 그때까지 그레이터 보스턴 트랙 클럽을 세계에서 가장 지배적인 러닝 클럽으로 만든 저강도, 장거리 훈련법은 전국적으로 퍼져 나갔다. 그 이후로 느린 페이스의 접근법을 능가하는 새로운 방법은 나타나지 않았다.

2004년 미국 올림픽팀 선발 마라톤에 참가한 남녀 러너들을 대상으로 한 설문조사에 따르면, 남자 선수들은 훈련의 4분의 3을 마라톤 대회 페이스보다 느린 속도로 수행했고, 여성 선수들은 3분의 2 이상을 느린 속도로 수행했다. 엘리트 수준에서 마라톤 페이스는 환기역치보다 조금 높은 정도이므로, 이 설문조사에 참여한 선수들은 무의식적으로 80/20 법칙을 따르고 있었다.

1983년 그레이터 보스턴 트랙 클럽 소속의 그레그 마이어Greg Meyer가 보스턴 마라톤에서 우승한 마지막 미국인이 되었다. 그리고 5년 후 케냐 출신의 남자 선수가 이 대회에서 처음으로 우승했다. 이브라힘 후세인Ibrahim Hussein의 승리를 시작으로 케냐는 장거리 달리기 종목에서 독보적인 성과를 보이기 시작했다. 놀랍게도 1988년 이후 케냐 남자 선수들은 단 일곱 번을 제외하고 보스턴 마라톤에서 모두 우승했다.

케냐가 국제 육상에서 절대적인 우위를 차지하게 된 과정을 두고, 타고난 달리기 재능 덕분에 이루어진 '하룻밤 사이의 성공'으로 여기는 시각이 많았지만 이는 사실과 다르다. 최초로 국제대회에 출전한 케냐 선수들은 참패를 겪었다. 1954년 두 명의 케냐 선수들이 런던 트랙 대회에 출전했다. 냐딘카 마이요로Nyandika Maiyoro는 4.8km 경기에서 한참 뒤진 3위를 기록했고, 라자라 체프콴위Lazara Chepkwony는 9.6km 경기에서 완주하지 못했다. 2년 후 멜버른 올림픽에서는 마이요로가 5,000m에서 7위를 기록했고, 아레레 아넨티아Arere Anentia는 1,500m 결승에 오르지 못했으며, 아랍 섬 카누티Arap Sum Kanuti는 마라톤에서 31위에 그쳤다. 로마 올림픽 4년 후, 케냐가 보유한 최고의 선수는 여전히 카누티였으나, 그는 마라톤에서 59위로 밀려났다.

오늘날 케냐 선수들이 세계 육상계에서 선두 주자가 될 수 있었던 것은 우연한 계기의 결과였다. 영국 선교사들은 기독교와 교육을 전파하기 위해, 1961년 개교한 이텐의 세인트패트릭고등학교와 같은 학교들을 설립했다. 자동차 같은 교통수단이 흔하지 않았기 때문에 아이들은 매일 학교를 오갈 때 걷거나 달려야 했다. 선교사들은 수천 명의 케냐 어린이들에게 저강도, 장거리 러닝 프로그램을 적용할 의도가 전혀 없었지만, 결과적으로 그렇게 된 셈이었다.

아서 리디아드가 1992년 처음으로 케냐를 방문했을 때, 교통수단 대신 달리며 이동하는 아이들의 모습에 깊은 인상을 받았다. 이 모습은 그가 만약 뉴질랜드를 세계 최고의 러닝 강국으로 만들기 위해 자국 아이들에게 요구했을 법한 방법이었기 때문이다. 당시 미국의 고등학교에서는 고강도 인터벌 트레이닝이 다시 유행하고 있었다. 이를 본 리디아드는 큰 충격을 받았다. 귀국 후 그는 〈아메리칸 트랙 앤 필드American Track & Field〉 잡지에 편지를 보내, 미국 코치들에게 동아프리카의 훈련 방식을 배우라고 호소했다. 리디아드는 편지에 이렇게 썼다.

"스웨덴 생리학자들이 케냐 육상 선수들의 훈련 방식을 관찰하고 분석했을 때, 그들은 케냐 남녀 고등학생들이 학교를 오가면서 하루 평균 19~20km를 달린다는 사실을 알게 됐습니다. 케냐 학생들이 천천히 학교를 오가는 동안, 미국 학생들은 트랙 위에서 주로 강도 높은 무산소 훈련을 반복합니다. 이것이 진짜 문제의 근원입니다."

단순히 학교를 뛰어가는 것만으로는 케냐가 달리기 종목에서 세계적인 강국으로 자리 잡기에는 충분하지 않았다. 케냐의 대학생과 성인들도 엘리트 대회를 준비하기 위해 리디아드 방식의 훈련을 사용해야 했다. 이는 1970년대 중반이 되어서야 일어났으며, 미국 대학교 코치들이 유망한 케냐 선수들에게 장학금을 지원하며 시작되었다. 최초의 케냐 출신 체육 유학생 세대에는 1976년에 워싱턴주립대학교에 입학한 헨리 로노Henry Rono가 포함되었다. 2년 동안 저강도, 장거리 훈련을 받은 로노는 81일 동안 네 개의 세계 기록을 깼다.

리디아드의 훈련법은 이 시기에 케냐에도 전파되었다. 헨리 로노가 유럽에서 기록을 세웠을 때, 아일랜드 출신의 선교사 콜름 오코넬Colm O'Connell은 이텐의 세인트패트릭고등학교에서 육상 프로그램을 맡았다. 오코넬은 육상 코치로서의 경력은 전혀 없었지만, 스포츠를 철저히 연구했고 젊은 선수들에게 저강도 중심의 접근 방식을 현명하게 적용했다. 그의 초기 제자 중 한 명이 바로 이브라힘 후세인이었으며, 그의 마라톤 훈련 방식은 10년 전 빌 로저스의 훈련과 유사했다.

많은 사람이 케냐 선수들이 다른 엘리트 선수들보다 중강도 및 고강도 훈련을 더 많이 한다고 여기지만, 실제 데이터는 이를 뒷받침하지 않는다. 2003년 프랑스 최고의 운동과학자 베로니크 빌랏Veronique Billat은 20명의 케냐 엘리트 남녀 선수들의 훈련 자료를 수집했다. 이후 스티븐 사일러가 데이터를 분석한 결과, 이 선수들은 전체 훈련 중 85%를 젖산역치 이하에서 소화한 것으로 나타났다. 젖산역치가 환기역치보다 약간 높으므로 선수들은 아마도 80% 가까운 훈련을 환기역치 이하에서 수행한 셈이다.

토비 탄서Toby Tanser의 《More Fire》는 케냐 훈련 방법에 대한 정보를 담은 책이다. 아래 [표 2.2]는 이 책에서 가져온 표로, 전설적인 케냐 선수인 로르나 키플라갓Lornah Kiplagat의 오전 오후로 나눠진 주간 훈련 일정표다. 나는 그녀의 총 거리 중 얼마나 많은 부분이 저강도로 달렸는지 강조하기 위해 '천천히', '회복', '준비운동'이라는 단어를 굵게 표시했다. 이러한 노력이 환기역치 이하에서 이루어졌다고 가정한다면, 앞서 언급한 미국의 마라토너들처럼 키플라갓도 약 80%의 훈련을 저강도로 소화했으며, 오늘날 모든 엘리트 선수들이 그렇듯이 케냐 선수들도 마찬가지다.

표 2.2 케냐 엘리트 러너의 일반적인 일주일 훈련 일정

	오전	오후
월요일	45분 **회복** 러닝	45분 **회복** 러닝
화요일	45분 **천천히** 러닝	20분 **준비운동** 400m 3회(휴식 1분), 800m(휴식 2분), 1,200m(휴식 3분), 1,600m
수요일	45분 **회복** 러닝	60분 **회복** 러닝
목요일	60분 **천천히** 러닝	1시간 20분 언덕 훈련, 모래언덕에서 러닝
금요일	45분 **회복** 러닝	60분 **회복** 러닝
토요일	60분 **천천히** 러닝	45분 중강도로 러닝
일요일	2시간 10분 오랜 시간 러닝 구성 : 20분 **천천히**, 30분 중간 속도, 20분 빠르게, 20분 **천천히**, 20분 빠르게, 20분 **천천히**	

2011년 BBC는 아일랜드의 전직 육상 선수 에이먼 코글런Eamonn Cogh-lan을 케냐로 보내 그들의 달리기 비밀을 찾기 위한 다큐멘터리를 제작했다. 3부작 중 첫 번째 에피소드에서 코글런은 이텐의 세인트패트릭고등학교에서 콜름 오코넬을 만나 그의 선수들이 축구장 잔디를 돌며 일렬로 천천히 뛰는 모습을 지켜봤다.

　　"아직도 준비운동을 하는 중인가요?"라고 코글런이 묻자, 오코넬은 "이게 훈련입니다"라고 말했다. "더 강하게 뛰지는 않을 건가요?"라고 다시 묻자, 오코넬은 "이게 전부입니다"라고 답했다.

훈련 방식은 계속해서 진화하고 있지만, 오늘날의 혁신가들은 크로스 훈련, 고지대 훈련 등 다양한 요소를 프로그램에 적용하는 방법을 연구하고 있다. 얼마나 많이, 얼마나 빠르게 달릴 것인가라는 큰 질문은 이제 거의 해결된 것으로 보인다.

이 두 가지 핵심 변수를 보면, 21세기 초반 모 파라의 훈련은 1970년대 빌 로저스의 훈련과 크게 다르지 않다. 로저스는 주당 192km 이상을 달렸고 파라도 그 정도 거리를 달렸다. 로저스는 약 80%의 훈련을 저강도로 수행했으며 파라 역시 마찬가지였다.

그러나 둘 다 자신이 80/20 법칙을 따르고 있다는 사실을 인지하지 못했다. 러너들은 주로 훈련 거리를 측정하고 추적하지만, 과학자들이 연구하는 것처럼 자신의 훈련 강도를 철저하게 모니터링하지는 않는다. 대부분의 러너가 지난주에 몇 km를 달렸는지 알지만, 총 훈련 시간 중 몇 %를 어느 강도로 달렸는지 알지 못한다.

일반적으로 강도 분포를 측정하거나 추적하지 않기 때문에 모 파라처럼 자신의 훈련 강도를 최적으로 조절하는 엘리트 선수들조차 자신이 실제로 무엇을 하고 있는지 정확히 알지 못한다. 물론 그들은 훈련할 때 의식적으로 강도를 조절하지만, 대개는 일주일에 10번의 천천히 달리기와 2~3번의 빠른 달리기를 수행하는 방식으로 조절한다.

최근에서야 과학자들이 엘리트 선수들의 훈련 데이터를 분석해 거의 모든 선수가 80/20 법칙을 따르고 있다는 사실을 발견했다. 이들이 무의식적으로 이 법칙을 따른다는 것은 80/20 러닝이 최적의 훈련법이라는 강력한 증거다. 이는 진화가 문제를 해결하는 방식과 같다.

하지만 과학자들을 이해시키기 위해서는 이러한 증거만으로는 충분하지 않다. 그들은 80/20 법칙이 다른 훈련 강도 조절 방식보다 더 효과적이라는 것을 통제된 연구를 통해 입증된 결과를 보고 싶어 한다. 이제 이 증거는 빠르게 쌓이고 있다. 이 새로운 연구는 80/20 법칙이 엘리트 선수뿐만 아니라, 일상적인 달리기 선수에게도 효과가 있다는 것을 증명한다.

3장

80/20 법칙의 과학적 근거

스티븐 사일러가 80/20 법칙을 처음에 발견한 것은 우연이었지만, 앞으로 이루어 낼 숙명적인 혁신이기도 했다. 사일러는 1970년대 미국 텍사스주와 아칸소주에서 자라며, 또래 친구들이 비디오 게임에 관심을 가질 나이에 과학에 대한 열정을 키웠다. 그의 어머니는 그가 집 안 계단 밑에 작은 실험실을 꾸미는 것을 허락했고, 사일러는 매일 방과 후 현미경과 시험관 같은 도구들을 가지고 놀았다.

사일러는 스포츠에도 관심이 많았다. 특히 미식축구와 육상을 좋아했지만, 과학적인 관심과 노력과는 별개라 생각했다. 그는 열다섯 살 때, 짐 픽스의 《달리기의 두 번째 책Second Book of Running》이라는 책을 운명적으로 접했다. 그 책에는 '스포츠 과학자들'이라는 장이 있었는데, 사일러는 그 부분을 읽고 나서 자신이 커서 무엇을 할지 즉시 깨달았다.

사일러는 아칸소대학교에서 운동과학 학사 학위를 취득하고 이어서 석사 학위도 받았다. 이 기간에 그는 열정적으로 사이클을 시작했고, 지역 대회에서 몇 차례 우승할 정도로 실력이 향상되었다.

1989년 사일러는 텍사스대학교에서 박사 과정을 시작했다. 오스틴에서 그는 사이클을 그만두고 조정에 집중했으며, 전국 선수권 대회에서는 여러 조정 종목에서 우승할 만큼 뛰어난 실력을 발휘했다. 사일러가 쥐의 심장마비에 관한 논문을 마무리할 즈음, 미국 스포츠 의학대학 회의에 참석했다가 한 노르웨이 여성과 사랑에 빠졌다. 두 사람은 곧 결혼했고, 사일러는 노르웨이의 크리스티안산에 있는 아그데르대학교로 자리를 옮겨 연구를 재개했다.

노르웨이에서 가장 인기 있는 지구력 스포츠는 대개 야외의 눈 덮인 지형에서 경기를 치르는 크로스컨트리 스키였다. 사일러는 올림픽 수준의 선수들이 가파른 언덕을 오를 때도 심박수가 저강도 구간을 넘어가지 않도록 조절하는 모습을 보며 이들의 훈련 방식에 흥미를 느꼈다. 사일러는 내게 말했다.

"그들은 제가 '뛰어난 강도 제어 능력'이라고 부르는 것을 가지고 있었죠."

그는 크로스컨트리 스키 선수와 조정 선수들의 훈련을 공식적으로 연구하기로 결심했다. 사일러는 이들이 다양한 강도에서 총 훈련 시간 중 얼마를 보내는지 정확하게 측정하고 분석하기 위한 계획을 세웠다. 이는 이전에는 한 번도 시도된 적이 없는 연구였다. 마침내 그는 많은 사람을 놀라게 할 결과를 발견했다.

스티븐 사일러는 한 초기 연구에서 12명의 주니어 크로스컨트리 스키 선수들의 훈련 데이터를 수집하고 분석했다. 그들의 전체 훈련 중 75%가 저강도 훈련에 전적으로 할애된다는 사실을 발견했다. 사일러가 모든 훈련을 종합하고 각 강도 수준에서 실제로 소요된 시간을 분석한 결과 그들의 전체 훈련 시간 중 91%가 환기역치 아래에서 이뤄졌다는 사실을 알게 되었다. 즉 스키 선수들은 약 80%의 운동 시간을 저강도 훈련에 할애했고, 총 운동 훈련 시간의 80% 역시 저강도로 수행했다.

　사일러는 또 다른 초기 연구에서 노르웨이 조정 선수들의 훈련에 대한 과거 데이터를 분석했다. 그는 1970년에서 2001년 사이의 훈련 패턴 변화를 추적했으며, 이 기간에 국가별 조정 선수들의 저강도 훈련량이 67% 증가한 반면, 중강도 및 고강도 훈련량은 거의 60% 감소했다는 것을 발견했다. 32년 동안 노르웨이의 조정 선수들의 성과 수준은, 일정한 거리에서 개별적으로 걸린 시간을 재는 '6분 타임 트라이얼time trial'을 기준으로 10% 향상되었다. 2001년까지 노르웨이의 엘리트 조정 선수들은 매달 평균 50시간의 저강도 훈련과 7시간의 중강도 및 고강도 훈련을 했다. 이는 88/12 비율에 해당한다.

　사일러는 다른 지구력 스포츠에서도 대부분이 저강도 훈련을 수행하는지 궁금해졌다. 다른 연구자들의 기존 연구를 찾아본 결과 비슷한 패턴을 찾았다.

1995년에 한 프랑스 연구팀은 엘리트 수영 선수들의 훈련 강도 분포를 한 시즌 동안 추적했다. 그 결과 선수들이 77%의 훈련을 저강도로, 나머지 23%는 중강도 및 고강도로 진행했다는 것을 알아냈다.

2007년 마드리드대학교의 아우구스토 자피코와 동료들은 스페인 엘리트 U-23 사이클팀의 훈련을 4개월씩 두 번 추적했다. 첫 번째 기간 이들은 훈련의 78%를 저강도로 수행했고, 성과 시험에서 크게 향상되었다. 두 번째 기간에는 훈련의 70%만을 저강도로 수행했으며, 성과는 전혀 개선되지 않았다.

2012년 스페인 바스크대학교의 이니고 무지카는 런던 올림픽을 준비하는 엘리트 트라이애슬론 선수 아이노아 무루아의 훈련을 모니터링했다. 무루아는 7위를 기록했다. 50주 동안 무루아는 수영 훈련의 74%, 사이클 훈련의 88%, 달리기 훈련의 85%, 전체 훈련의 83%를 젖산역치 아래에서 진행했다. 젖산역치는 환기역치보다 약간 높다.

달리기 선수들은 어땠을까? 2001년에 베로니크 빌랏은 엘리트 남녀 마라톤 선수들의 훈련 데이터를 수집했다. 그녀는 이들이 마라톤 레이스 속도보다 느린 속도로 78%의 훈련을 했다는 사실을 발견했다. 이 속도는 엘리트 남자 선수들에게 환기역치 바로 위에 해당한다. 〈2장〉에서 언급한 연구 중 하나는 빌랏이 수행한 것이며, 비슷한 결과를 도출했다.

결국 스티븐 사일러는 모든 지구력 스포츠의 엘리트 선수들이 전체 훈련 시간의 약 80%를 저강도로 진행한다는 사실을 발견했다. 일부 스포츠에서는 80/20 법칙이 세션 단위로 적용된다. 예를 들어 스키 선수들은 훈련의 약 20%를 고강도 훈련에 할애하지만, 느린 훈련을 더 오래 하기 때문에 전체 훈련 시간 중 20% 미만이 고강도로 진행된다. 달리기를 포함한 다른 스포츠에서는 80/20 법칙이 시간 단위로 적용된다. 세계 최정상급 달리기 선수들은 훈련 시간의 80% 가까이 저강도로 진행한다. 이처럼 80/20 법칙의 적용 방식은 약간 다를 수 있지만, 지구력 스포츠 전반에 걸친 훈련 강도 분포의 유사성은 놀라울 정도다. 특히 각 스포츠가 독립적으로 발전했다는 점을 고려하면 더욱 그렇다.

다른 지구력 스포츠 선수들이 달리기 선수들과 같은 방식으로 훈련 강도를 조절한다는 사실이 왜 중요한지 궁금할 수도 있다. 여러 스포츠에서 이 패턴이 존재한다는 것은 80/20 법칙이 달리기에서 최적의 성과를 내기 위한 임의적 방식이 아니라는 강력한 증거가 된다.

사이클, 수영, 트라이애슬론 및 기타 지구력 스포츠 종목은 달리기의 가까운 사촌 격이다. 물론 수영은 상체 주도, 사이클은 비충격 운동 같은 약간의 차이는 있지만, 모든 지구력 종목의 핵심은 같다. 각 종목에서 성공 요인은 장거리에서 얼마나 오랫동안 일정한 속도를 유지할수 있느냐에 달려 있다. 지속적인 속도를 지원하는 지구력 훈련은 다른 종목에서 요구하는 체력 단련 방법과 큰 차이가 없다. 따라서 최상의 체력을 만들기 위한 훈련 방식은 모든 지구력 종목과 유사해야 한다. 다양한 종목의 선수들이 80/20 법칙을 쓰는 게 우연일 리는 없다. 이는 80/20 법칙이 각 종목에서 다른 방법보다 효과적이었기 때문에 가능한 일이다.

스티븐 사일러가 2000년대 초반에 80/20 법칙에 대해 강의를 시작했을 때, 동료 운동과학자들은 크게 반발했다. 그가 이 상황을 예상하지 못한 것은 아니었다. 운동과학자들은 오랫동안 고강도 인터벌 트레이닝에 매료되어 있었고, 실제로 저강도 훈련보다 고강도 인터벌 트레이닝이 더 효과적이라는 연구도 많이 있었다.

　예를 하나 들어보자. 2008년 미국 버지니아주 올드도미니언대학교의 연구자들은 건강한 대학생 61명을 모집해 4개의 그룹으로 나눴다. 첫 번째 그룹은 고강도 사이클 운동을 주 3회 실시했고, 두 번째 그룹은 중강도로 주 4회 실시했다. 세 번째 그룹은 주 4회 훈련하되, 저강도로 50% 더 긴 시간을 실시했다. 네 번째 그룹은 운동하지 않았다.

　6주간의 훈련 전후에 모든 실험 참가자는 신체가 최대 운동 강도에서 소비할 수 있는 산소의 양을 나타내는 최대 산소 섭취량$_{VO_2max}$ 테스트를 받았다. 고강도 그룹은 저강도 그룹보다 30% 적은 시간을 운동했음에도 불구하고, VO_2max에서 거의 2배나 더 큰 향상을 보였다.

　2012년에 캐나다 맥마스터대학교의 마틴 기발라는 고강도와 저강도 훈련에 관한 기존 연구들을 검토한 결과를 발표했다. 그는 "고강도 인터벌 훈련이 전통적인 지구력 기반 훈련의 효과적인 대안이 될 수 있다. 또한 동일한 기준에서 비교했을 때, 건강한 개인과 질병이 있는 집단에서 비슷하거나 혹은 신체적으로 더 우수한 결과를 유도할 수 있는 증거가 점점 더 많아지고 있다"라고 결론을 내렸다.

이 결론은 어느 정도 맞지만, 고강도 훈련이 달리기와 같은 지구력이 중요한 운동선수들에게 저강도 훈련보다 더 좋다는 것을 입증하지는 않는다. 그 이유는 이러한 결론이 현실과는 거리가 먼 연구들을 기반으로 하기 때문이다. 스티븐 사일러 역시 이 점을 잘 알고 있었다. 우선 이 연구들의 참가자는 항상 운동선수가 아닌 일반인이였으며, 훈련받은 러너가 포함된 적이 없었다. 만약 실험 참가자들이 이미 일정 수준의 유산소 능력을 갖춘 상태에서 연구에 참여했다면, 올드도미니언대학의 연구 결과는 어떻게 달라졌을까? 또 한 가지 VO$_2$max 테스트는 러닝 레이스가 아니라는 점도 고려해야 한다. 〈4장〉에서 살펴보겠지만, 러닝에서의 체력은 단순히 유산소 능력만으로 결정되지 않는다.

이런 요소는 사소한 문제에 불과하다. 훨씬 더 중요한 핵심은 시간의 흐름이다. 앞서 설명한 올드도미니언대학 연구는 단 6주 동안만 진행되었다. 하지만 러너들은 보통 대회를 위해 최고 수준의 체력을 기르기까지 훨씬 더 오랜 시간이 걸린다. 또한 연구 참가자들은 6주 동안 같은 훈련만 반복했다. 그러나 현실에서 러너들은 점진적으로 훈련량을 늘리며 체력을 키운다. 그리고 훈련 유형이 엄격하게 분리된 것도 현실과는 다르다. 대부분 속도 기반 훈련을 따르는 러너는 일부 저강도 훈련을 하고, 리디아드 스타일 훈련을 따르는 러너들도 일부 고강도 훈련을 한다. 하지만 이러한 연구에서는 훈련 방식을 저강도와 고강도의 양극단으로만 구분해 진행했다.

사일러는 80/20 훈련법의 효과를 부정하는 올드도미니언대학의 연구보다, 세계 정상급 선수의 사례를 통해 80/20 훈련법의 효과를 뒷받침하는 자신의 분석이 훨씬 더 타당하다고 생각했다. 하지만 회의적인 시각을 가진 사람들을 설득하기 위해서는 더 신뢰할 만한 자료가 필요하다는 것을 인정했다. 특히 실제 대회를 준비하는 선수들을 80/20 훈련 프로그램과 속도 기반 훈련 프로그램 중 하나에 배치하고, 그 결과를 비교할 수 있는 통제된 연구가 필요했다. 그리고 이 필요성을 인식하자마자 이를 실현할 기회가 찾아왔다. 바로 스페인 사람인 조나단 에스테베-라나오부터였다.

에스테베-라나오 역시 사일러처럼 운동과학자인 동시에 러닝 코치이자 러너이기도 했다. 그는 매우 뛰어난 러너로 1,500m를 3분 54초에, 하프 마라톤을 1시간 11분 30초에 완주했다. 그는 마드리드에 있는 대규모 러닝 클럽의 코치이자 마드리드유럽대학교의 교수로 재직 중이었다. 2003년 에스테베-라나오는 스티븐 사일러가 노르웨이에서 연구할 때처럼 같은 질문을 던졌다.

'지구력을 요하는 운동선수는 실제로 어떻게 훈련하는가?'

하지만 에스테베-라나오는 이 질문을 다루기 위해 다른 방식으로 접근했다. 단순히 운동선수의 평균 훈련 강도 분포를 계산하는 대신, 개별적인 차이를 살펴보고 저강도 훈련을 더 많이 하는 러너가 경주에서 더 나은 성과를 내는지 알아보려 했다.

에스테베-라나오는 그의 러닝 클럽의 회원 8명을 연구에 참여시키기로 했다. 이들은 모두 21세에서 25세 사이의 남성으로, 평균 5km 기록이 15분 22초인 빠른 러너들이었다. 이들에게 심박수 모니터를 나눠주고, 24주간 스페인 전국의 약 10km 레이스 챔피언십을 준비하는 동안 달리기를 할 때마다 이 장치를 착용할 것을 요청했다. 레이스가 끝난 후, 에스테베-라나오는 각 러너가 각기 다른 강도 구간에서 얼마나 많은 시간을 보냈는지 계산했다. '저강도'는 환기역치 아래에 해당하는 심박수 범위로 지정했다. 그리고 과호흡이 시작되는 호흡보상점이라는 또 다른 역치보다 높은 심박수 범위를 '고강도'로 지정했다. 이 역치는 젖산역치보다 약간 더 높다. 이 연구 참가자들에게는 최대 심박수의 91%에서 발생했으며, 이는 훈련된 러너에게는 일반적으로 나타난다. 이 두 역치 사이의 범위는 '중강도'로 지정되었다.

평균적으로 러너는 총 훈련 시간의 71%를 저강도로, 21%를 중강도로, 8%를 고강도로 보냈다. 그러나 모든 러너가 같은 시간과 강도로 달린 것은 아니었다. 저강도에서 많은 시간을 보낸 러너가 있는가 하면, 저강도에서 가장 적은 시간을 보낸 러너도 있었다. 이러한 차이는 대회 성과에 큰 영향을 주었다. 훈련 동안 가장 많은 시간을 저강도에 할애한 러너가 대회에서 가장 빠른 기록을 세운 반면, 저강도에 가장 적은 시간을 할애한 러너는 가장 느린 기록을 냈다. 연구 기간 주기적으로 실시된 체력 테스트에서는 모든 러너가 상당한 체력 향상을 보였지만, 총 훈련 시간의 약 80%를 저강도로 보낸 러너들이 가장 큰 향상을 이뤘다.

에스테베-라나오는 2005년에 발표된 연구 결과에 흥미를 느꼈다. 이 상관관계가 단순한 우연인지 아니면 실제로 인과관계가 있는지를 알아보기 위한 후속 연구를 진행하기로 했다. 이 시점에 그는 스티븐 사일러의 연구와 80/20 법칙에 대해 알게 되었고, 사일러에게 후속 연구를 진행하는 데 도움을 줄 수 있는지 연락했다. 사일러는 이 기회를 기쁘게 받아들였다.

두 번째 실험에서, 에스테베-라나오와 사일러는 단순히 러너들의 훈련을 관찰하는 것에 그치지 않고 직접 훈련 방식을 조정해 실험하기로 했다. 에스테베-라나오는 다시 한번 자신의 클럽에서 실험 참가자를 모집했다. 최종적으로 25세에서 29세 사이의 남성 12명이 참여했고, 10km 기록이 30~35분 수준의 러너였다.

연구팀은 참가자를 6명씩 두 그룹으로 나누어 5개월 동안 진행했다. 첫 번째 그룹은 전체 훈련의 80%를 저강도로, 나머지 20%를 중 · 고강도로 훈련하도록 지시했다. 반면 두 번째 그룹은 전체 훈련의 65%만 저강도로 진행하고, 나머지 35%는 중 · 고강도로 훈련하도록 지시했다. 두 그룹의 총 훈련 거리는 주당 평균 약 80~88km로 동일하게 유지되었다.

훈련을 시작하기 전에 12명의 실험 참가자 모두가 10.4km 모의 레이스를 치렀다. 5개월의 훈련 기간이 끝난 후에 똑같이 실시했다. 실험의 목적은 당연히 어느 훈련 프로그램이 더 큰 성과 향상을 가져오는지를 확인하는 것이었다. 초기 테스트에서 65/35 그룹의 평균 기록은 37분 51초였다. 5개월 후 같은 거리에 대한 평균 기록은 35분 50초로 2분 1초, 즉 5.3% 개선되었다. 한편 80/20 그룹은 초기 테스트에서 평균 37분 29초를 기록했고, 5개월 후에는 34분 52초를 기록했다. 이는 2분 37초, 즉 7%가 개선되었다. 2분 1초와 2분 37초의 개선 차이는 30%로, 기록 향상을 목표로 훈련하는 러너들 사이에서는 매우 큰 차이다.

에스테베-라나오와 사일러는 2007년 〈근력 및 컨디션 연구 저널 Journal of Strength and Conditioning Research〉에 이 결과를 발표했다. 그들은 "러너가 매일 훈련 세션에 더 많은 시간을 할애할 수 있다면, '적당히 힘든/힘든' 방식보다 저강도 훈련량을 늘리는 '쉬운/힘든' 분배 방식을 설계하는 것이 더 낫다는 결과가 나왔다"고 보고했다.

이후 에스테베-라나오는 다른 의문을 품게 되었다.

'만약 러너가 더 많은 시간 동안 훈련을 할 수 없거나 하고 싶지 않으면 어떻게 될까?'

두 번째 연구의 참가자들은 엘리트 러너처럼 많은 양을 달리지는 않았지만, 여전히 평균 주간 훈련량이 80~88km로, 단순히 건강을 목적으로 달리는 사람보다 많았다. 많은 러너가 훈련 시 빠르게 달리면 적게 달리는 것을 보상할 수 있다고 믿는다. 그들은 주당 48km를 중강도에서 고강도로 달리면 저강도로 96km를 달리는 것과 똑같이 체력을 기를 수 있다고 생각한다. 에스테베-라나오와 사일러는 그렇지 않을 거로 의심했다. 그들은 훈련량이 적은 러너에게도 80/20 훈련이 운동 강도의 균형을 이루는 최적의 방법인지 알아보기 위해 다시 한 번 연구를 설계했다.

에스테베-라나오는 다시 그의 클럽에서 실험 참가자를 모집했고, 이번에는 10km 평균 기록이 40분에 가까운 30명의 러너를 선택했다. 이들은 잘 달리는 편이지만 수준급의 러너는 아니었다. 앞선 연구와 마찬가지로 30명을 두 그룹으로 나누었다. 첫 번째 그룹은 전체 훈련의 80%를 저강도에서 진행하고, 나머지 20%는 중강도로 수행하도록 했다. 두 번째 그룹은 전체 훈련의 50%를 저강도로 진행하고, 나머지 50%를 중강도에서 수행하도록 했다. 이 연구는 기록 향상을 목표로 하는 러너라면 평균적으로 훈련의 약 50%를 중강도에서 수행한다는 사실을 바탕으로 설계되었다.

30명의 러너 모두 10주 동안 달리기를 할 때마다 심박수 모니터를 착용했다. 두 그룹 모두 주당 평균 48~64km를 달렸는데, 이는 대부분의 러너가 당장은 아니라도 결국 도달할 수 있는 훈련량이었다. 50/50 그룹의 구성원들은 80/20 그룹과 비교하면 약간 더 적은 시간을 달렸기 때문에 두 그룹의 훈련 강도는 같았다. 그러나 50/50 그룹이 더 빠른 속도로 달렸기 때문에 80/20 그룹과 같은 거리를 달렸다. 훈련이 시작되기 전에, 모든 참가자는 성과 기준을 설정하기 위해 10km 시간 측정 테스트를 실시했다. 이 테스트는 훈련 기간이 끝난 후 진전 상태를 확인하기 위해 다시 시행되었다.

10주가 끝났을 때, 에스테베-라나오는 데이터에 문제가 있음을 발견했다. 80/20 그룹 구성원 대부분이 지시대로 수행하지 않은 것이다. 이들은 모두 에스테베-라나오와 사일러가 '존2'라고 부르는 중강도에서 너무 많은 시간을 보냈고, '존1'의 저강도에서는 너무 적은 시간을 보냈다. 에스테베-라나오는 클럽 회원들과 함께 훈련하도록 한 것이 잘못이었다고 판단했다. 그는 "그룹으로 달릴 때 몇몇 러너가 처방된 강도보다 조금 더 고강도로 달리는 경우가 있습니다"라고 말했다. 그룹 훈련을 경험한 러너라면 누구나 이런 현상을 잘 알고 있을 것이다. 가장 강한 주자가 속도를 정하면, 다른 러너들은 무리의 행동을 따라하는 습성을 가진 나그네쥐(레밍)처럼 따라가는 것이다.

다행히 실험을 완전히 망친 것은 아니었다. 평균적으로 80/20 그룹의 구성원들은 총 훈련 시간의 72.9%를 저강도로 보냈고, 50/50 그룹의 구성원들은 환기역치 아래에서 46.8%의 달리기를 수행했다. 그래서 여전히 비교할 근거는 있었다.

결과적으로 총 훈련의 절반 정도를 저강도로 수행한 러너는 10km 완주 시간을 평균 39분 24초에서 38분 0초로 단축했다. 이는 1분 24초, 즉 3.5%의 개선이다. 반면 총 훈련의 약 73%를 저강도로 수행한 러너는 10km 완주 시간을 평균 39분 18초에서 37분 19초로 단축했다. 이는 1분 59초, 즉 5.0%의 개선이었다.

대부분의 러너가 10km 완주에서 1분 24초 단축할 수 있는 훈련 프로그램과 1분 59초 단축할 수 있는 프로그램 중 하나를 선택하라고 하면, 바로 후자를 선택할 것이다. 특히 더 효과적인 프로그램이 더 쉽다는 사실을 안다면 말이다.

게다가 80/20 그룹 중 지시를 가장 충실히 따른 6명의 개선 폭은 더욱 컸다. 이들은 평균적으로 78%의 훈련을 저강도로 수행했으며, 10km 완주 시간을 평균 7% 단축했다. 이는 50/50 그룹과 비교하면 통계적으로 유의미한 결과였다.

종합적으로 이 연구 결과는 80/20 훈련이 단거리를 달리는 러너를 포함한 모든 러너에게 더 효과적이라는 에스테베-라나오와 사일러의 주장을 뒷받침했다. 하지만 그들은 80/20 훈련법의 효과에 대한 입증이 아직 완전하지 않다고 생각했다.

과학의 뛰어난 장점 중 하나는 광범위한 협력이 이루어진다는 점이다. 한 과학자나 연구팀이 어떤 주제에 대해 새롭고 흥미로운 연구를 발표하면, 다른 과학자들이 자연스럽게 연구에 동참하는 것이 일반적이다. 이는 과학의 큰 축복이라 할 수 있다. 에스테베-라나오와 스티븐 사일러가 함께 수행한 실험들은 세심한 계획과 실행이 필요하며 진행하는 데도 오랜 시간이 걸린다. 그들의 첫 번째 공동 논문이 발표된 후, 2014년 두 번째 논문이 발표되기까지 7년이나 걸렸다. 만약 이 연구를 그들만의 힘으로 끝까지 이어나가야 한다면 평생이 걸릴 것이다. 다행히 최근 다른 과학자들이 에스테베-라나오와 사일러의 연구에 관심을 가지기 시작했고 그들도 동참하기 시작했다.

이들 과학자 중에는 오스트리아 잘츠부르크대학교의 토마스 스퇴글Thomas Stoggl과 미드스웨덴대학교의 빌리 스페를리히Billy Sperlich가 있다. 스퇴글과 스페를리히는 80/20 강도 비율 자체보다 '양극화 훈련polarized training'이라는 개념에 더 관심을 두었다. 80/20 방법과 양극화 훈련은 밀접한 관련이 있지만 중점을 두는 부분에서 약간의 차이가 있다. 80/20 훈련에서는 저강도 훈련을 극대화하는 데 중점을 둔다. 가장 중요한 것은 전체 훈련 시간의 80%를 반드시 저강도로 유지하는 것이며, 나머지 20%의 훈련 시간은 중강도와 고강도 중 어떻게 분배

하는지는 상대적으로 덜 중요하다.

　반면 양극화 훈련에서는 중강도 훈련을 최소화하는 데 중점을 둔다. 양극화 훈련을 지지하는 전문가들은 지구력 훈련에서 가장 큰 실수는 중강도에서 너무 많은 시간을 보내는 것이라 말한다. 중강도는 저강도보다 부담이 크지만 고강도만큼의 이점을 얻지 못하기 때문이다. 이러한 점에서 양극화 훈련 지지자 역시 80/20 훈련과 마찬가지로 저강도 훈련이 총 훈련 시간의 대부분을 차지해야 한다고 주장하지만, 80%라는 특정 비율을 채우는 것에는 신경을 덜 쓴다.

　훈련 프로그램은 80/20과 양극화 방식 둘 다 될 수 있으며, 실제로 에스테베-라나오와 사일러가 2014년 연구에서 사용한 저강도 훈련 프로그램이 바로 그랬다. 80/20 그룹의 러너는 80%의 훈련을 저강도로, 20%는 고강도로, 그리고 중강도 훈련은 하지 않도록 지시받았다. 스퇴글과 스페를리히는 바로 이 양극화를 주목해 그들만의 연구에서 테스트하기로 했다.

　잘츠부르크 연구가 갖는 주요 의미는 이 범위에 있다. 이 연구의 참가자는 러닝, 크로스컨트리 스키, 사이클, 트라이애슬론을 대표하는 운동선수 48명이었다. 그중 러너는 21명으로 가장 많은 비중을 차지했다. 또한 잘츠부르크 연구는 비교 항목에서도 범위가 넓었다. 두 가지 훈련 방식만을 테스트한 것이 아니라 네 가지를 비교했다. 모든 그룹은 똑같이 9주간 훈련을 진행했고, 그룹마다 서로 다른 훈련량과 강도 조합을 부여받았다.

'고부하 그룹'은 저강도 훈련을 83%, 중강도를 16%, 고강도를 1% 수행했다. '역치 그룹'은 저강도 46%, 중강도 54%, 고강도 0%로 수행했다. '고강도 그룹'은 저강도 43%, 중강도 0%, 고강도 57%로 수행했다. 마지막으로 '양극화 그룹'은 저강도 68%, 중강도 6%, 고강도 26%로 수행했다. 특정 그룹이 중강도 또는 고강도 훈련을 더 많이 수행할수록 전체 훈련량이 줄어들었기 때문에 훈련 부하는 거의 비슷했다.

　9주간의 훈련이 시작되기 전에 모든 운동선수는 기록 측정 테스트를 받았다. 러너의 경우 점진적으로 강도를 높이는 러닝 테스트를 시행했으며, 이는 탈진할 때까지 진행했다. 트레드밀은 7.2kph의 매우 낮은 속도에서 시작되었고, 이후 30초마다 약 1.6kph씩 속도를 올려 운동선수가 더는 달릴 수 없을 때까지 진행되었다. 연구자 스퇴글과 스페를리히는 각 러너가 버틴 시간과 종료 직전에 도달한 최고 속도를 기록했으며, 9주 훈련이 끝난 후에 같은 테스트를 반복했다.

표 3.1 잘츠부르크 연구 요약

그룹	저강도 훈련 비율(%)	중강도 훈련 비율(%)	고강도 훈련 비율(%)	탈진 시간 변화	최고 속도 또는 최대 강도
고부하 그룹	83	16	1	+8.0%	−1.5%
역치 그룹	46	54	0	+6.2%	+1.8%
고강도 그룹	43	0	57	+8.8%	+4.4%
양극화 그룹	68	6	26	+17.4%	+5.1%

잘츠부르크 연구에서 가장 큰 성과 향상을 보인 그룹은 양극화 그룹이었다. 점진적으로 강도를 높이는 러닝 테스트와 사이클 테스트에서 비러너의 경우 탈진 시간이 무려 17.4% 증가했다. 이는 고강도 그룹 8.8%, 고부하 그룹 8%, 역치 그룹 6.2%와 2배 이상 비교되는 수치다. 점진적으로 강도를 높이는 러닝 테스트에서의 최대 속도, 사이클 테스트에서의 최대 강도는 양극화 그룹에서 5.1% 증가했으며, 고강도 그룹에서는 4.4%, 역치 그룹에서는 1.8% 증가했고, 고부하 그룹에서는 오히려 1.5% 감소했다. 이 결과는 [표 3.1]에 요약되어 있다.

잘츠부르크 연구의 결과는 우리에게 두 가지 중요한 교훈을 준다. 첫 번째 교훈은 고강도 훈련이 필수적이지만 그 양이 적어도 충분하다는 것이다. 고강도 영역을 아예 수행하지 않은 두 그룹은 가장 적은 개선을 보였다. 그리고 고강도 훈련보다 저강도 훈련을 2.5배 더 많이 한 양극화 그룹과 비교하더라도, 고강도 훈련을 가장 많이 한 그룹이 더 적게 향상되었다.

이 연구에서 얻은 또 다른 중요한 교훈이 있다. 일반적으로 운동선수가 중강도보다 저강도에서 훈련하면 더 많은 효과를 얻는다는 점이다. 양극화 그룹은 저강도와 중강도 훈련 사이에서 가장 큰 불균형을 보였으며, 그 결과 가장 큰 성과를 이루었다. 특히 이 깨달음은 중강도 훈련이 전체 훈련의 거의 절반을 차지하는 러너에게 큰 깨달음을 주었다.

저강도 훈련을 83% 수행한 고부하 그룹이 저강도 훈련을 68% 수행한 양극화 그룹만큼 개선되지 않았다는 점이 눈에 띌 수 있다. 하지만 이것은 저강도 훈련을 80% 하더라도 고강도 훈련을 전혀 하지 않으면 그다지 큰 성과를 낼 수 없다는 점을 의미할 뿐이다. 또한 양극화 그룹 선수들은 원래 저강도 훈련을 약 74% 수행하기로 했지만, 에스테베-라나오와 사일러의 2013년 연구와 마찬가지로, 일부 선수가 중강도 영역에 빠지는 경우가 종종 있었다. 양극화 그룹 선수 중에서도 저강도 훈련에 가장 많은 시간을 할애한 이들이 가장 큰 성과 향상을 이루었는지 확인하는 것도 흥미로운 일이다.

이 흥미로운 연구에 이어 더 많은 연구가 이어질 것이고, 달리기에 가장 효과적인 훈련 방법을 더욱 명확하게 이해하게 될 것이다. 하지만 우리는 이전보다 더 효과적으로 훈련할 수 있는 충분한 정보를 알고 있다. 오늘날에도 여전히 고강도 훈련에 중점을 두는 코치들이 있다. 이제 이것이 잘못된 방법임을 분명히 인식할 것이다. 다른 코치들역시 중강도 훈련을 권장하는데, 이는 대부분 기록 향상을 목표로 하는 러너가 실제로 훈련하는 방식이기도 하다. 우리는 이제 이것도 잘못된 방법이라는 것을 확실히 증명할 수 있다. 스티븐 사일러와 조나단 에스테베-라나오 등의 선구적인 연구 덕분에, 우리는 저강도에서 전체 훈련의 80%를 수행하고 나머지 20%를 적절히 나누어 고강도 훈련에 할애하는 것이 가장 좋은 방법이라는 것을 알게 되었다.

4장

80/20 러닝은
체력을 향상시킨다

지금까지 80/20 훈련법이 다른 방법보다 더 효과적으로 체력을 향상시킨다는 강력한 증거를 확인했다. 그렇다면 80/20의 원리는 무엇일까? 80/20 법칙의 개척자인 스티븐 사일러는 이 질문에 대한 답이 아직 완전히 밝혀지지 않았다고 조심스럽게 말한다.

"80/20 훈련은 높은 신뢰도만큼이나 효과적이라는 것은 분명하지만, 어떻게 효과적인지 아직 정확히 설명할 수 없다. 이 부분에 관해서 앞으로 더 연구가 필요하다."

사일러와 그의 동료들은 80/20 훈련의 우수성을 설명할 수 있는 몇 가지 가능성을 찾았으며, 가설을 통해 향후 연구에서 검증할 계획이다. 첫 번째 가설은 저강도의 훈련량이 많으면 생각보다 더 많은 이점을 얻는다. 두 번째 가설은 대부분의 훈련을 저강도로 진행하는 경우, 고강도 훈련에서 더 많은 이점을 얻을 수 있다. 세 번째 가설은 중강도와 고강도의 훈련은 스트레스 지수가 높기 때문에 훈련량을 늘리기에 적합하지 않다는 것이다.

이 세 가지 가설은 서로 모순되지 않으며 논리적으로도 증명할 수 있다. 실제로 수많은 80/20 훈련의 사례는 세 가지 가설의 근거가 되고, 다른 방법보다 더 효과적이라는 것을 입증한다.

달리기에서 가장 중요한 생리학적 기반은 유산소 능력이다. 즉 뛰는 동안 받아들인 충분한 산소는 혈액을 통해 근육으로 전달되어, 움직임을 원활하게 하고 신체 에너지를 만든다. 우리 몸의 유산소계 시스템에는 산소를 공급하고 혈액을 순환시키는 심장과 폐, 산소가 포함된 혈액을 온몸으로 전달하는 동맥과 모세혈관, 산소를 실어나르는 혈액, 각 세포에서 에너지를 생산해 공급하는 미토콘드리아까지 포함된다. 달리기는 이 모든 기관을 효율적으로 작동시켜 유산소 능력을 높이고, 결과적으로 더 빠르고 오래 달릴 수 있도록 몸을 만든다.

    유산소계 시스템을 강화하기 위한 핵심 요건 중 하나는 스트레스다. 유산소계 시스템을 강화하려면 점진적인 운동이 필요하다. 단순히 휴식 상태로 머무를 때는 유산소 능력을 끌어올리기 어렵다. 구체적으로는 최대 심박수의 최소 60% 이상으로 높여야 한다. 따라서 최대 심박수가 185BPM(분당 박동 수)라면, 유산소 능력을 향상시키기 위해서는 약 111BPM까지 심박수를 올려야 한다.

    최대 심박수의 60%가 유산소 능력을 강화하기 위한 최소 기준이지만, 그 한계를 넘는 강도 증가는 추가적인 이점을 가져온다. 연구에 따르면, 고강도 운동이 저강도 운동보다 유산소계 시스템을 더 빠르게 강화한다는 사실이 입증되었다. 최근 한 연구에서 맥매스터대학교의 과학자들은 운동 강도가 근육세포 내 미토콘드리아 단백질 합성에 미치는 영향을 조사했다. 이 단백질은 근육이 산소를 더 빠르게 사용해 신체에 필요한 연료를 공급하도록 새로운 미토콘드리아를 생성하는 데 사용된다. 맥매스터대학교 연구진은 단 한 번의 고강도 운동이 24시간의 저강도 운동보다 미토콘드리아 단백질 합성을 훨씬 더 많이 증가시켰다는 사실을 발견했다.

과학자들은 유산소계 시스템의 다른 부분, 예를 들어 심장을 연구할 때도 같은 패턴이 나타나는 걸 발견했다. 연구에 따르면 고강도 운동이 저강도 운동보다 심장 근육의 수축력을 더 효과적으로 증가시킨다는 것이다.

그러나 저강도 운동이 더 잘하는 부분도 있다. 예를 들어 긴 시간 저강도 러닝을 하면 근육에 미세한 손상이 가고, 이를 회복시키기 위해 인터류킨-6IL-6이 대량으로 분비된다는 사실이 여러 연구에서 밝혀졌다. 잘 훈련된 러너는 인터류킨을 덜 생성하기 때문에 저항력이 높아져 다른 사람들보다 피로감을 적게 느끼는 것이다. 인터류킨의 대량 분비는 생리적 적응을 유도하는 결정적 요소로 여겨지며, 이는 이후의 훈련에서 인터류킨 분비를 줄이고 지구력을 향상시킨다. 인터류킨 분비의 주요 원인은 근육 내 글리코겐 연료의 고갈이다. 오랜 시간 저강도 러닝은 짧은 시간 빠른 달리기보다 훨씬 높은 수준의 글리코겐 고갈을 일으키고, 이 과정에서 인터류킨도 더 많이 분비된다. 16분 동안의 강도 높은 달리기는 인터류킨 수치를 2배로 증가시킬 수도 있다. 한 시간 달리기는 이를 10배로 증가시키며 풀코스 마라톤은 100 배로 증가시킬 수 있다.

따라서 저강도와 고강도 운동의 유산소 시스템에 대한 효과는 어느 정도 상호 보완적이다. 유산소 능력을 최대화하려면 두 가지 모두를 수행해야 한다. 따라서 문제는 어느 하나가 더 좋다고 해서 그것만 해야 하는가가 아니라, 고강도와 저강도 훈련을 어떻게 균형 있게 해야 하는가이다.

생리학적 근거에 따르면 러너가 수행하는 저강도 훈련량은 많아야 한다. 저강도 러닝은 극도로 스트레스를 주는 운동이 아니므로, 러너가 천천히 달리는 것으로 과도한 훈련에 이를 가능성은 거의 없다. 저강도 훈련량이 많을수록 그 효과는 시간이 지남에 따라 점차 나타난다.

일부 러너는 꽤 좋은 기록을 낸 후에는 천천히 달리기가 계속 좋으냐에 대해 회의적이다. 유산소계 시스템을 강화하려면 어느 정도 스트레스가 필요한데, 천천히 달리기의 경험이 많은 러너에게는 그다지 스트레스 요소가 되지 않는다. 그러나 달리기의 스트레스 정도는 강도에 의해서만 결정되는 것이 아니라, 강도의 총량에 따라서 결정된다. 물론 30분의 저강도 러닝은 건강한 사람에게 거의 스트레스를 주지 않으므로 그것만으로는 큰 효과를 느끼지 못할 수도 있다. 그러나 2시간 동안의 저강도 러닝은 기존의 유산소 능력에 도전하는 강도가 되고, 특히 그 러너가 전날 1시간 정도 달렸다면 더욱 그렇다.

연구에 따르면 저강도 훈련은 단점을 찾기 어려울 정도로 장점이 많다. 물론 한계는 있을 수 있지만, 천천히 달리기를 더 많이 할수록 더 많은 이점을 얻을 수 있는 건 분명하다.

다시 인터류킨의 예로 돌아가 보자. 앞서 언급했듯이, 사람이 더 멀리 달릴수록 근육은 더 많은 인터류킨을 분비하여 체력을 향상시킨다. 즉 몸이 더 건강해질수록 같은 거리에서 근육이 분비하는 인터류킨은 줄어든다. 초보자는 30분 만의 느린 달리기로도 충분한 인터류킨이 분비되어 긍정적인 자극을 느낄 수 있다면, 경험이 많은 러너는 그렇지 않을 수 있다. 즉 유산소 능력과 체력을 향상하기 위해서 숙련된 러너 역시 더 멀리 달릴 필요는 있지만, 더 빠르게 달릴 필요는 없다. 앞서 언급했듯이 인터류킨의 분비는 달리기의 속도보다는 지속 시간에 더 많은 영향을 받기 때문이다. 오히려 숙련된 러너일수록 천천히 달리기를 더 자주 하면 동일한 효과를 얻을 수 있다. 글리코겐이 반쯤 고갈된 상태로 달리기를 시작했을 때, 더 많은 인터류킨을 분비하기 때문에 자주 훈련하는 러너일수록 달리기 사이에 글리코겐을 완전히 보충하지 못하는 경우가 많다.

반면에 고강도 러닝은 다르다. 고강도 러닝을 적게 하면 저강도 러닝보다 유산소계 시스템에 더 많은 이점을 제공하지만, 고강도 러닝은 많이 하더라도 추가적인 이점이 없다. 실제로 고강도 훈련을 많이 하면 몸에 큰 스트레스로 작용한다. 그러면 부교감신경계를 억제하게 되어 만성 피로와 신체 능력 저하를 초래할 수 있다. 따라서 저강도와 고강도 운동의 생리학적 효과를 종합하면, 최적의 조합은 저강도에 중점을 두어야 한다는 결론이 나온다.

천천히 달리기와 빠른 달리기의 다양한 조합이 VO_2max에 미치는 실제 효과를 연구한 결과는 이러한 기대를 뒷받침한다. 1999년에 베로니크 빌랏이 수행한 연구가 그 예다. 그녀는 중거리 레이스에서 경쟁하는 러너 8명에게 주당 6번씩 달리게 했다. 초기 몇 주 동안 이들은 모든 달리기를 저강도로 수행했다. 이후 4주 동안은 저강도 러닝 5회와 고강도 러닝 1회(저강도 83%, 고강도 17%로 균형을 맞춘 훈련)를 진행했다. 마지막으로 이들은 주 3회의 저강도 러닝과 3회의 고강도 러닝(저강도 50%, 고강도 50%)로 전환하여 또다시 4주 동안 훈련했다.

연구의 각 단계가 끝날 때마다 100/0 단계, 83/17 단계, 50/50 단계의 마지막에 러너는 VO_2max 테스트를 완료하여 유산소 능력의 변화를 측정했다. 첫 단계가 끝났을 때 평균 VO_2max는 71.2로 매우 높은 수준이었다. 4주 후, 83/17 단계가 끝났을 때 평균 VO_2max는 72.7로 1.5% 증가했다. 그러나 또 4주 후, 50/50 단계가 끝났을 때 평균 VO_2max는 70.9로 이전보다 2.5% 감소했다.

요약하면 주당 고강도 운동을 3회 하는 것이 1회 하는 것보다 효과가 없을 뿐 아니라, 고강도를 전혀 하지 않는 것보다도 결과가 나빴다. 빌랏과 그녀의 동료들이 수집한 추가 데이터는 그 이유를 보충했다. 연구의 50/50 단계 동안, 러너는 격렬한 달리기 직후 스트레스 호르몬인 노르에피네프린 수치가 매우 높았고, 이는 심박수가 낮아진 것과 결합해 부교감신경계가 억제되었다는 것을 나타냈다. 즉 러너는 과훈련 상태에 빠진 것이다.

다른 연구들도 빌랏의 결과를 뒷받침했다. 저강도 러닝을 많이 하고 고강도 러닝을 조금 하는 것이 유산소계 시스템을 가장 효과적으로 강화한다는 사실을 보여주었다. 〈3장〉에서 살펴본 잘츠부르크 연구는 저강도, 중강도, 고강도 훈련의 네 가지 조합이 점증적 운동 테스트에서 능력에 미치는 영향을 비교했다. 우리는 68%의 저강도 훈련으로 이루어진 양극화 훈련 프로그램이 최상의 결과를 냈음을 확인했다.

잘츠부르크 연구의 토마스 스퇴글과 빌리 스페를리히는 또한 네 가지 훈련 방식이 유산소 능력에 미치는 영향을 측정했다. 그 결과 다시 양극화 방식이 승리했으며, 9주 만에 VO_2max가 11.7% 증가하는 놀라운 효과를 검증했다. 반면에 저강도 43%, 고강도 57%로 이루어진 고강도 프로그램은 VO_2max를 단 4.8% 증가시키는 데 그쳤다.

주목할 점은 두 그룹 모두 사실상 양극화 방식으로 훈련했다는 것이다. 다시 말해 두 그룹 모두 중강도 영역은 수행하지 않았다. 두 그룹 간의 유일한 차이는 저강도와 고강도 훈련의 비율이었다. 결과적으로 26% 고강도 훈련을 수행한 양극화 그룹보다, 57% 고강도 훈련을 수행한 고강도 그룹에서 부정적인 결과가 나타났다. 그 시점부터 고강도 훈련에 투자한 시간이 많을수록 결과는 더 나빠졌다.

또한 잘츠부르크 연구에서 중강도 훈련을 가장 많이 수행한 두 그룹, 즉 고강도 그룹과 역치 그룹이 최악의 결과를 보였다는 점도 중요하다. 예를 들어 역치 그룹의 참가자들은 중강도 훈련을 54% 수행했으며, 이는 대부분의 러너가 훈련하는 비율과 비슷하다. 그 결과 이들은 VO_2max가 4.1% 감소했다. 스티븐 사일러는 때때로 중강도 훈련을 '훈련 강도의 블랙홀'이라고 부른다. 이는 중강도 훈련이 고강도 훈련만큼 스트레스를 주지만, 유산소 능력을 자극하는 데는 훨씬 효과적이지 못하기 때문이다. 따라서 러너는 과도한 속도 훈련으로 자신을 무리하게 몰아붙이는 것만큼이나, 중강도 달리기가 훈련을 방해하지 않도록 경계해야 한다.

유산소 능력이 높다고 꼭 좋은 것은 아니다. VO_2max 수치가 높다고 해서 우승을 하는 것은 아니기 때문이다. 달리기에서 유산소 능력이 중요한 이유는 그것이 달리기에 몇 가지 방식으로 영향을 미치기 때문이다. 그러나 유산소 능력을 높인다고 해서 당장 더 빠르게 달릴 수 있는 것은 아니다. 사실 최적의 훈련을 통해 유산소 능력을 극대화하면, 짧은 거리에서의 전력 질주 능력은 오히려 떨어진다.

잘 알려지진 않았지만, 유산소계 시스템을 발달시키면 최고 속도가 감소한다는 사실이 과학적으로 입증되었다. 가령 5km 대회에서 달리기 능력을 향상시키는 근육 훈련이 36m 같은 아주 짧은 거리에서는 통하지 않는다. 그 이유는 유산소 능력을 높이는 훈련은 특정 근섬유의 단면적을 줄이기 때문이다. 이 현상은 장거리에서 장점으로 발휘되어 잘 달리게 도와주지만, 근육을 최대한 빠르게 사용하기는 어려워 달리기의 최고 속도는 떨어지게 된다.

운동과학자들은 종종 수직 점프 테스트로 다리 근육이 순간적으로 낼 수 있는 강한 힘을 측정한다. 이 테스트는 단거리 능력을 예측하는 좋은 지표가 된다. 단거리 달리기 역시 수직 점프처럼 근육이 수축했다 순간적으로 내는 힘에서 나오는 동작이기 때문이다. 한 연구에 따르면, 대학생 크로스컨트리 선수들은 시즌 동안 수직 점프 능력이 약

2% 정도 감소했다. 이로 인해 이 선수들의 최고 속도도 비슷한 비율로 감소했을 가능성이 높다.

게다가 유산소 능력을 향상시키기 위한 훈련은, 산소 없이 에너지를 사용하여 짧은 시간 동안 강한 힘을 내는 무산소 운동 능력의 효과까지 떨어지게 한다. 운동과학자들은 일반적으로 윙게이트 테스트Wingate test를 사용하여 무산소 능력을 측정한다. 이 테스트에서는 참가자가 고정식 사이클에서 30초 동안 가능한 한 빨리 페달을 밟아야 한다. 시작하고 5~10초가 지나면 가장 큰 힘이 줄어드는데, 이 점이 단거리 테스트와 구분된다. 평균적으로 건강한 대학생은 윙게이트 테스트에서 대학생 크로스컨트리 선수보다 더 나은 성과를 보인다. 또한 대학생 크로스컨트리 선수조차도 두 달간 훈련을 쉬면 윙게이트 테스트에서 더 나은 성과를 보인다.

1962년 〈스포츠 일러스트레이티드〉에 실린 유명한 기사에서 아서 리디아드는 "장거리 러닝 선수는 자신의 최대 속도를 높일 필요가 없다"고 주장했다. 그 점에서는 그가 옳았다. 그러나 달리기 선수들이 유산소 능력을 키우기 위해 훈련할 경우, 최대 속도를 증가시킬 수 없다는 사실이 밝혀졌다. 어떤 장거리 러닝 선수도 VO$_2$max를 희생하면서까지 최대 속도를 추구하는 것은 큰 실수라는 걸 알 것이다. 왜냐하면 최적의 훈련을 통해 유산소 능력을 향상시키는 것이야말로 운동선수에게 두 가지 중요한 이점을 제공하기 때문이다. 첫 번째는 장거리를 지속할 수 있는 속도가 증가하고, 두 번째는 일정한 속도로 더 멀리

갈 수 있게 된다. 잘츠부르크 연구에서 유산소 능력을 가장 많이 증가시킨 양극화 훈련 프로그램은 시간 대비 지구력과 점진적으로 강도를 높이는 러닝 테스트에서 달성한 최고 속도에서도 가장 큰 향상을 보였다.

유산소 대사는 다른 방식의 근육 에너지 생성보다 더 효율적인 동시에 피로도 역시 낮다. 따라서 당신의 근육이 산소를 사용해 달리기를 할 수 있는 능력이 향상할수록, 장거리를 일정한 속도로 더 빠르게 더 멀리 달릴 수 있다. 흥미롭게도 유산소 능력의 향상은 속도 그 자체보다 속도의 지속 가능성인 피로 저항력에서 훨씬 더 큰 향상을 가져온다.

예를 들어 젊은 성인 여성의 평균 VO$_2$max는 약 38ml/kg/min이다. 남성의 경우 약 42ml/kg/min이다. 운동생리학자 잭 다니엘스에 따르면, 러닝 이코노미(에너지 소비를 줄이고 효율적으로 잘 달리는 것)를 가진 러너의 VO$_2$max가 49ml/kg/min일 경우, 이 러너는 5km를 20분 18초(1.6km당 6분 32초)로 달릴 가능성이 크다. 이제 이 러너가 80/20 훈련을 통해 VO$_2$max를 56으로 높였다고 가정해 보자. 다니엘스에 따르면 이 러너는 5km를 18분 5초(1.6km당 5분 49초)로 달릴 가능성이 높다. 이는 5km 거리에서 속도가 10.9% 향상된 것이다. 그러나 같은 러너가 VO$_2$max를 49에서 56으로 끌어올리면, 마라톤을 2시간 53분 20초(1.6km당 6분 36초)로 달릴 수 있을 것이다. 이는 원래의 5km 페이스와 거의 비슷하다. 마라톤은 5km보다 8.5배 더 길다. 즉 유산소 능력의 동일한 증가는 5km 거리에서 '거리 대비 속도'를 10.9% 향상시킬 뿐 아니라 속도 지속 가능성을 850%까지 높인다.

유산소 능력 증가의 두 가지 주요 이점의 차이가 너무 크기 때문에, 러너의 피로 저항력 향상이 VO_2max의 증가만으로는 완전히 설명되기 어렵다. 이것은 러너가 체력을 잃는 또 다른 연구 결과로 증명할 수 있다. 1985년 덴마크 연구자들이 수행한 연구에서, 지구력이 높은 운동선수들에게 6시간에서 10시간의 주간 훈련량을 단 35분으로 줄이도록 요구했다. 4주 후 그들의 VO_2max는 변화가 없었지만, VO_2max의 75% 수준에서 지구력 인내 시간이 21% 감소했다. 선수들은 상당히 체력을 잃었고 특히 피로 저항력이 감소했지만, 그들의 유산소 능력만 봐서는 이를 알 수 없었다.

유산소 능력의 증가는 분명 뛰어난 러너가 보여주는 능력 향상의 결과로 대부분 증명할 수 있다. 그러나 VO_2max는 얼마 지나지 않아 최고 수준에 도달하지만, 오히려 러너의 레이스 기록은 계속 떨어진다. 엘리트 수준의 러너는 고등학생 때 달리기를 시작한 후, 보통 대학 2학년 즈음에 평생 최고 VO_2max를 달성한다. 그러나 그들의 최고의 레이스 기록은 보통 그보다 10년 후에야 달성된다.

여성 마라톤 역사상 최고의 선수 중 한 명인 폴라 래드클리프Paula Radcliffe를 예로 들어보자. 맨체스터메트로폴리탄대학교의 앤드류 존스는 1991년 래드클리프가 17세일 때부터 2003년 세계 최고의 여성 장거리 선수로 활동할 때까지 그녀의 생리학적 변화를 추적했다.

그녀의 VO$_2$max는 이 기간의 시작 시점에서 가장 높았다. 당시 래드클리프는 주당 40~48km를 달렸고, 3,000m 최고 기록은 9분 23초였다. 5년 후 그녀는 주당 160km 이상을 달렸고 3,000m 기록은 8분 37초로 단축되었지만, VO$_2$max는 더 증가하지 않았고 오히려 약간 감소했다.

래드클리프의 기록에서 달라진 것은 그녀가 원래 냈던 속도를 장거리에서 유지하는 능력이었다. 2003년에 이르러 그녀는 8일 주기로 최대 256km를 달렸다. 총 15번의 훈련 중 80%에 해당하는 12번은 저강도로 진행했다. 그녀의 VO$_2$max는 여전히 변함이 없었지만, 그해에 2시간 15분 25초의 마라톤 세계 기록을 세웠으며 하프 마라톤을 1.6km당 5분에 완주했다. 이 기록은 3,000m를 달렸을 때보다 1.6km당 2초 더 빠른 속도였다.

폴라 래드클리프는 능력 면에서 예외적인 러너였지만, 그녀가 발전한 방식은 역시나 예외적이지 않았다. 모든 수준의 러너가 유산소 능력을 증가시키지 않고도 지구력을 높여 레이스 기록을 단축하는 것은 일반적인 현상이다. 실제로 잘츠부르크 연구에서도 역치 그룹의 구성원들은 VO$_2$max가 4.1% 감소했음에도 불구하고, 점진적으로 강도를 높이는 운동 테스트에서는 지구력 시간이 8% 증가했다.

이러한 연구 증거는 폴라 래드클리프 같은 러너로부터 얻은 실제 데이터와 일치한다. 즉 올바른 훈련을 통해 피로 저항력이 개선되는 것은 유산소 운동 능력 증가 외에 다른 원인에서 비롯된다는 걸 뒷받침한다. 최근 과학자들은 피로 저항력의 또 다른 원인이 뇌의 중심에 있다는 걸 발견했다. 게다가 유산소 운동 능력과 마찬가지로 저강도, 고훈련량이 피로 저항력을 가장 효과적으로 향상시킨다는 것을 알아 냈다. 이제 그 메커니즘을 살펴보자.

1920년대 아치볼드 힐이 처음 유산소 능력을 정의한 이후, 유산소 능력이 지구력과 같은 의미로 잘못 이해되었다. 이러한 오해는 유산소 능력을 측정하는 방식 때문이었다. 전통적인 VO₂max 테스트는 산소 소비와 피로를 인위적으로 결부시켜, 유산소 능력만이 지구력을 제한하는 유일한 요인인 것처럼 적용했다. 이 문제를 보완한 테스트는 뇌 기반의 고통에 대한 내성이 유산소 능력만큼이나 피로 저항력에 중요한 역할을 한다는 것을 보여준다.

전통적인 VO₂max 측정 방법은 점진적 운동 테스트로 알려져 있다. 이 테스트에서 참가자는 마스크를 착용한 채 트레드밀 위에서 달린다. 이 마스크는 호흡한 공기를 모아 산소 소비량을 측정하는 장치에 연결된다. 트레드밀 속도는 2분마다 일정한 비율로 증가하며 참가자는 탈진할 때까지 달린다. 때때로 참가자의 산소 소비량은 그들의 한계 지점까지 달리는 속도와 일치하여 증가한다. 다른 경우 산소 소비량은 참가자가 포기하기 몇 단계 전에 정체될 수도 있다. 어느 쪽이든 이 테스트는 가장 높은 산소 소비량이 한계 지점에 가까워지도록 기록되어, 더 많은 산소를 소비하는 능력 외에는 피로를 막는 다른 요인이 없는 것처럼 보이게 만든다.

전통적인 VO₂max 테스트는 실제 사람들이 운동하는 방식과는 차이가 있다. 러너는 레이스에서 정해진 거리를 가능한 한 빨리 달린다. 이것은 폐쇄형 과제closed-loop task로 알려져 있다. 반면 전통적인 VO_2max 테스트에서는 러너가 더는 달리기를 지속할 수 없다고 느낄 때 스스로 포기하는 지점을 선택하는 열린 과제open-loop task이다.

운동과학자들은 수십 년 동안 이 차이점을 간과했는데, 일부 과학자들 사이에서는 폐쇄형 테스트가 어떤 차이를 만드는지 의문을 가졌다. 2010년 영국 베드퍼드셔대학교의 렉스 모거와 닉 스컬소프가 폐쇄형 테스트를 만들었다. 모거-스컬소프 테스트는 시간을 10분으로 정하고, 이 10분을 2분 단위로 나누었다. 전통적인 VO_2max 테스트에서 트레드밀 속도가 2분마다 일정한 비율로 증가하는 것과 달리, 모거-스컬소프 테스트에서는 참가자들이 직접 자신의 속도를 점진적으로 증가시켰다. 즉 스스로 달릴 수 있을 만큼 속도를 올리는 것이다. 마지막 2분은 러너가 견딜 수 있는 가장 높은 한계점에서 달리는 방식이며, 이는 실제 레이스의 마지막 2분과 유사하다.

모거와 스컬소프는 새로운 폐쇄형 테스트와 기존의 전통적인 VO_2max 테스트를 비교했고 예상치 못한 결과를 얻었다. 평균적으로 참가자의 VO_2max 점수는 기존의 열린 테스트보다 새로운 폐쇄형 테스트에서 8% 더 높았다. 왜 그랬을까? 연구자들은 그 차이가 동기부여에 있다고 추측했다.

인간은 본능적으로 성과 중심적 사고를 가지고 있다. 모거-스컬소프 테스트에서는 참가자들이 시작 전에 끝이 어딘지 알고 있다. 그들은 구체적인 목표를 가지고 있으며, 이는 더 열심히 노력하도록 동기를 부여한다. 반면 전통적인 테스트에서는 끝나는 지점을 모르기 때문에 참가자들은 점점 더 큰 고통만을 느낄 뿐이고, 결국 포기할 수밖에 없는 상황을 맞는다. 따라서 동기부여가 낮다는 것이다.

러너가 고통을 견딜 의지는 충분하지만 그것만으로는 부족하다. 즉 동기부여가 필요하다. 레이스나 다른 폐쇄형 과제에서는 고통을 견뎌야 할 이유가 있다. 그러나 전통적인 VO$_2$max 테스트에서는 단순히 고통을 이겨내기 위해 운동을 하는 것처럼 느껴져 기록도 좋지 않고 쉽게 포기하고 만다.

이 동기부여 기반 설명이 맞다면, 전통적인 VO$_2$max 테스트에서의 성과는 생리학적인 요인이 아니라 심리적인 요인에 의해 영향을 받는다는 결론이 나온다. 그렇다면 레이스처럼 폐쇄형 과제에서도 러너의 능력이 심리적 요인에 의해 제한된다는 것을 시사한다. 예를 들어 실험에서 참가자들에게 운동을 더 쉽게 느끼게 만드는 약물을 투약했을 때, 그들의 레이스 시뮬레이션 능력이 향상되었다는 연구 결과가 있다. 이는 운동선수가 경기를 마칠 때, 힘을 다 썼다고 느끼지만 실제로는 힘이 남아 있다는 것을 의미한다.

운동과학자들 사이에서는 달리기 선수 및 지구력 운동선수들이 신체적 한계에 도달하기 전에, 고통을 참는 능력의 한계에 먼저 도달한다는 의견이 나오고 있다. 과거 과학자들은 근육에 충분한 산소가 공급되지 않아 발생하는 산증acidosis과 같은 생리학적 요인에 의해서만 탈진이 일어난다고 믿었다. 하지만 이는 상황에 따라 근육의 산증 정도가 다름에도 불구하고 러너가 탈진한다는 사실과 모순된다. 근육 글리코겐 고갈이나 피로를 일으킨다고 여겨지는 다른 모든 신체적 한계에서도 마찬가지다. 별도의 테스트에서 러너가 탈진에 이르렀을 때 완전히 똑같은 생리적 상태에 있는 경우가 거의 없었다. 탈진을 매번 정확하게 예측하는 유일한 요소는 운동자각이다. 운동선수들은 자신의 생리적 상태와 관계없이 항상 '더는 못 하겠다'라고 느낀다.

이는 고통을 참는 능력이 불변이라는 뜻은 아니다. 앞서 언급한 VO$_2$max 테스트에서 살펴본 바와 같이, 동기부여는 러너의 고통을 견디는 능력에 영향을 미친다. 다른 연구에서는 러너가 혼자 하는 체력 테스트보다 경쟁할 때 더 나은 성과를 낸다는 것을 보여주었다. 포기하거나 멈추면 곧 패배라고 느끼는 상황에 마주하면, 러너는 이전에 한계라고 느꼈던 것보다 조금 더 고통을 견딜 수 있다는 사실을 깨닫는다.

고통을 참는 능력 역시 훈련으로 향상시킬 수 있다. 러너가 자신이 생각했던 것보다 더 고통을 참을 수 있다는 것을 깨닫게 되면, 노력에 대한 인식은 지속해서 변화하기 마련이다. 이 사실은 폐쇄형 VO$_2$max 테스트와 관련된 또 다른 연구에서 입증되었다. 참가자들은 먼저 기존의 열린 테스트를 완료한 후, 별도로 폐쇄형 테스트를 진행했다. 평균적으로 그들의 VO$_2$max 점수는 폐쇄형 테스트에서 4.4% 더 높았다. 마지막으로 참가자들은 다시 기존의 VO$_2$max 테스트를 반복했는데,

이번에는 폐쇄형 테스트와 같은 산소 소비 수준에 도달했다.

고통을 참는 능력이 훈련을 통해 향상할 수 있다는 주장은 지속적인 훈련을 통해 러너가 얻는 피로 저항력과 레이스 능력 향상의 상당 부분을 설명할 수 있다. 연구에 따르면, 이 과정은 초보자의 체력이 향상되기도 전인 훈련의 첫날부터 이미 시작된다. 예를 들어 2013년 뉴질랜드 연구팀은 9세에서 11세 사이의 어린이들을 상대로 훈련 없이 800m 달리기를 4번 시도했다. 그들은 달리기 속도를 조정하지 않았음에도 불구하고 기록이 크게 향상되었다는 사실을 발견했다. 그들은 단지 자신의 노력에 대한 감각을 더 잘 느끼는 방법을 배우고, 그 방법을 활용하는 것만으로도 신체의 잠재적 능력을 끌어올릴 수 있었다.

이 과정은 숙련된 러너가 더 이상 체력이 향상되지 않는 지점 이후에도 계속된다. 2007년 당시 34세로 16년 차 프로 러너인 에티오피아의 하일레 게브르셀라시에Haile Gebrselassie는 마라톤 세계 신기록인 2시간 4분 26초를 세웠다. 이후 그가 처음 한 말은 "더 빠르게 달릴 수 있다"는 것이었다. 1년 후 게브르셀라시에는 같은 대회인 베를린 마라톤에 다시 참가해 정확히 1.6km당 1초 더 빠르게 달렸다. 그는 12개월 전보다 당연히 더 젊지도 더 나은 체력을 가진 것도 아니었다. 그는 그저 더 열심히 노력한 것뿐이다.

저강도의 장시간 훈련은 고통을 참는 능력인 피로 저항력을 속도 기반 훈련보다 더 효과적으로 발전시킨다. 그래서 저강도의 장시간

체력 운동에서 느끼는 천천히 타오르는 고통은 달릴 때와 더 유사하다. 빠른 달리기는 순간적으로 고통스럽지만, 그것이 장거리 달리기를 더 오래 고통스럽게 만드는 요인이 된다. 그 이유는 속도 기반 훈련은 피로 상태가 빠르게 끝날 것이라는 기대를 심어주기 때문이다. 에밀 자토펙이 전설적인 인터벌 훈련에서 자신을 혹독하게 몰아붙였지만, 항상 400m 이내에 숨을 고를 기회가 있었다. 이 때문에 그는 5,000m와 10,000m 경기에서 심리적으로 큰 압박을 받았으며, 몇 번 참가한 마라톤에서는 더 큰 걸림돌로 작용했을 것이다. 반면에 저강도의 장시간 훈련은 고통이 쉽게 끝나지 않을 것임을 받아들이고, 레이스가 끝날 때까지 인내하는 법을 가르친다.

느린 훈련과 속도 기반 훈련에서 알게 된 고통에 대한 다른 접근 방식이 필요한 건 아닌지 의구심이 들 수도 있다. 하지만 이를 뒷받침하는 중요한 증거가 있다. 그중 일부는 베로니크 빌랏이 수행한 또 다른 실험에서 나왔다. 이 연구에서 중장거리 러너 그룹과 단거리 러너 그룹은 최대에 못 미치는 강도 젖산역치와 VO_2max 사이의 중간에서 탈진할 때까지 달리는 테스트를 수행해야 했다. 대략 10km 대회 속도에 해당하는 이 강도는 중장거리 러너에게는 훈련과 대회에서 익숙한 도전이었지만, 단거리 러너에게는 상대적으로 짧고 빠른 노력을 요구하는 낯선 도전이었다.

모든 참가자가 같은 강도로 달렸음에도 불구하고, 중장거리 러너는 테스트 내내 더 낮은 노력을 하는 것으로 인식했다. 또한 테스트 중간 단계에서 자신이 얼마나 더 오래 지속할 수 있을지에 대해 더 긍정적인 평가를 내렸다. 빌랏은 중장거리 러너들의 고훈련량, 저강도 훈련 방식이 중거리 및 장거리 경주에서 느끼는 고통에 더 높은 내성을 심어줬다고 결론지었다.

결국 80/20 훈련법은 속도 기반 훈련보다 더 나은 성과를 보여주며, 러너가 신체적 한계를 넘어설 수 있는 심리적 회복 능력까지 제공한다. 하지만 느린 훈련은 그 이상의 효과를 가지고 있다. 고통을 견디는 뇌의 부분을 강화하는 데에도 큰 영향을 준다.

보통 장거리 러닝이 단거리 러닝보다 정신적으로 더 힘들다고 말한다. 그럴 만한 이유가 있다. 연구에 따르면 장시간의 저강도 운동은 짧은 고강도 운동보다 뇌에 훨씬 더 많은 피로를 유발한다는 것이다.

한 연구에서 참가자들은 최대 강도의 25%, 50%, 75%로 종아리 근육을 길이의 변화 없이 수축 상태로 최대한 오래 유지해야 했다. 참가자들은 평균적으로 75% 강도보다 25% 강도일 때 10배 더 오랫동안 수축을 유지했다. 이 두 강도에서 피로의 주된 원인도 다르게 나타났다. 과학자들은 운동 전후의 최대 수축력 감소를 측정하여 뇌 피로가 전체 운동 피로에 얼마나 관여하는지 관찰했다. 그 결과 수축력 감소가 클수록 뇌가 더 피곤하다는 것을 알 수 있었다. 이 연구에서 저강도 실험 후 종아리 근육의 최대 자발적 수축력이 11% 감소했지만, 고강도 실험에서는 전혀 감소하지 않았다. 이 결과는 저강도 테스트 후 뇌가 피로해져 근육을 더 강하게 활성화할 수 없음을 보여준다.

운동을 통해 신체의 피로가 유발되면 신체는 앞으로 다가올 피로도 잘 견딜 수 있도록 변한다. 뇌 역시 동일한 방식으로 작용한다. 뇌를 피로하게 만든 만큼 오래 지속되는 저강도 장거리 러닝은 뇌의 피로 저항력을 돕는 부분을 강화한다. 따라서 고강도의 단거리 달리기는 이러한 뇌 영역을 피로하게 만들어 강화시키는 데 효과적이지 않다. 이 부분을 돕는 뇌 영역에는 극도의 노력에 따른 불편함을 인식하는 섬엽, 감정 신호를 처리하고 해석하는 측두엽, 피곤한 상태에서 달리는 경우 계속 달리고 싶은 욕구와 포기하고 싶은 욕구 사의 갈등을 해결하는 전대상피질이 포함된다. 이 영역이 강해질수록 대회나 훈련 중 러너의 동기부여가 점점 더 강화되고, 심각한 피로의 고통 속에서도 더 오래 견딜 수 있게 된다.

운동 강도보다 지속 시간이 뇌의 피로 저항력을 강화하는 데 훨씬 더 중요하다. 근육이 얼마나 힘들게 일하고 있는지가 아니라, 뇌가 얼마나 오랫동안 현재 작업에 집중하느냐가 관건이다. 연구에 따르면 실제로 뇌는 휴식 중에도 피로할 수 있으며, 이는 피로 저항력과 신체 지구력을 증가시킨다.

2012년 영국 켄트대학교의 운동과학자 사무엘레 마르코라Samuele Marcoca는 앉아서 하는 뇌 훈련이 신체 지구력에 미치는 영향을 테스트했다. 그는 전대상피질을 피로하게 만들어 강화시키는 비디오 게임을 만들었다. 전대상피질은 러너가 그만두고 싶은 유혹을 이겨내도록 돕는 역할을 한다. 마르코라는 운동선수가 아닌 일반인을 대상으로 실험을 진행했다. 한 그룹은 6주 동안 뇌 훈련 게임을 정기적으로 하고, 다른 한 그룹은 다큐멘터리 영화를 보게 했다. 두 그룹 모두 연구 기간에는 운동 습관을 바꾸지 않도록 지시받았다. 연구 시작과 종료 시점에 두 그룹은 탈진할 때까지 고정식 사이클을 타는 지구력 테스트를 완료했다. 놀랍게도 뇌 훈련을 받은 참가자들의 지구력이 평균 20% 증가했지만, 다큐멘터리 영화를 본 그룹은 아무런 향상이 없었다.

이 결과는 피로 저항력을 견디는 뇌가 목 아래의 생리학과는 완전히 독립적으로 존재해 신체 지구력에 큰 영향을 준다는 것을 보여준다. 운동하지 않아도 뇌의 피로 저항력과, 지구력 운동에 대한 신체 능력을 향상시킬 수 있다. 단지 인지력이 요구되는 작업에 대해서는 지속적으로 정신 집중이 필요하다. 물론 달리기를 통해 뇌 기능을 발달시키는 것이 다른 방식보다 달리기 능력을 더 효과적으로 향상시킬 것이다. 그러나 뇌 기능을 발달시키기 위해서는 오랜 집중력이 요구됨으로, 신체에 큰 부담을 주지 않는 저강도 장거리 러닝이 뇌의 피로 저항력을 향상시키는 가장 효과적인 방법이 될 것이다. 이것이 폴라 래드클리프 같은 러너가 많은 양의 저강도 러닝을 통해 엄청난 발전을 이룰 수 있었던 이유이자, 속도 기반 훈련으로는 어떤 러너도 그만큼 성과를 내지 못하는 이유를 뒷받침한다.

그러나 뇌 기능과 유산소 능력을 결합해도 러닝 성과 향상을 전부 설명하기는 어렵다. 곧 알게 되겠지만, 저강도 장거리 훈련은 달리기 체력의 두 가지 주요 요소와는 완전히 다른 방식으로 달리기 수행 능력을 높여 준다.

5장

80/20 러닝은
기술을 향상시킨다

상상해 보자. 한 재치 있는 화학자가 모든 러너의 달리기 능력을 평준화할 수 있는 혈청을 개발했다. 두 방울만 마시면, 다른 사람과 동일한 달리기 능력을 갖게 된다. 한 사람과 정확히 같은 양의 혈청을 복용한 나머지 99명의 러너가 함께 10km 대회에 참가한다면 모든 사람이 동시에 1등으로 골인할까? 절대 그렇지 않다. 달리기 능력을 결정하는 요소는 체력만이 아니기 때문이다. 또 다른 중요한 요소는 달리기 기술이다.

기술적으로 잘 뛰는 러너가 되려면 효율적인 걸음걸이를 가져야 한다. 걸음걸이의 효율성을 측정하는 표준 지표는 러닝 이코노미다. 연비 좋은 자동차가 적은 기름으로 멀리 주행하는 것처럼, 러닝 이코노미 역시 같은 힘을 쓰면서도 더 효율적으로 달리는 것을 의미한다. 러닝 이코노미는 속도를 유지하는 데 필요한 산소량으로 나타낼 수 있다. 훈련을 통해 이 지표를 높이면 체력 소모를 줄이고, 장거리 레이스에서 더 오랜 시간 속도를 유지할 수 있다.

앞서 설명한 것처럼 폴라 래드클리프는 80/20 훈련을 통해 엄청난 향상을 이루어 냈다. 나는 이러한 향상을 주로 두뇌 훈련의 효과라고 설명했지만, 달리기 기술을 개선한 것도 중요한 역할을 했다. 래드클리프는 활동하는 내내 주기적으로 러닝 이코노미 테스트를 받았으며, 시간이 지남에 따라 그녀가 상당히 더 효율적으로 달리게 되었음을 관찰할 수 있었다.

기본적인 체력은 심장이나 두뇌 같은 내부 장기의 기능과 관련이 있지만, 달리기 기술은 신체가 어떻게 움직이는지와 관련이 있다. 숙련된 러너의 움직임에는 특별한 것이 있어서, 동일한 페이스로 달릴 때 덜 숙련된 러너보다 적은 노력으로 달릴 수 있다. 일부 코치는 이 특별한 것이 바로 좋은 자세나 올바른 기술이라 여긴다. 모든 스포츠에서 그렇듯이 달리기에서 말하는 기술이란 주로 팔다리의 큰 움직임 패턴을 의미하며, 이는 각도나 빈도 등으로 설명할 수 있다. 전통적으로 올바른 달리기 기술의 요소에는 부상의 위험과 피로를 줄이는 높은 케이던스 빈도, 속도에 비례한 짧은 보폭 길이, 발 중앙이나 앞쪽으로 착지, 그리고 최소한의 수직 진폭이 포함된다. 대체로 엘리트 러너는 이러한 특징 대부분 혹은 전부 갖추고 있다. 반면에 많은 러너가 이러한 특징을 갖추지 못하고 있다.

기술 중심의 달리기 코치들은 올바른 기술이 부족한 러너의 걸음걸이에 이러한 기술을 심어주려고 시도한다. 느린 러너가 자신의 걸음걸이를 더 빠른 러너의 걸음걸이처럼 바꾸면, 결과적으로 더 빨라질 것이라고 믿지만 실제로는 그렇지 않다. 연구에 따르면 개인의 자연스러운 달리기 자세를 강제로 바꾸면 달리기 능력이 오히려 악화된다는 사실이 지속적으로 밝혀지고 있다.

올바른 기술이 숙련된 달리기의 본질을 이루는 특별한 것이 아니라면 그 본질은 무엇일까? 아서 리디아드는 1962년 〈스포츠 일러스트레이티드〉에 발표한 기사에서 대안을 암시했다. 그 기사는 자세에 대해 단 한 문단으로 담아냈다. 리디아드는 짧은 다섯 문장 안에 달리기 자세에 대해 러너가 알아야 할 모든 것을 서술했다.

"자세는 신경 쓰지 마세요. 만약 누군가 팔을 흔들면서 달린다면 그건 괜찮습니다. 그가 건강하고 편안하다면 말이죠. 그러면 그는 더 쉽게 거침없이 달리게 되고 결국 자세는 저절로 해결됩니다. 우리는 2~3시간 달리고 돌아왔을 때 처음과 같은 사람을 원합니다."

리디아드는 교과서적인 자세를 갖추지 않았지만 여전히 훌륭한 러너가 많다는 사실을 말하고자 했다. 하지만 대부분 훌륭한 러너는 '편안하고 부드럽게'라는 섬세한 자질을 가지고 있다. 올바른 기술과 달리, 편안한 자세는 실제로 달리기 성과에 큰 영향을 미친다. 러너의 걸음걸이가 편안할수록 그 러너는 피로에 더 강하다. 좋은 달리기 자세는 남에게서 배울 수 있지만 기대만큼 효과가 없다. 반면에 '편안하고 부드러운' 달리기는 스스로 깨닫는 것이다. 저강도, 장시간 훈련은 달리기 체력을 기르는 가장 효과적인 방법일 뿐만 아니라, 달리기 기술의 진정한 본질을 개발하는 최고의 방법이다.

리디아드의 이러한 생각은 놀라운 정도로 선견지명을 갖고 있었으며, 그가 2004년에 사망한 뒤에야 비로소 밝혀졌다. 과학 연구자들은 단순히 더 많이 달리는 것이, 어떤 이상적인 달리기 자세를 모방하려는 것보다 더 숙련된 러너가 되는 진정한 방법임을 증명했다. 새로운 연구에 따르면 '편안하고 부드러운' 달리기는 신체의 움직임을 제어하는 뇌 영역에서 얻은 조용한 상태의 가시적 표현이다. 끊임없는 연습을 통해 얻은 신경학적 효율성은 걸음걸이를 더 편안하게 만들어

준다. 숙련된 달리기의 궁극적인 목표는 최소한의 정신적 노력으로 오래 달릴 수 있는 능력이다.

앞에서 말한 실험으로 돌아가 보자. 정확히 동등한 체력을 지닌 러너들이 혈청을 복용하고 10km 레이스를 했을 때 우승자는 가장 조용한 두뇌를 가진 러너일 가능성이 높으며, 또한 이 러너는 가장 천천히 달리는 러너일 것이다.

역사적으로 달리기에서 자세 지도는 작은 비중을 차지해 왔다. 대부분 최고의 코치들 역시 좋은 자세가 달리기 기술의 진정한 본질이 아니라는 아서 리디아드의 신념을 따랐기 때문이다. 그러나 지난 10여 년간 기술에 집중하는 코치들이 달리기 스포츠로 많이 유입됐다. 그들이 가르치는 달리기 기술에는 여러 가지가 있지만, 명칭만 다를 뿐 각각 큰 차이는 없다. 태극권의 원리를 접목한 치 러닝Chi Running이든, 이상적인 달리기 자세를 추구하는 포즈 메소드POSE method이든, 부상 없이 더 빠르게 멀리 달리는 에볼루션 러닝Evolution Running이든, 맨발 달리기를 추구하는 내츄럴 러닝Natural Running이든 올바른 자세를 가르치는 코치들이 생각하는 적절한 달리기 기술은 거의 같다. 이들은 높은 케이던스 빈도, 짧은 보폭 길이, 최소한의 수직 진폭 등을 강조한다.

러너에게 이런 기술적인 부분을 가르치는 것은 그리 어렵지 않다. 그 과정은 춤 동작을 배우는 것과 별반 다르지 않다. 강사가 시범을 보이고, 학생이 따라 하고, 강사가 다시 교정해 주고, 학생은 그 춤을 계속 연습하면 된다. 따라서 기술에 집중하는 코치들이 그러하듯이 더 나은 러너의 움직임을 의식적으로 모방하도록 가르치면, 기록이 더 빨라질 것이라는 가정은 합리적일 수 있다. 그러나 이 경우 이론적으로는 그럴듯하지만 실제로는 전혀 그렇지 않다. 40년 넘게 진행된 연구 결과, 러너의 자연스러운 자세를 억지로 교정하면 달리기 능력이 향상되기는커녕 오히려 악화된다는 사실이 일관되게 입증되었다.

예를 들어 한 걸음의 길이를 살펴보자. 효율적인 러닝에 영향을 주는 보폭의 변화는 광범위하게 연구되어 왔다. 이 분야에서 가장 영향력 있는 연구는 1982년 피터 카바너가 수행한 연구다. 당시 최고의 생체역학자였던 카바너는 10명의 러너를 모집했다. 그리고 자연스러운 걸음의 보폭보다 20% 길거나 20% 짧은 길이로 일정한 속도를 유지하며 달리게 했다. 10명의 러너 모두 자신의 자연스러운 걸음걸이에서 가장 적은 산소를 소비하고, 가장 효율적으로 달렸다. 다시 말해 그들이 선호하는 걸음 보폭에서 어떠한 변화를 주게 되면 효율성은 떨어졌다. 카바너는 러너들이 자신에게 가장 효과적인 움직임 패턴을 자연스럽게 채택한다고 말했다. 시간이 지남에 따라 그 패턴이 최대한 효율을 발휘할 수 있도록 스스로 선택한 움직임 패턴에 적응한다는 것이다.

2012년 도약에 관한 연구를 보자. 스웨덴의 키아르탄 할보르센이 이끄는 연구팀은 16명의 남성 러너에게 걸음걸이 내 수직 변위를 줄이기 위한 시각적 및 청각적 피드백을 제공했다. 이 방법은 효과가 있었다. 실험에 참여한 모든 러너는 걸음걸이에서 불필요한 도약을 줄일 수 있었다. 하지만 안타깝게도 그 여분의 도약이 전혀 불필요한 것은 아니었다. 자연스러운 걸음걸이를 인위적으로 바꾼 결과 오히려 러너들의 효율성이 떨어졌기 때문이다.

과학자들이 러너들의 자연스러운 착지법을 수정해도 같은 결과가 나타났다. 한 연구에 따르면 자연스럽게 앞발로 포어풋 착지를 하는 러너들과 뒤꿈치로 힐 스트라이크 착지(힐풋 착지)를 하는 러너들의 러닝 이코노미는 같았으며, 두 그룹 모두 착지 방식을 강제로 바꿨을 때 기록이 더 좋아지지 않았다. 보통 발볼이 먼저 닿는 미드풋 착지가 우수하다고 여겨지지만, 실제로 무의식적으로 뒤꿈치 착지가 자연스럽게 적응된 러너에게는 뒤꿈치 착지가 더 효율적이다.

달리기 자세의 올바른 방법이 단 하나뿐이라고 생각하는 사람들은 러너가 이상적인 자세로 바꾸면 더 효율적으로 달릴 수 있다고 주장한다. 자세를 바꾸자마자 곧바로 잘 달릴 수 있다고 생각하는 것은 아니지만, 시간을 들여 새로운 자세에 적응하면 효과적으로 변한다고 믿는다. 그러나 시간을 주어도 더 효율적으로 달릴 수 있다는 주장에는 실질적인 근거가 부족하다.

예를 들어 2005년 케이프타운대학교의 연구에서는 경험 많은 16명의 트라이애슬론 선수들을 대상으로 뒤꿈치 착지에서 발볼 착지로 바꾸고, 12주 동안 전문가의 지도하에 새로운 착지 방법을 연습했다. 그러나 12주가 지난 후에도 실험 참가자들은 자연스러운 뒤꿈치 착지 방식으로 달릴 때보다 여전히 비효율적이었다.

러너의 자연스러운 걸음걸이에 어떤 변화를 일으키면 능력을 개선하기보다는 악화시킨다는 사실을 두고 일부 과학자들은 걸음걸이가 자기 최적화 시스템일 것이라고 추측했다. 〈3장〉에서 우리는 달리기라는 스포츠 자체가 점점 더 빠른 러너를 배출하기 위해 시간이 지남에 따라 훈련 방법을 진화시키는 일종의 자체 최적화 시스템이라는 것을 확인했다. 현재 생체역학 분야의 많은 전문가들은 각 러너의 보폭이 시간이 지남에 따라 자연스럽게 더 효율적으로 변하며, 인위적인 변화는 오히려 역효과를 일으킨다고 말한다.

이러한 주장의 근거 중 하나는 어린아이들에게서 나온다. 막 달리기를 배운 어린아이들의 걸음걸이는 성인과 비교하면 훨씬 비효율적이다. 신체적인 차이에서 비롯되기도 하지만 생체역학적 이유도 있다. 특히 어린아이들은 에너지를 가장 효율적으로 사용하는 걸음보다 과도하게 긴 보폭으로 걷는 경향이 있다. 하지만 어린아이들 역시 성장하는 과정에서 점점 더 효율적인 걸음으로 진화한다. 이것은 아이가 가볍게 조깅을 하든 전문적인 러너가 되든 관계없으며 운동장에서 뛰노는 것만으로도 충분히 개선된다. 전문적인 러너로 훈련받는 아이들 사이에서는 더 빠르게 변화가 나타나지만, 성인들과 마찬가지로 걸음걸이 자세의 지도가 효율적인 러닝으로 발전하지 않는다.

성인의 경우 정기적인 훈련을 시작한 후 몇 주 이내에 달리기 능력이 크게 향상되는 것이 과학적으로 입증되었다. 2012년 영국 엑서터 대학교의 샤론 딕슨은 10명의 초보 여성 러너들의 다양한 걸음걸이 특성 변화와 달리기의 효율적인 변화를 측정했다. 이 여성들은 10주 동안 어떠한 기술 지도도 받지 않고 그저 달리기만 했다. 그동안 그들의 러닝 이코노미는 8.4% 개선되었다. 이러한 향상은 적어도 일곱 가지의 미묘한 걸음걸이 특성 변화와 관련이 있었다.

예를 들어 '최대한 발가락을 발등 쪽으로 굽히는 훈련 후, 보폭의 지지 단계에서 더 늦게 발생하는 경향이 있었다' 이게 무슨 의미인지 정확히 이해가 되지 않는다면 바로 그것이 핵심이다. 이 연구의 참가자들 역시 이런 미묘한 변화에 대해 인식하지 못했으며, 어떤 경우든 따라할 수 있는 종류의 훈련은 아니었다. 즉 효율성이 있더라도 복잡하게 조정된 걸음걸이는 모방한다고 얻을 수 있는 것이 아니라 자연스럽게 터득해야만 가능한 것이다.

만약 걸음걸이가 실제로 효율성을 위해 자기 최적화가 된다면 이는 특정 생물학적 메커니즘을 통해 이루어져야 한다. 한 가지 가능성은 뇌가 신체의 산소 소비율을 모니터링하고, 산소 사용을 최소화하는 동작 패턴을 포착한다는 것이다. 2012년 연구는, 걸음걸이가 완전히 다른 메커니즘을 통해 자체적으로 최적화된다는 사실을 밝혀냈다. 뇌가 근육의 움직임을 지켜보며 같은 속도를 내면서도, 근육 활동을 줄일 수 있는 패턴을 유지하려 한다는 것이다. 뇌가 근육을 적게 쓰면

산소 소비량 역시 적어지는 효과가 나타났고, 이 과정에서 달리기에 필요한 산소 소비량이 수직적으로 감소했다.

이러한 발견은 다른 지구력 스포츠 연구와도 일치한다. 신체가 보다 효율적인 움직임을 추구할 때 최소화하려는 것이 산소 사용이 아니라 근육 활동이라는 것을 시사한다. 예를 들어 자전거 선수는 자연스럽게 산소 소비를 최소화하지는 않지만, 근육 활동을 최소화하는 페달링 리듬을 채택한다. 근육 활동과 산소 소비는 서로 연결되어 함께 증가하거나 감소하는 경향이 있지만 동일하지는 않다. 대부분 운동과학자들은 여전히 산소 소비를 러닝 이코노미의 결정적인 지표로 여긴다. 하지만 실제로 뇌가 모니터링하는 대상이 근육 활동이라면, 산소 소비를 달리기 기술의 대표적인 지표로 보는 것은 때때로 오류를 범할 수 있다.

달리기 걸음걸이가 더 큰 효율성을 향해 진화하는 메커니즘이 무엇이든 그것은 의식적으로 조작할 수 있는 대상이 아니다. 어떤 러너도 의지만으로 특정 속도를 유지하는 데 사용하는 근육을 줄일 수는 없다. 예를 들어 코치가 달리기 중인 러너에게 "그 속도를 유지하면서 더 적은 근육량을 사용해 봐!"라고 외친다면 도대체 어떻게 해야 할까?

만약 걸음걸이가 정말로 스스로 최적화된다면, 왜 경험 많은 러너가 모두 똑같은 모습을 보이지 않을까? 그 이유는 각 러너의 신체가 다르고, 신경근육 역시 복잡한 구조를 이루고 있기 때문이다. 따라서 모든 러너가 근육 활동을 줄여 더 효율적인 움직임을 취하려고 하지만, 모든 러너가 근육 활동을 동일한 방식으로 줄이는 것은 아니다. 그럼에도 경험이 쌓일수록 러너들의 자세가 어느 정도 수렴되는 경향이 있다. 예를 들어 앞서 언급한 것처럼, 대부분의 러너는 훈련을 통해 무의식적으로 걸음걸이를 짧게 한다. 하지만 세계 정상급 러너들도 흔히 말하는 교과서적인 자세와는 다소 다른 특징을 갖고 있다.

2009년 뉴욕 마라톤과 2014년 보스턴 마라톤 우승자인 멥 케플레지기Meb Keflezighi는 뒤꿈치 착지형 러너다. 하프 마라톤 미국 기록 보유자인 라이언 홀Ryan Hall은 탄력이 좋아서 다른 엘리트 러너들보다 2배 이상 높이 뛴다. 5,000m와 10,000m에서 올림픽 및 세계선수권대회 금메달 5개를 차지한 모 파라는 이상적으로 여겨지는 분당 180회 케이던스보다 훨씬 적은 160회만 밟는다. 기술 중심 코치는 이런 러너를 보고 '자세만 고치면 더 잘 달릴 수 있는데!'라고 잘못 생각한다. 반면에 아서 리디아드와 뜻을 같이하는 코치들은 이 러너를 보고 '이상적인 자세와 숙련된 달리기 사이에는 차이가 있다'는 결론을 내린다.

러너의 걸음을 속도, 길이, 수직 변위 등의 특성을 기준으로 특성화할 때 중요한 특징 중 하나인 가변성을 간과한다.

한 러너가 내딛는 양발의 보폭 거리는 결코 똑같지 않다. 같은 눈송이라고 해도 조금씩 모양이 다르듯이, 앞발 뒤축에서 뒷발 뒤축까지의 거리 역시 약간의 차이가 있다. 평평하고 매끄러운 표면에서 미끄러지듯 달리는 러너의 보폭을 보면 일정한 것처럼 느껴진다. 그러나 가속도계 같은 민감한 기기는 육안으로 확인할 수 없는 미세한 차이를 포착한다.

어떤 러너는 다른 러너보다 보폭의 변화가 더 크다. 일반적으로 경험이 많고 신체 능력이 좋은 러너일수록 변화가 크고 다양하다. 반면 경험이 부족하거나 초보자일수록 변화 폭이 적다. 이 말이 언뜻 이해가 되지 않는다. 신체 능력이 좋고 경험이 많아질수록 변화가 적을 것이라 예상하지만 실제로는 그 반대다. 이 현상은 달리기에만 국한되지 않는다. 모든 스포츠에서 운동 기술이 향상될수록 운동 패턴의 다양성이 확대된다.

달리기 보폭의 변동성은 자유로운 움직임, 즉 일종의 느슨함으로 생각하는 것이 가장 좋다. 경험이 많고 신체적 능력이 뛰어난 러너들의 보폭에 나타나는 느슨함이 바로 아서 리디아드 같은 코치들이 '편안하고 부드러운' 달리기로 인식하는 특징이 아닐까? 나는 그렇게 믿는다. 그렇다면 이 자연스러운 보폭은 어디에서 오며, 왜 경험이 쌓이고 체력이 좋아지면 자동으로 향상될까?

이 질문들에 대한 답은 앞에 언급했듯이 뇌에서 찾을 수 있다. 근육은 뇌에 의해 활성화된다. 뇌는 특정 운동을 수행하기 전에 먼저 그 동작에 대한 정신적 계획 또는 청사진을 만든다. 이제 과학은 움직임이 시작되기 직전의 계획 단계에 있는 뇌 상태를 찍을 수 있는 기술력을 갖추었다. 과학자들은 뇌가 같은 동작에 대해서는 두 번 계획을 만들지 않는다는 것을 알아냈다. 아무리 기본적이고 익숙한 동작이라도, 뇌는 그 동작을 수행할 때마다 매번 조금씩 다른 계획을 세운다. 이는 뇌가 주어진 움직임 계획을 완벽하게 복제할 수 없음을 시사한다. 만약 이 논리가 사실이라면, 이는 자연이 우리의 움직임이 변하기를 바란다는 의미일 것이다. 달리기와 같은 동작이 일치하지 않는 것이 어떻게든 이점이 있다는 의미이기도 하다.

뇌가 달리기 보폭과 같은 동작 계획을 정확히 재현할 수 없다는 사실은, 러너가 내딛는 두 걸음이 결코 똑같지 않은 이유를 뒷받침한다. 그러나 이는 왜 일부 러너가 다른 러너보다 변동성이 더 큰지, 또는 왜 경험이 쌓일수록 변동성이 증가하는지는 설명하지 못한다. 이러한 패턴에 대한 설명은 운동 기술을 연습하는 과정에서 뇌가 어떻게 변하는지와 관련 있다. 뇌 영상 연구에 따르면, 새로운 운동 기술을 배우는 초기 단계에서 운동 능력이 향상될수록 운동을 담당하는 뇌의 여러 영역은 덜 활성화된다. 즉 다른 뇌 영역은 더 활동적으로 변하는 반면에, 운동 학습 과정에 영향을 미치는 뇌 활동의 패턴은 '전반적인 감소를 동반한 특정 부분의 증가'로 설명할 수 있다.

연습이 계속됨에 따라 특정 신체 부위를 담당하는 뇌의 일부가 실제로 발달한다. 또한 신경섬유를 감싸는 지방질 물질 미엘린myelin은 신경 세포 간의 신호 전달을 돕는다. 이처럼 구조적 변화가 진행됨에 따라, 작업 수행 중 뇌 활동은 덜 확산되고 더 동기화되어 더욱 효율적으로 변한다.

모든 스포츠에서 숙련된 운동선수들은 특정 동작을 수행할 때 다른 사람들보다 뇌 활동이 적거나, 내가 '조용한 뇌'라고 부르는 상태를 보인다. 앞서 언급한 것처럼 숙련된 운동선수들은 움직임에서 더 많은 변화를 보인다. 두 현상은 서로 연결되어 있다. 숙련된 운동선수들은 뇌가 조용하기 때문에 움직임에서 더 많은 변화를 보이는 것이다. 뇌가 움직임을 제어하는 데 더 많은 노력을 기울일수록 그 움직임은 더 큰 제약을 받게 된다. 반대로 더 뛰어난 운동선수들은 특정 동작을 제어하는 데 정신적 노력을 덜 들이기 때문에 그들의 움직임이 더 자유로운 것이다.

다음 이야기를 읽으면 더 쉽게 이해할 수 있다. 초보 운동선수의 뇌를 마치 직원을 지나치게 관리하는 상사와 같다고 생각하자. 지나치게 간섭하는 상사 밑에서 일하는 직원은 상사의 끊임없는 간섭으로 인해 경직된 행동을 보이기 마련이다. 이와 마찬가지로, 초보 운동선수의 뇌는 집중적인 노력으로 신체를 제어해 경직되고 반복적인 움직임을 보인다. 반면에 숙련된 운동선수의 뇌는 간섭하지 않는 상사와 같다. 그런 상사 밑에서 일하는 직원들은 업무를 수행할 때 서로 다른 역량을 발휘할 수 있다. 마찬가지로 숙련된 운동선수의 뇌는 몸의 움직임을 느슨하게 제어하므로 팔다리가 더 자유롭게 움직일 수 있고, 이는 동작마다 조금씩 다른 변화를 불러일으킨다. 러너의 경우 조용한 뇌는 보폭에 미묘한 변동을 가져오고, 관찰자들은 이를 일종의 '노력하지 않는 듯한 자연스러움'으로 인식할 수 있다.

이제 조용한 뇌와 더 변동적인 보폭, 즉 '편안하고 부드럽게' 사이의 관계는 분명해졌다. 하지만 중요한 질문이 하나 남아 있다. 왜 이런 것들이 좋은가? 즉 러너가 조용한 뇌와 느슨한 보폭을 가질 때, 구체적으로 어떤 이점이 생기는가? 이 질문에 답하기 위해서는 로봇의 도움이 필요하다.

걷는 로봇과 달리는 인간의 차이점

    과학자들이 인간이 걷고 달리는 방식에 대해 중요한 통찰을 얻을 수 있던 이유는, 인간처럼 걷고 달리는 로봇을 만들려는 노력에서 비롯됐다. 두 다리로 걷는 최초의 기계는 1893년에 만들어졌다. 이 기계는 로봇이라기보다 단순한 기계였다. 실제로 움직임을 제어하는 내부 컴퓨터가 없었고, 완전히 기계식으로 작동시켜야 했다. 1966년에 이르러서야 비로소 두 다리로 걷는 첫 번째 컴퓨터 제어 로봇이 만들어졌다. 이 발명품은 단순히 걷는 기계보다 인간의 운동 방식을 더 잘 모방했는데, 이 로봇의 움직임을 제어하는 컴퓨터가 걷고 뛸 때 인간의 뇌가 하는 역할을 수행했기 때문이다.

    초기 걷는 로봇의 행동과 실제 인간의 이동 방식에는 중요한 차이점이 있었다. 첫 번째 차이점은 초기 걷는 로봇들은 프로그래밍이 된 방식 그대로만 걸을 수 있었다. 즉 경사로처럼 환경의 변화를 감지하여 더 나은 방법을 배우거나 움직임을 수정할 수는 없었다. 또한 초기 걷는 로봇들의 움직임은 인간처럼 보이지 않았다. 그 움직임에는 어떤 우아함이나 유연성이 결여되어 있었다.

    엔지니어들은 더 강력한 계산 능력을 가진 로봇을 만들어 이러한 문제를 해결하려고 했다. 로봇이 마주할 수 있는 모든 상황에 대한 반응을 미리 프로그래밍하려는 것이었다. 이렇게 개발된 로봇들은 1000

분의 1초마다 수천 번의 계산을 적용해 움직임을 완벽하게 제어하려고 했다. 그러나 그 모든 노력은 헛수고였다. 아무리 정교한 움직임 프로그램을 적용해도, 로봇이 자연스러운 적응력을 갖기는 어려웠다. 또한 완전한 통제를 시도하는 데 필요한 자원은 엄청났다. 만약 살아있는 생물이 이동하는 데 그렇게 힘든 노력과 큰 비용을 들여야 했다면, 최소 비용으로 효율성을 중시하는 자연 세계에서 살아남을 수 없었을 것이다.

그러다 몇몇 엔지니어들은 새로운 아이디어를 떠올렸다. 이들은 1930년대 러시아의 신경생리학자인 니콜라이 번스타인Nikolai Bernstein이 처음 제안한 개념으로 돌아갔다. 번스타인은 걷는 동안 신체 움직임의 대부분은 뇌가 아닌 몸 전체에 분포된 반사신경에 의해 조정된다고 믿었다. 뇌는 단지 총괄적으로 방향을 결정하고 속도를 조절하며, 반사신경이 준비되지 않은 새로운 상황에 대응하는 역할을 한다는 것이었다. 이 개념을 바탕으로 로봇 공학자들은 느슨하게 움직임을 제어하는 '조용한 뇌'에 해당하는 로봇을 개발했다.

2008년 독일의 계산신경과학자 플로렌틴 뵈르괴터는 '런봇'이라는 걷고 뛰는 로봇을 공개했다. 이 로봇의 움직임은 몇 가지 간단한 법칙에 의해 제어되었으며, 로봇 몸의 중요 위치에 있는 센서로부터 받은 피드백을 바탕으로 움직임을 조정했다. 이전 로봇들과 달리 런봇은 경사로를 오르내리는 것 같은 명확하게 프로그래밍 되지 않은 작업을 스스로 학습할 수 있었고, 움직임 역시 전보다 자연스러웠다. 이후 다르파의 '펫맨'을 포함한 디자인들은 '조용한 뇌' 접근 방식을 더욱 발전시켜, 점점 더 적응력 있고 효율적이며 생동감 넘치는 움직임을 구현했다.

런봇의 혁신이 과학자들에게 인간의 이동 방식에 대해 가르쳐 준 교훈은, 느슨하게 제어된 움직임은 얼마든지 발전의 여지가 있다는 것이다. 반면 엄격하게 제어된 움직임은 그렇지 않다. 환경에 대한 피드백을 기반으로 움직임 패턴을 조정하는 로봇은, 완벽한 형태로 프로그래밍 된 로봇보다 처음에는 엉성하게 움직이지만 결국 더 자유롭게 움직인다. 그 이유는 학습할 수 있기 때문이다. 반면에 처음부터 엄격하게 프로그래밍 된 로봇은 학습할 수 없다. 마찬가지로 인간 러너도 덜 엄격하게 제어된 걸음걸이가 더 큰 효율성을 위해 스스로 변하며 환경에 따라 최적화될 수 있다.

모든 초보 러너는 자신의 걸음걸이를 매우 의식하기 때문에 더 뻣뻣한 움직임을 보이는 경향이 있다. 하지만 이에는 개인차가 있다. 처음부터 의식하지 않고 걸음걸이가 자연스러운 러너는 더 빠르게 효율적으로 변한다. 이 패턴은 달리기에만 국한된 것이 아니라 모든 운동 기술에 적용된다. 세계적인 수영 선수 출신의 하버드대학교 요스케 미야모토는, 손과 눈의 협응을 요구하는 낯선 작업을 처음 수행할 때 더 큰 움직임 변동성을 보이는 사람들이 그렇지 않은 사람들보다 더 빠르게 개선된다는 것을 입증했다.

느슨하게 제어된 움직임에서 나오는 적응력은 단기적 및 장기적인 기술 향상뿐만 아니라 즉각적인 효율성 향상에도 긍정적인 영향을 미친다. 달리기와 같은 운동 기술이 수행되는 전반적인 환경은 유동적이며, 매 순간이 이전과 완전히 똑같지 않다. 따라서 높은 수준의 효율성을 유지하려면 계속해서 움직임 패턴을 조정해야 한다.

달리기를 하는 동안 러너의 몸은 미세한 변화를 겪게 되며, 이는 걸음걸이에 작은 조정이 필요하다는 것을 의미한다. 사실 하나의 달리기 내에서도 적응이 필요하다. 중강도 달리기를 8km 정도 했을 때의 몸 상태는 출발했을 때와는 다르다. 따라서 체력이 좋을 때의 가장 효율적인 걸음걸이가 피로가 쌓인 후에는 절대 최적이 아닐 수 있다. 만약 외부 환경의 변화를 수용할 수 있는 '조용한 뇌'를 가지고 있다면, 피로에 맞게 보폭을 조정하여 효율성을 유지할 수 있을 것이다.

이 점은 브리검영대학교의 이안 헌터가 2007년에 수행한 연구에서 입증되었다. 16명의 경험 많은 러너는 한 시간 동안 힘든 속도로 트레드밀에서 달리기를 수행했다. 러너의 컨디션이 좋을 때와 피곤할 때의 보폭 속도를 측정했다. 일반적으로 러너의 보폭 속도는 피로가 쌓이면 감소하는데, 이 실험에서도 같은 결과가 나왔다. 운동과학자들은 보통 이 변화를 부정적으로 보고, 피로가 러너의 자세를 망가뜨린다고 여겼다. 그러나 헌터는 다른 가설을 제시했다. 그는 보폭 속도의 변화가 사실은 피로에 대한 자발적인 적응이며, 이는 효율성을 유지하기 위한 것으로 생각했다. 그의 가설은 맞았다. 헌터는 실험 참가자들을 다섯 가지 다른 보폭의 속도로 달리게 했다. 자연스러운 보폭 속도, 자연스러운 보폭보다 4% 빠른 속도, 8% 빠른 속도, 자연스러운 보폭보다 4% 느린 속도, 8% 느린 속도로 달리도록 했다. 그 결과 컨디션이 좋을 때와 피곤할 때, 즉 두 시점에서 모두 러너들의 자연스러운 보폭 속도가 가장 효율적이라는 사실을 발견했다. 비록 시간이 지남에 따라 러너들의 자연스러운 보폭 속도는 감소했지만 말이다.

이 연구는 효율적인 달리기는 뇌가 몸에게 무엇을 해야 하는지 지시하는 것이 아니라, 뇌가 몸의 신호에 귀를 기울이는 것이라는 강력한 증거를 제공한다. 만약 이 연구의 참가자들이 피곤함에도 불구하고, 처음 보폭 속도를 유지하려고 의식적으로 노력했다면 분명 효율성은 떨어졌을 것이다. 대신 그들은 뇌의 무의식적인 부분이 몸의 피로 신호에 반영하여 보폭 속도를 조정하도록 두었고, 그 결과 효율성을 유지할 수 있었다.

더 숙련되고 효율적인 러너가 되는 것은 나무를 베는 것보다 수염을 기르는 것과 비슷하다. 즉 억지로 하는 것이 아니라 자연스럽게 내버려두는 것이다. 숙련된 달리기의 진정한 본질은 팔다리의 올바른 움직임이 아니라 '조용한 뇌'에 있다. 따라서 달리기 기술을 향상시키기 위한 모든 노력의 올바른 목표는 달리는 동안 뇌의 활동을 줄이는 것이다. 러너가 의식하지 않고 편안하게 달리는 모든 방법은 기록 향상으로 이어지며, 반대로 달리기 중 부자연스러운 의식으로 뇌의 활동이 증가하면 기록은 떨어지게 된다.

의식적으로 자연스러운 걸음걸이로 바꾸는 것이 그 방법 중의 하나다. 숙련된 러너로 성장하는 과정에서 걸음걸이에 필요 이상으로 집중하는 것은 이제 막 달리기를 시작했을 때의 초기 단계로 돌아가는 것과 같다.

수많은 연구에 따르면 사람들은 자신의 몸에 집중해야 할 때 운동 기술이 떨어지고 운동 과제를 더 느리게 배운다. 몇몇 실험은 달리기와 관련이 있다. 예를 들어 2009년 독일 연구자들이 실시한 연구에 따르면, 러너가 달리면서 자신의 몸 움직임에 집중할 때보다 호흡에 집중할 때, 그리고 호흡에 집중할 때보다 주변 환경에 집중할 때 더 효율적으로 달린다고 밝혔다. 이 연구에서 가장 흥미로운 점은 러너들의 생체역학적 움직임은 세 가지 조건에서 변하지 않았다는 것이다. 오직 뇌의 활동만이 달라졌을 뿐이다. 따라서 강제적인 걸음걸이 수정은 경험을 통해 자연스럽게 발달한 움직임 패턴에서 벗어나게 할 뿐만 아니라, 러너가 자신의 행동에 대해 더 많이 의식하게 만들어 효율성을 떨어뜨린다.

자연스러운 걸음걸이를 의식적으로 바꾸는 것이 달리기 기술을 향상하는 최고의 방법이 아니라면, 무엇이 최선일까? 〈5장〉의 시작 부분에서 보았듯이, 아서 리디아드는 많은 양의 훈련이 편안하고 부드러운 달리기 기술을 향상시키는 비결이라고 믿었다. 그는 이 편안하고 부드러운 움직임이 숙련된 러너에게서 보이는 공통된 특징이라고 정확하게 밝혔다. 이제 우리가 알게 된 것처럼 걸음걸이의 자기 최적화 특성을 고려할 때, 더 많이 달리는 것만이 자연스럽게 잘 달리는 기술을 더 빨리 습득하는 가장 확실한 방법일 것이다.

자기 최적화 시스템의 세 가지 주요 특징은 변동성, 선택, 반복이다. 변동성은 신경근계와 관련 있다. 당신이 두 걸음을 걷더라도 정확히 같지 않기 때문에 각각의 걸음은 작은 실험과 같다. 같은 속도를 유지하더라도 다음 걸음은 그 전보다 근육 활동을 적게 해 더 효율적이거나, 반대로 덜 효율적일 수도 있다. 만약 더 효율적이라면 뇌는 그 걸음을 만들어 낸 활성화 패턴의 주요 세부 사항을 기억하고, 이를 걸음의 청사진에 통합해 전반적으로 더 효율적으로 만든다. 물론 단 한 걸음으로는 최적화에 큰 진전을 이룰 수 없다. 눈에 띄는 향상을 이루려면 수천 걸음이 필요하다. 이것이 바로 반복의 중요성이 강조되는 이유다. 많은 양의 훈련은 짧은 시간 안에 더 많은 걸음을 내딛게 하여 빠른 발전을 이룰 수 있도록 한다. 그리고 대부분 시간을 저강도로 유지하는 것, 다시 말해 80/20 법칙을 따르는 것이 지치지 않고 더 오래 달릴 수 있는 최선의 방법이다.

따라서 숙련된 러너가 되는 가장 좋은 방법은 달리기 능력을 극대화하는 방법과 같다. 그러나 편안하고 부드러운 움직임은 달리기 능력에서 오는 것과 비슷해 보이지만, 그것은 완전히 별개의 것이다. 이것은 이스턴미시간대학교의 운동과학자인 내 친구 스티븐 맥그리거가 수행한 영리한 연구에서 입증되었다. 이 연구의 목적은 많은 양의 달리기가 체력에 미치는 영향과 달리기 기술에 미치는 영향을 구분하는 것이었다. 이를 위해 맥그리거는 두 그룹의 참가자를 모집했다. 대학생 러너와 경쟁적인 트라이애슬론 선수였다. 두 그룹 모두 두 가지 유형의 테스트를 받았다. 표준 VO_2max 테스트가 러너와 트라이애슬론 선수의 유산소 체력을 측정하는 데 사용되었다. 또한 가속도계를 사용하여 두 그룹의 걸음에서 변동성, 즉 편안하고 부드러운 움직임의 양을 측정했다.

맥그리거는 두 그룹에서 VO_2max, 즉 체력이 거의 같다는 것을 발견했다. 그러나 러너는 걸음에서 더 많은 변동성을 보였으며 이는 더 숙련되었음을 나타냈다. 맥그리거는 이러한 결과를 훈련의 차이라고 밝혔다. 두 그룹의 운동량은 비슷했고 그래서 그들의 체력 점수 또한 비슷했다. 그러나 트라이애슬론 선수들은 수영, 사이클, 달리기의 세 가지 종목에 훈련 시간을 나누었지만, 러너는 오직 달리기만 했기 때문에 더 편안하고 부드러운 움직임을 보였다. 맥그리거는 더 많이 달릴수록 걸음걸이가 더 자유로워지고 효율적으로 된다는 것을, 그리고 이는 체력 변화와는 무관하다는 것을 증명했다. 뛰는 동작을 방해 없이 최대한 자주 반복하는 것이 더 숙련된 러너가 되는 비결이다.

아서 리디아드는 1962년에 이미 검증된 주장을 했다. 더 나은 걸음 걸이를 원한다면, 두세 시간을 달린 후에도 출발할 때와 다름없이 쌩쌩할 수 있을 정도로 충분히 달리면 된다. 그렇게 하면 당신의 자세는 자연스럽게 정돈될 것이다. 특히 전체 달리기 중 80%의 시간을 저강도로 달리면 더 오래 달릴 수 있게 되고, 이 자연스러운 과정을 통해 결국 잘 달릴 수밖에 없을 것이다.

6장

운동 강도를
측정하고 조절하는 법

80/20 법칙은 달리기의 강도를 조절하는 방법을 의미한다. 여기서 강도란 달리는 동안 신체가 받는 부담의 정도를 의미하며, 이는 신체가 감당할 수 있는 최대치와 비교하면 쉽게 이해할 수 있다. 80/20 러닝을 효과적으로 실천하려면, 매번 달릴 때 자신의 강도를 세심하게 살피고 적절히 조절해야 한다. 러닝 중 자신의 강도를 신경 쓰지 않고 훈련에 임하는 것은 수입과 지출을 고려하지 않고 가계 예산을 관리하려는 것과 같다. 즉 강도를 제대로 관리하지 않으면, 80/20 러닝의 효과를 충분히 얻기 어렵다.

운동 강도를 측정하는 방법에는 여러 가지가 있지만 완벽한 방법은 없다. 예를 들어 운동 강도를 측정하는 연구자들은 일반적으로 산소 소비량을 지표로 삼는다. 하지만 산소 소비량은 최대 속도보다 훨씬 낮은 속도에서 이미 최고치에 도달하기 때문에, 스피드 러닝에서는 강도를 정확하게 측정하는 데 한계가 있다. 또한 이 방법은 현실적으로 활용하기 어렵다. 산소 소비량을 측정하려면 값비싼 장비가 필요하고 무게도 상당하기 때문이다. 또한 실험실처럼 제한적인 환경에서만 적용이 가능하다. 즉 일반적인 훈련에서는 실용성이 떨어진다.

러닝 강도를 측정하는 가장 실용적인 방법은 체감하는 운동 강도, 심박수, 페이스 세 가지다. 각각의 방법에는 장점과 단점이 있지만, 이 세 가지를 보완해서 활용하면 80/20 훈련의 효과를 극대화할 수 있다.

〈6장〉에서는 체감하는 운동 강도, 심박수, 페이스를 활용해 러닝 강도를 확인하고 조절하는 구체적인 방법을 소개한다.

운동 강도란 달리기 중 스스로 얼마나 힘들게 운동하고 있는지 체감하는 정도를 의미한다. 이는 기관지가 타는 듯한 느낌이나 종아리의 근육통 같은 신체적 감각과는 구별된다. 예를 들어 달리는 도중 숨이 차지 않더라도, 또는 다리에 통증이 없더라도 강한 운동 강도를 느낄 수 있다. 실제로 다리에 마취제를 주입해 감각을 없애더라도 체감하는 운동 강도는 변하지 않는다. 이는 체감하는 운동 강도가 실제로 '뇌에서 만들어지는 감각'이기 때문이다. 연구에 따르면 운동 강도는 뇌가 근육을 활성화하는 데 소비하는 에너지와 직접적으로 연관되어 있다. 즉 뇌가 근육을 더 강하게 작동시킬수록 운동 강도는 더 높게 느껴진다.

운동 강도를 측정하는 방법 중 하나로 '운동 관련 대뇌 피질 전위MRCP, Movement-Related Cortical Potential'가 있다. 영국 켄트대학교의 사무엘레 마르코라Samuele Marcora가 주도한 연구에 따르면, 가벼운 무게를 들었을 때보다 무거운 무게를 들었을 때 MRCP와 주관적 노력 평가가 비례적으로 더 높았다. 이는 뇌가 더 많은 에너지를 소모할수록 운동 강도도 더 높게 느낀다는 것을 의미한다.

같은 연구에서 또 다른 흥미로운 결과가 나왔다. 피로한 팔로 가벼운 무게를 들었을 때와 피로하지 않은 팔로 무거운 무게를 들었을 때의 체감하는 운동 강도가 비슷했다. 이는 러너라면 익숙한 경험일 것이다. 전력 질주를 하면 피로가 쌓이기 전에 즉시 강한 운동 강도를 느끼지만, 천천히 달릴 경우 처음에는 힘들지 않다가 시간이 지남에 따라 점점 힘들어진다. 이는 피로가 쌓일수록 뇌가 근육을 활성화하는 데 더 많은 에너지를 소모하기 때문이다. 따라서 같은 운동 강도를 유지하려 해도 점점 더 큰 노력이 필요하게 된다.

이 모든 것이 의미하는 바는 체감하는 운동 강도와 실제 운동 강도 사이의 관계가 단순하지 않으며, 피로에 의해 크게 영향을 받는다는 것이다. 운동 강도에 영향을 미치는 피로는 달리기 강도를 조절하고 관리하는 중요한 지표로 실질적 의미를 갖는다. 예를 들어 장거리 러닝을 일정한 페이스로 달린다면 강도 역시 일정하게 유지되지만, 시간이 지남에 따라 피로가 쌓이면서 체감하는 운동 강도는 점점 높아진다. 즉 같은 페이스로 달리더라도 결국에는 점점 더 힘들어지는 것이다. 만약 체감하는 운동 강도를 일정하게 유지하려면 러닝 후반부에는 속도를 줄여야 한다. 하지만 이것이 러닝 강도를 조절하는 가장 효율적인 방법은 아니다. 대신 운동을 시작할 때 체감하는 운동 강도를 활용해 적절한 강도를 설정하는 것이 좋다. 그런 다음 페이스나 심박수에 의존해 실제 운동 강도를 효율적으로 유지하면서, 피로가 쌓임에 따라 체감하는 강도 역시 점차 증가하도록 허용한다. 그렇다고 해서 체감하는 운동 강도를 완전히 무시한다는 의미는 아니다. 오히려 훈련 강도를 조절하는 최종 판단 기준이 되어야 한다.

체감하는 운동 강도는 심박수나 페이스로 알 수 없는 신체 상태를 종합적으로 반영하는 지표다. 매 순간마다 몸의 컨디션에 영향을 미치는 다양한 요소는 정신적 노력과 신체적 퍼포먼스 사이의 관계를 바꾸며, 우리는 이를 직접 느낄 수 있다. 예를 들어 전날 수면의 질이 좋지 않았다면, 이는 오늘의 달리기 퍼포먼스에도 영향을 줄 수 있다. 평소와 같은 수준의 달리기를 하려면 더 많은 정신적 에너지를 써야 하며, 우리는 이를 즉각적으로 느낄 수 있다. 심지어 전날 숙면을 취하지 못했다는 사실을 인지하지 못하더라도, 달리는 동안 약간의 어지러움을 느낄 수 있다.

대부분의 러너는 가끔 컨디션이 좋지 않은 날을 경험한다. 이런 날은 예상치 못한 순간에 찾아오며, 특별한 이유가 없어 보이기도 한다. 하지만 원인은 항상 존재한다. 그것을 명확히 알든 모르든 몸이 무겁게 느껴지는 것은 뇌가 내부적으로 이상 신호를 감지했다는 뜻이며, 무리하지 말라는 경고일 수 있다. 이런 날에는 페이스나 심박수가 평소보다 훨씬 힘들게 느껴진다. 만약 미리 설정한 목표 페이스나 심박수를 무리해서 유지하면, 오히려 피로가 누적되어 다음 날 상태가 더 나빠질 가능성이 크다. 이럴 때는 GPS 시계나 심박수 데이터를 맹목적으로 따르는 것보다, 몸이 보내는 신호를 세심하게 살피는 것이 더 좋다. 체감하는 운동 강도가 평소보다 지나치게 높게 느껴진다면, 페이스를 조절해 부담을 줄이는 것이 최선의 선택이다. 결국 장기적인 훈련 효과를 극대화하는 핵심은 강도를 조절하는 것이다. 페이스나 심박수 같은 수치를 참고하는 것도 중요하지만, 러닝에서 가장 신뢰해야 할 것은 언제나 자신의 몸이 보내는 신호다.

체감하는 운동 강도를 활용해 최대의 효과를 얻으려면 이를 수치화할 필요가 있다. 〈1장〉에서 언급했듯이, 과학자들은 운동 연구에서 참가자들이 체감하는 운동 강도를 평가하기 위해 보그 척도를 사용했다. 이 척도는 6~20점으로 구성되어 있으며 [표 6.1]에서 확인할 수 있다. 개인적으로 심박수와 페이스를 참고할 때, 직관적으로 보기 쉽게 수정된 10점 척도를 선호한다. 이 척도는 [표 6.2]에서 확인할 수 있다.

저강도, 중강도, 고강도의 세 가지 범위에 대한 과학적 정의는 여러 가지가 있지만, 서로 간의 차이는 크지 않으며 실질적인 영향을 미치지는 않는다.

또한 〈1장〉에서 언급했듯이, 애리조나주립대학교 연구진은 중강도 운동을 '호흡이 급격히 증가하는 환기역치' 지점과 '대화가 불편해지는 젖산역치' 지점 사이의 강도 범위로 정의했다. 80/20 러닝 시스템에서 운동 강도를 모니터링하고 조절하는 가이드라인을 만들 때도 역시 같은 기준을 적용했다. 이는 체감하는 운동 강도뿐만 아니라, 심박수와 페이스를 활용한 강도 조절에도 동일하게 적용된다.

표 6.1 보그 척도

평가	설명
6	
7	극도로 쉬움
8	
9	매우 쉬움
10	
11	꽤 쉬움
12	
13	다소 힘듦
14	
15	힘듦
16	
17	매우 힘듦
18	
19	극도로 힘듦
20	

임상 실험 결과 모든 수준의 러너들이 환기역치에서 운동할 때, 주관적으로 느끼는 자신의 운동 강도를 보그 척도(6~20)에서 일관되게 12에 가깝게 평가했다. 이는 1~10 척도에서 5에 해당하는 강도이다. 조금 더 높은 강도의 젖산역치에서 운동할 때, 자신의 운동 강도를 보그 척도에서 일관되게 13~14 정도로 평가했다. 이는 1~10 척도에서 약 6에 해당하는 강도이다.

따라서 1~10 척도를 기준으로 하면, 저강도에서 체감하는 운동 강도는 1~4점, 중강도에서 체감하는 운동 강도는 5~6점, 고강도에서 체감하는 운동 강도는 7~10점으로 나타낼 수 있다. 따라서 80/20 법칙을 실천하는 방법은 간단하다. 훈련 시간의 약 80% 동안 체감하는 운동 강도를 5점 미만이 되도록 유지하면 된다.

표 6.2 10점 척도

평가	설명	내부 신호	
1	극도로 쉬움	"이 속도로는 영원히 달릴 수 있을 것 같아."	
2	매우 쉬움	"식은 죽 먹기야."	
3	쉬움	"조금 참을 만해."	
4	편안함	"이 속도는 편안하게 느껴져서 참거나 애쓰지 않아도 돼."	
5	꽤 편안함	"살짝 애를 써야 하는 기분이야."	
6	약간 힘듦	**체력이 부족한 러너** "20~30분 동안 이 속도로 뛸 수 있어."	**체력이 충분한 러너** "50~60분 동안 이 속도로 뛸 수 있어."
7	다소 힘듦	**체력이 부족한 러너** "10~15분 안에 지칠 것 같아."	**체력이 충분한 러너** "15~20분 안에 지칠 것 같아."
8	힘듦	"이 속도로는 1.6km 정도만 달릴 수 있겠군. 그 이상은 힘들어."	
9	매우 힘듦	"이 속도로 2~3분 버티면 잘한 거야."	
10	극도로 힘듦	"이 속도로는 길어야 1분이야."	

하지만 80/20 러닝의 효과를 최대한 끌어내기 위해서는 조금 더 세부적인 접근이 필요하다. 세 구간으로 운동 강도를 구분하는 방식은 과학적 연구 목적에는 적합할 수 있지만, 실제 훈련에 적용할 때는 오류가 생길 수 있다. 그 이유는 저강도와 고강도 구간의 범위가 다소 넓기 때문이다. 이러한 넓은 구간은 훈련 중 필요한 강도를 세세하게 조절해야 할 상황에서 적절한 페이스보다 지나치게 빠르거나 느리게 달리는 상황을 초래할 수 있다.

다음 섹션에서는 심박수를 기준으로 운동 강도를 나누는 '5단계 존 시스템'에 대해 설명한다. 존 시스템의 5단계는 [표 6.2]의 10점 척도에서 각각 2점 범위에 해당함으로 두 영역이 자연스럽게 맞아떨어진다. 5단계 존 시스템을 활용하면 훈련 중 강도를 더욱 정밀하게 조절할 수 있을 뿐만 아니라, 체감하는 운동 강도를 보다 정확하게 평가하는 데 도움이 된다. 실제로 초보 러너들은 자신의 운동 강도를 과소평가하는 경향이 있는데, 심박수를 기준으로 확인하면 보다 객관적으로 조정할 수 있다.

예를 들어 존4는 체감하는 운동 강도 7~8에 해당한다. 존4 강도의 훈련 중에, 심박수가 존4 범위에 있을 때의 느낌에 집중하면 운동 강도 7~8이 실제로 어떤 느낌인지 더 잘 파악할 수 있다. 〈6장〉의 마지막에는 체감하는 운동 강도, 심박수, 그리고 페이스가 5단계 운동 강도 존에서 어떻게 연결되는지 표를 통해 한눈에 볼 수 있다.

피로에 도달하기까지의 예상 시간이 객관적인 러닝 강도를 측정하는데 꽤 효과적인 주관적 지표가 된다는 흥미로운 연구가 있다. 개념은 간단하다. "얼마나 오래 이 페이스를 유지할 수 있을까?"라고 스스로에게 물어보면, 현재 얼마나 힘들게 뛰고 있는지를 알려준다.

[표 6.2]의 '내부 신호' 항목은 이 개념을 기반으로 정리된 정보다. 이를 참고하면 체감하는 운동 강도를 나타내는 1~10의 척도를 익히는 데 도움이 될 것이다.

대부분의 러너는 심박수가 운동 강도를 나타내는 중요한 지표라는 걸 경험적으로 알고 있다. 달리는 동안 심박수를 측정해 본 적이 없더라도, 페이스가 빨라질수록 심장이 더 빠르고 강하게 뛰는 것을 자연스럽게 느낄 수 있다. 이것은 골격근과 심장 활동이 밀접하게 연결되어 있기 때문이다. 골격근이 더 강하게 작용할수록 더 많은 산소를 필요로 한다. 심장이 더 빠르게 뛰면 산소가 풍부한 혈액이 몸 전체를 더 많이 순환하게 된다.

달리기의 모든 요소가 그렇듯이, 운동 강도에 따른 심박수 반응 역시 뇌가 조절한다. 이 과정에서 중요한 역할을 하는 뇌 영역 중 하나가 섬엽Insular Cortex이며, 이는 〈4장〉에서 언급한 피로 인식과도 관련이 있다. 섬엽은 근육 활동을 관찰하고, 근육이 필요로 하는 산소량에 맞춰 심장의 수축력과 박동 페이스를 조절한다. 즉 달리는 동안 심장이 얼마나 빠르고 강하게 뛰는지는 뇌가 근육의 상태를 살피면서 조정하는 결과라고 볼 수 있다.

심박수는 운동 강도가 변할 때 일정한 패턴으로 변하는 여러 생리적 기능 중 하나일 뿐, 운동 강도를 나타내는 절대적인 지표는 아니다. 대신 쉽게 확인할 수 있다는 장점이 있고, 다른 생리적 과정과 밀접하게 연결되어 전체적인 운동 강도를 파악하는 데 유용하다. 한 연구에 따르면, 훈련이 잘된 러너는 환기역치에 해당하는 심박수에서 지방을 가장 효과적으로 연소한다. 달릴 때 실시간으로 지방 연소량을 측정하기는 어렵지만, 심박수는 쉽게 측정할 수 있다. 따라서 근육의 지방 연소 능력을 높이고 싶다면, 심박수를 확인하며 환기역치 심박수에 맞춰 달리는 것이 효과적인 방법이 될 수 있다.

하지만 고려해야 할 사항이 있다. 러너마다 환기역치 심박수는 물론, 휴식할 때 심박수, 최대 심박수, 젖산역치 심박수가 모두 다르다는 점이다. 이런 개인적인 심박수 상태는 여러 요인으로 결정된다. 가장 중요한 요인으로 체격, 나이, 운동 능력, 유전적인 영향을 들 수 있다. 체격이 클수록 휴식 시간 심박수가 낮으며, 나이가 들수록 최대 심박수가 감소하는 경향이 나타난다. 유산소 운동 능력은 체력이 좋은 사람일수록 높은 심박수를 오래 유지할 수 있다. 마지막은 유전적 요인으로 휴식 시간 심박수, 최대 심박수 및 타고난 운동 능력에 영향을 미친다. 같은 강도로 달리더라도 사람마다 심박수 반응은 다를 수 있기 때문에 개인적인 '심박수 프로필'을 이해하는 것이 중요하다.

각 러너는 저마다 고유한 심박수 특성을 가지고 있기 때문에, 효과적인 심박수 기반 훈련을 위해서는 개인에게 알맞은 목표 심박수 구역을 지정해야 한다. 이 훈련 구역을 설정하는 핵심 기준이 바로 젖산역치 심박수다. 마치 선원이 나침반의 북쪽 방향을 기준으로 항로를 결정하듯, 러너는 젖산역치 심박수를 기준으로 자신에게 최적화된 심박수 훈련 구역을 정할 수 있다. 5구역 심박수 체계에서는 젖산역치 심박수가 중강도 영역의 상한선을 의미한다. 이 수치를 넘어서면 고강도를 나타내고, 반대로 호흡역치(젖산역치보다 약간 낮은 지점) 아래 심박수는 저강도를 나타낸다.

운동 과학자들은 러너의 젖산역치 심박수를 측정하기 위해 트레드밀에서 점진적으로 페이스를 높이며 달리게 한 후, 혈중 젖산 농도가 4mmol/L에 도달하는 지점의 심박수를 기록한다. mmol/L은 혈액 1리터당 포함된 젖산의 농도를 나타내는 단위로, 4mmol/L은 신체가 젖산을 효과적으로 제거할 수 있는 한계를 넘어서기 시작하는 지점으로 간주된다. 이때의 심박수가 해당 러너의 젖산역치 심박수로 정의된다. 하지만 이 수치가 항상 동일한 것은 아니다. 같은 러너가 5일 연속이 테스트를 실시해도 매일 조금씩 다른 결과가 나올 수도 있다. 이는 우리 몸의 생리적 상태가 날마다 달라지기 때문이다.

또한 4mmol/L 기준 자체도 다소 임의적인 값이다. 이는 혈중 젖산 농도가 급격히 증가하는 운동 강도를 나타내야 하지만 실제로 러너마다 이 수치가 조금씩 다르다. 하지만 다행히 정확한 수치를 찾는 것이 중요하지는 않다. 연구에 따르면 러너들은 젖산역치 심박수보다 조금 낮거나, 약간 더 높거나, 혹은 정확히 같은 심박수에서 운동하든 비슷한 수준의 체력 향상을 경험한다. 다시 말해 젖산역치 심박수를 측정할 때 대략적인 값만 알아도 충분하다는 것이다. 그리고 실험실에서 전문적인 검사를 받지 않더라도, 과학적 기준에 근접해 쉽게 젖산역치 심박수 측정이 가능하다. 다음의 세 가지 중에 어떤 방법을 선택하든 젖산역치 심박수의 '정확한 수치'를 찾기보다는 '대략적인 값'을 파악하는 것이 더 중요하다.

① 30분 타임 트라이얼(기록 측정 테스트)

첫 번째 방법은 비교적 정확하지만 힘든 테스트다.

먼저 가벼운 조깅으로 워밍업을 한다. 그런 다음 30분 동안 최대한 먼 거리까지 달린다. 마지막 10분 동안의 평균 심박수가 바로 젖산역치 심박수다.

② 운동자각 측정(체감하는 운동 강도 측정)

두 번째 방법은 체감하는 운동 강도를 기준으로 젖산역치 심박수를 측정한다. 비교적 쉬운 대신 주관적인 감각을 수치화하는 연습이 필요하다. 앞에서 언급한 것처럼, 젖산역치 심박수는 1~10 척도에서 6에 해당된다.

먼저 달리기를 시작할 때 운동 강도를 매운 쉬운 1로 설정한다. 점진적으로 강도를 높이며 약간 힘든 운동 강도 6에 도달할 때까지 달린다. 이 지점이 바로 젖산역치 심박수다.

③ 말하기 테스트

세 번째 방법 역시 간단하게 젖산역치 심박수를 측정할 수 있다.

젖산역치 심박수는 편안하게 말하기 힘든 가장 빠른 달리기 페이스와 연결된다. 이해를 돕기 위해 원문에서는 '국기에 대한 맹세'를 예시로 사용했다.

먼저 일정한 페이스로 천천히 조깅을 시작한다. 그런 다음 1분 후에 '대한 독립 만세'와 같은 짧은 문장을 말하거나, 120부터 125까지 숫자를 세고 심박수를 확인한다. 그리고 다시 속도를 조금씩 올려 달리고, 1분 후에 같은 문장을 말하거나 숫자를 세고 심박수를 확인한다. 말하기가 약간 불편해지는 순간까지 이 과정을 반복한다. '말하기가 완전히 편안했던' 직전 속도의 심박수가 바로 젖산역치 심박수다.

'편안하게 말하기'란 숨이 완전히 차진 않지만, 약간의 호흡 부족(산소 결핍)을 느끼는 상태다. 말하기를 마친 후 세 번째 호흡에 원래 리듬으로 돌아오면, 편안한 상태로 다시 말할 수 있다. 이 테스트를 시행할 때 속도 증가 폭이 작을수록 결과가 더 정확하기 때문에 GPS 시계를 참고하면 유용하다. 짧은 문장 말하기나 숫자 세기 중 하나를 사용하여 편안하게 말하기 힘든 가장 높은 달리기 강도를 찾아보자. 이 지점이 바로 젖산역치에 해당한다.

표 6.3 말하기 테스트

국기에 대한 맹세	숫자 세기
나는 대한민국을 위해 충성을 다하며, 자유롭고 정의로운 나라를 만드는 데 헌신할 것을 다짐합니다. 대한민국은 하나 된 국가이며, 모든 국민이 평등한 권리를 가집니다.	120 121 122 123 124 125

표 6.4 존5 심박수 훈련 시스템

존(zone)	존 이름	젖산역치 심박수 (%)	젖산역치 심박수가 160회(BPM) 러너의 목표 구역
존1	저강도 유산소	75~80	120~128
존2	중강도 유산소	81~89	129~142
존3	젖산역치	96~100	153~160
존4	최대 산소 섭취량 (VO₂max)	102~105	163~168
존5	속도	106 이상	169 이상

일단 자신의 젖산역치 심박수를 구했다면, 이를 활용해 개인 맞춤형 심박수 훈련 구역을 설정할 수 있다. 수많은 심박수 기반 훈련 공식이 존재하며 대부분 큰 차이는 없다. 앞서 언급했듯이 과학자들이 사용하는 존3 시스템은 다소 제한적이라 실전 러닝 훈련에 필요한 만큼 세분화되지 않았다. 대신에 나는 직접 개발한 존5 심박수 훈련 시스템을 사용한다. [표 6.4]에서는 5구역 시스템과 함께, 현재 젖산역치 심박수가 분당 160회인 러너의 목표 심박수 구역 예시를 보여준다.

존5 심박수 훈련 시스템과 과학자들이 사용하는 3단계 강도 구분법을 이해하기 쉽게 일치시킬 수 있다. 이는 체감하는 운동 강도에서 이미 설명한 바 있다. 저강도는 환기역치 이하의 강도, 중강도는 환기역치와 젖산역치 사이의 강도, 그리고 고강도는 젖산역치 이상의 강도로 정의했다. 이를 바탕으로 환기역치는 존3의 하단부(젖산역치 심박수의 96%)에 해당하며, 젖산역치는 존3의 상단부(젖산역치 심박수의 100%)와 일치한다. 따라서 존1과 존2는 저강도, 존3은 중강도, 존4와 존5는 고강도 영역을 나타낸다.

덧붙이자면 존4의 하단부(젖산역치 심박수의 102%)는 호흡보상점과 거의 일치한다. 이 지점은 80/20 러닝을 연구한 스티브 사일러와 조나단 에스테베-라나오가 중강도와 고강도를 구분하는 기준으로 설정한 곳이기도 하다. 즉 존5 심박수 훈련 시스템에서 고강도 범위는 그들의 기준과 동일하다.

이미 눈치챘겠지만 존5 심박수 훈련 시스템은 각 구역이 완전히 연결되지 않는다. 예를 들어 존2의 상단부는 젖산역치 심박수의 89%, 존3의 하단부는 젖산역치 심박수의 96%로 설정되어 있다. 이렇게 여유 구간을 둔 이유는 저강도 운동이 중강도와 겹치는 것을 방지하기 위해서다. 반대로 존3의 상단부와 존4의 하단부 사이에도 작은 간격이 있다. 이는 젖산역치 심박수의 101%가 존4에서 요구되는 강도에 비해 다소 낮기 때문이다. 즉 각 구역의 역할을 명확하게 구분하기 위해 이러한 간격이 존재하는 것이다.

러너의 훈련에서 각 존Zone은 특정한 역할을 한다. 다음의 다섯 가지 훈련 방식을 수행하기 위한 가이드라인은 〈7장〉에서 더 자세하게 설명한다.

- **존1**

  − 준비운동(워밍업)과 마무리 운동(쿨다운)에 적합하다.

  − 고강도 인터벌 훈련 사이의 회복 구간 및 회복 러닝에 적합하다.

- **존2**

  − 기초 러닝과 장거리 러닝을 목표로 할 때 주요 강도 구간이다.

- **존3**

  − 템포 러닝(지속주), 템포 인터벌 러닝(지속주 반복), 빌드업 마무리 러닝에 적합하다.

  − 템포 러닝은 일반적으로 15~40분 동안 일정한 강도로 존3을 유지하며, 준비 운동과 마무리 운동을 포함해 진행한다.

  − 템포 인터벌 러닝은 템포 러닝과 유사하지만, 존3에서 여러 개의 짧은 구간으로 나누어 진행하는 게 특징이다.

  − 빌드업 마무리 러닝은 기초 러닝에 마지막 5~15분간 존3의 강도를 추가한 훈련 방식이다.

- **존4**

  − 고강도 인터벌 훈련에서 활용되며, 2~8분 길이의 인터벌 러닝으로 구성된다.

  − 변속 질주 러닝(파틀렉)에도 적용되며, 이는 트랙이 아닌 일반 도로나 야외에서 자유롭게 진행되는 인터벌 러닝이다.

- **존5**

  - 30~90초 길이의 짧은 인터벌 훈련, 언덕 반복 러닝, 그리고 더 강도 높은 변속 질주 러닝에 활용된다.

젖산역치 심박수는 체력 변화에 따라 조금씩 달라진다. 체력이 좋아지면 높아지고, 반대로 체력이 떨어지면 낮아질 수 있다. 따라서 주기적으로 젖산역치 심박수를 측정하고, 이에 맞춰 심박수 구간을 다시 계산하여 최신 상태로 유지하는 것이 중요하다. 꼭 정해진 일정에 맞출 필요는 없으며, 운동 수준의 변화가 눈에 띌 때 다시 테스트하면 된다.

심박수 측정은 특히 저강도 달리기에서 유용하다. 그 이유는 페이스와 달리 심박수는 기록을 나타내는 성과 지표가 아니기 때문이다. 러너들은 더 빠른 기록을 달성하려고 의식적으로 노력하지만, 더 높은 심박수를 만들기 위해 일부러 무리하지는 않는다. 그래서 러너들은 '유지해야 할 심박수 상한선'이 주어지면 쉽게 지키지만, 목표 속도가 주어지면 종종 이를 뛰어넘으려고 노력한다.

많은 유명한 러너들이 자신을 과하게 몰아붙이지 않기 위해 심박수 측정을 활용했다. 예를 들어 폴라 래드클리프는 무리하지 않기 위해 낮은 강도의 러닝에서는 심박수를 기준으로 훈련했다. 반면에 트랙 훈련에서는 페이스와 시간을 기준으로 훈련했다. 라이언 홀 역시 강한 훈련을 자주 시도했다가 반복적인 부상을 겪었고, 이를 방지하기 위해 2013년부터는 심박수를 기반으로 한 훈련을 시작했다.

심박수 측정은 강한 강도의 달리기에서는 효과가 적을 수 있다. 그 이유는 심장이 변화에 즉각 반응하지 않는 심장 반응 지연과 연관이 있다. 달리는 속도가 빨라지면 근육은 더 많은 산소를 필요로 하고, 심장은 이를 공급하기 위해 더 빨리 뛰기 시작한다. 하지만 심박수가 즉시 올라가는 것은 아니다. 속도 증가 정도에 따라 다르지만, 보통 30초 이상 지나야 심박수가 안정적인 리듬을 찾는다.

심장 반응 지연은 속도가 변하는 운동에서 심박수 측정의 한계를 보여준다. 예를 들어 존5에서 30초마다 빠르게 달리기 6번을 하고, 각 인터벌 사이 존1에서 2분간 천천히 회복하는 달리기를 한다고 가정해 보자. 첫 번째 30초 구간에서 속도를 급격히 올리면 심박수도 서서히 올라가기 시작한다. 하지만 심박수가 존5에 도달하기까지 시간이 걸리기 때문에, 30초가 끝날 때쯤 돼서야 겨우 도달하거나 아예 도달하지 않을 수도 있다. 그렇다고 해서 훈련을 잘 수행하지 않았다는 의미는 아니다. 만약 그 속도를 계속 유지했다면 결국 심박수가 존5에 도달했을 테니, 결국 올바르게 훈련한 것이다.

마찬가지로 첫 번째 30초 존5 인터벌이 끝난 후, 회복을 위해 속도를 줄이면 심박수도 점차 감소한다. 하지만 심장 반응 지연 때문에 아무리 속도를 낮춰도 2분 회복 시간이 끝날 때까지 심박수가 존1로 내려가지 않을 수 있다. 다시 말하지만 역시나 훈련을 잘못한 것은 아니다. 만약 충분히 천천히 뛰어 그 속도를 계속 유지했다면 결국 심박수가 존1에 도달했을 테니, 결국 올바르게 훈련한 것이다.

짧은 고강도 운동에서는 심박수만 믿고 훈련하면 혼란스러울 수 있다. 이를 피하려면 운동 강도를 판단할 때 심박수 대신 체감하는 운동 강도와 페이스를 지표로 사용하는 것이 좋다. 체감하는 운동 강도는 즉각적이므로 자신이 느끼는 힘든 정도를 기준으로 운동하면 된다. 이때 GPS 또는 속도 센서가 있는 러닝 워치를 사용하면 몇 초 안에 속도 변화를 감지할 수 있어 유용하다. 따라서 고강도(존4, 존5)에서 저강도(존1, 존2)로, 또는 그 반대로 강도를 바꿀 때는 심박수보다 체감하는 운동 강도와 페이스를 참고하는 것이 더 효과적이다. 다만 인터벌 시간이 충분히 길어 심박수가 안정화된 후에, 심박수를 확인해 목표 구간에 들어왔는지 체크하면 된다.

페이스는 '달린 거리 대비 걸린 시간'을 의미하며, 체감하는 운동 강도나 심박수와는 다른 방식으로 운동 강도를 나타낸다. 운동 강도는 기본적으로 몸이 얼마나 힘을 쓰고 노력하고 있는지를 뜻한다. 체감하는 운동 강도와 심박수는 이 강도를 직접적으로 보여주는 지표다. 반면 페이스는 운동이 얼마나 빠른 결과로 이어졌는지 측정하는 값이다. 즉 몸이 더 많은 에너지를 사용하면 페이스가 빨라지고 이는 성과로 이어진다. 그렇기 때문에 페이스는 신뢰할 수 있는 운동 강도 지표가 된다. 쉽게 말해 빠르게 달리고 있다면 그만큼 몸이 더 열심히 움직이고 있다는 뜻이다.

또한 페이스는 실제 경기에서 가장 중요한 요소다. 경기에서는 완주 시간이 기록되며, 페이스가 빠를수록 좋은 성적을 거두게 된다. 심박수는 공식 기록에 포함되지 않으며, 가장 힘들게 달린 사람에게 상이 주어지는 것도 아니다. 결국 경기에서는 얼마나 힘들게 뛰었느냐가 아니라, 얼마나 빠른 페이스로 뛰었느냐가 순위를 결정한다.

페이스는 훈련의 효과를 측정하는 좋은 방법이다. 훈련을 하면서 평균 페이스나 특정 운동에서의 기록이 점점 좋아진다면, 훈련이 잘 진행되고 있다는 신호다. 반대로 기록이 나아지지 않는다면, 훈련 과정에 문제가 있다는 뜻이다.

러너들이 심박수나 체감하는 운동 강도보다 페이스를 더 중요하게 여기는 이유는, 페이스가 강한 동기부여가 되기 때문이다. 물론 시계를 착용하지 않아도 최선을 다하지만, 대부분 러너들은 기록을 재면서 달릴 때 더 열심히 뛰려고 한다. 연구 결과 역시 페이스를 확인할 수 있을 때 더 강한 노력을 기울인다고 밝혔다.

2010년 뉴질랜드 매시대학교 연구팀이 진행한 실험에서, 러너들은 페이스 등 운동 데이터를 제공받았을 때 6km 달리기에서 기록이 평균 6% 더 빨라지는 결과를 보였다. 이는 단순히 느낌만으로 달릴 때보다, 자신의 페이스를 확인하며 달릴 때 더 좋은 성과를 낼 수 있음을 보여준다.

훈련할 때는 경주하듯 전력을 다해 달릴 필요는 없다. 훈련을 대회처럼 하면 쉽게 지칠뿐더러 오히려 좋은 성과를 내기 어려워진다. 하지만 대회를 목표로 한 훈련 기간에는 주 12회 정도 고강도(존4, 존5)를 포함하는 것이 좋다. 이런 훈련에서 페이스를 확인하면서 달리면 자연스럽게 더 집중하게 되고, 그만큼 훈련 효과도 커진다. 단 빠른 속도로 달릴 때 너무 무리하지 않도록 조절하는 것이 핵심이다. 각 훈련에서 최고 성과를 내려고 하기보다는, 점진적으로 기록을 개선하는 것을 목표로 삼는 것이 가장 효과적이다.

예를 들어 10km 대회를 준비하는 훈련 계획에 존4에서 3분간의 인터벌 훈련이 포함되어 있다고 가정해 보자. 첫 번째 훈련에서는 성과에 집중하기 보다는 체감하는 운동 강도를 기준으로 한다. 10점 척도에서 7~8점 정도의 강도를 목표로 페이스를 조절한다. 하지만 페이스를 신경 쓰지 않더라도, 속도와 거리를 기록할 수 있도록 GPS 장비를 착용해 각 구간의 평균 페이스를 기록한다.

두 번째 훈련에서는 페이스를 기준으로 운동 강도를 조절한다. 이전 훈련보다 1.6km당 1~2초 더 빠른 페이스를 목표로 달린다. 각 인터벌에서 1.6km를 달리지 않더라도, 페이스는 여전히 1.6km를 기준으로 한 분과 초과 측정된다. 체력이 좋아졌기 때문에 속도가 빨라졌더라도 체감하는 강도는 첫 번째 훈련과 비슷하게 느껴질 것이다.

세 번째 훈련 역시 조금 더 기록 경신을 목표로 하되, 너무 무리하지 않도록 주의한다. 목표보다 지나치게 힘을 쏟으면 회복이 더디고, 오히려 훈련 효과가 떨어지기 때문이다. 이처럼 훈련은 매번 최고의 기록을 내는 것이 아니라, 조금씩 발전하는 것을 목표로 삼아야 한다. 그렇게 하면 무리하지 않으면서도 꾸준히 성장할 수 있다.

가장 힘든 훈련을 마친 후에도 '조금 더 빨리 달리거나, 조금 더 멀리 달릴 수 있겠다'라는 느낌이 드는 것이 중요하다. 만약 몸 상태가 좋지 않은 날에 고강도 훈련이 있다면, 페이스의 정해진 목표보다는 체감하는 운동 강도를 기준으로 균형을 맞춰 다시 조절해야 한다. 더 좋은 기록을 내야 한다는 부담을 내려놓고, '조금 더 할 수 있겠는데?' 라는 느낌으로 훈련을 마치는 것이 더 좋다.

페이스는 심박수보다 운동 성과와 더 밀접한 지표일 뿐만 아니라, 심박수 측정의 한계를 만드는 반응 지연 현상의 영향을 받지 않는다.

특히 존4와 존5의 짧은 인터벌로 구성된 고강도 훈련에서는 심박수보다 페이스가 훨씬 유용하다. 따라서 고강도 훈련에서 페이스를 운동 강도의 주요 기준으로 삼아야 하는 이유는 두 가지다. 첫 번째는 운동 성과와 직결된다는 점, 두 번째는 심박수처럼 반응 속도가 느려지는 문제가 없다는 점이다.

저강도 훈련(존1, 존2)에서는 페이스를 주요 강도 지표로 삼지 않는 것이 좋다. 러너들은 중·고강도 훈련에서 너무 빠르게 달리기보다, 저강도 훈련에서 지속적으로 빠르게 달리는 실수를 하는 경우가 더 많다. 어떤 종류의 훈련이든 자신의 평소 페이스와 비교해 좋은 기록을 내고 싶은 마음이 드는 건 당연하다. 때문에 힘을 빼고 달려야 하는 저강도 훈련에서도 무의식적으로 페이스를 높게 되고, 목표보다 더 강한 강도로 달리는 경우가 많다. 한두 번의 실수는 큰 문제가 되지 않지만, 저강도 훈련에서 지속적으로 페이스를 올리는 습관이 생기면 피로가 누적되고, 결국 더 중요한 고강도 훈련에서 성과를 올릴 수 없다.

이 문제를 해결하려면 훈련 유형별로 자신에게 맞는 목표 페이스 구간을 설정하고, 이 구간을 제대로 지켜야만 효과를 볼 수 있다. 앞서 말했듯이, 러너들은 심박수 제한을 지키는 것보다 저강도 훈련에서 페이스 제한을 지키는 것에 더 어려움을 느낀다. 즉 일정 페이스를 넘기지 않는 것이 중요하다는 걸 알면서도, 무의식적으로 점점 더 페이스를 높이는 경향이 있다.

그렇다면 중강도(존3) 훈련은 어떻게 해야 할까? 존3의 중강도로 진행되는 다양한 훈련에서는 운동 시간이 충분히 길게 지속되기 때문에 심장 반응 지연이 문제가 되지 않는다. 따라서 심박수와 페이스를 함께 활용하는 것이 효과적이다. 저강도 훈련과 마찬가지로 심박수를 체크하면, 운동 강도를 무리하게 올리지 않을 수 있다. 그리고 페이스를 확인하면, 목표 강도를 유지하는 데 도움이 된다. 중강도 훈련은 어느 정도 도전적인 강도로 진행되기 때문에 페이스를 통해 동기부여를 얻을 수 있다. 이는 고강도 훈련에서 페이스를 조절하는 것과 같은 원리다.

따라서 중강도 훈련에서는 심박수와 페이스를 모두 활용하되, 컨디션에 따라 다시 조절한다. 먼저 10점 척도를 기준으로 5~6 정도의 강도를 목표로 설정한다. 몸 상태가 좋지 않은 날이라면 체감하는 운동 강도를 기준으로 페이스를 낮춰 무리하지 않도록 한다. 즉 중강도 훈련에서는 체감하는 운동 강도를 기준으로, 심박수와 페이스를 다시 세밀하게 조절하는 것이 가장 효과적인 방법이다.

중강도 훈련에서 심박수와 페이스를 번갈아 가며 활용하려면, 심박수 구간(존1~존5)과 일치하는 개인 맞춤형 페이스 범위를 찾아야 한다. 이 페이스는 심박수 구간을 기준으로 역으로 계산해 도출할 수 있다. 먼저 자신의 심박수 구간을 설정한 후, 추가적인 테스트 훈련을 통해 이에 맞는 페이스 구간을 결정하면 된다. 이 테스트를 수행하려면, GPS 러닝 시계처럼 심박수와 페이스를 동시에 측정할 수 있는 장치가 필요하다.

이 훈련은 평평한 지형에서 진행해야 한다. 먼저 5분간 아주 천천히 조깅하며 워밍업을 한다. 그다음 심박수가 존1의 최상단에 도달할 때까지 강도를 조금씩 조절하고, 이때의 페이스를 기록한다. 그런 다음 조금 더 강도를 높여 심박수가 존2의 최하단에 도달할 때, 다시 한번 페이스를 기록한다. 이 과정을 반복하며 심박수가 존5의 최하단에 도달할 때까지 점진적으로 강도를 높이고, 각 심박수 구간에 해당하는 페이스를 기록한다. 이제 전체 심박수 구간에 맞는 완전한 페이스를 얻을 수 있다.

많은 러너들이 러닝 중 심박수 측정 장비 착용을 꺼리고, 오직 페이스만으로 훈련하는 것을 선호하기도 한다. 심박수 측정 장비의 가슴 스트랩이 불편하다고 느끼거나, 다른 이유로 사용하지 않는 경우도 많다. 앞서 저강도 훈련에서는 심박수를 기준으로 강도를 조절하는 것이 더 효과적이라고 설명했지만, 심박수를 측정하지 않아도 80/20 러닝을 올바르게 실천하는 것은 가능하다. 다만 이를 위해서는 존1과 존2에 해당하는 페이스 범위를 정확히 지켜야 한다. 하지만 심박수 측정을 하지 않는 러너들은 앞에 설명한 방법과는 다른 방식으로 5개의 맞춤형 페이스 구간을 설정해야 한다. 심박수 구간을 설정하지 않는다면, 심박수를 기반으로 페이스 구간을 도출하는 방식은 사용할 수 없기 때문이다.

러너들의 현재 러닝 능력(최근 대회 기록)을 기준으로 개인 맞춤형 페이스 구간을 설정하는 다양한 페이스 기반 훈련 시스템이 존재한다. 그중 내가 가장 선호하는 방법은 그렉 맥밀런이 개발한 시스템으로, 그의 웹사이트 mcmillanrunning.com에서 확인할 수 있다. 시스템 사용 방법은 최근 대회 기록이나 목표 기록(800m부터 마라톤까지 모든 거리 가능)을 입력한 후 제출 버튼을 누르면 된다. 또는 현재 자신이 특정 거리에서 어느 정도 기록을 낼 수 있을지 예상한 값을 입력해도 된다. 그러면 각 유형의 훈련에 맞는 구체적인 페이스 목표가 즉시 계산되어 제공된다.

예를 들어 최근 10km 대회에서 41분 33초(1.6km당 6분 41초 페이스)로 완주했다고 가정해 보자. 이 기록을 맥밀런의 계산기에 입력하면 다음과 같은 훈련별 페이스 구간을 추천받을 수 있다.

- **회복 조깅** : 1.6km당 8분 36초~9분 17초
- **기초 러닝** : 1.6km당 7분 31초~8분 31초
- **템포 러닝** : 1.6km당 6분 41초~6분 58초
- **스피드 인터벌**
  - 400m : 1분 26초~1분 31초
  - 1,600m : 6분 24초~6분 35초
- **스프린트 인터벌**
  - 100m : 18초~20초
  - 600m : 2분 3초~2분 12초

이 페이스 구간을 앞에서 설명한 체감하는 운동 강도와 심박수 기반의 훈련 구간과 비교하여 정리하는 것은 어렵지 않다. [표 6.5]에서는 맥밀런의 페이스 가이드라인과 심박수 기반 페이스 가이드라인이, 심박수 및 체감하는 운동 강도와 어떻게 일치하는지를 보여준다.

맥밀런의 고강도 인터벌 페이스 가이드라인은 모두 거리를 기준으로 설정되어 있다. 하지만 일부 코치나 훈련 프로그램에서는 시간을 기준으로 훈련 프로그램을 설정한다. 실제로 〈7장〉에서 소개될 대부분의 훈련 프로그램은 시간을 기반으로 구성되어 있다. 따라서 맥밀런의 거리 기반 인터벌 가이드라인을 시간 기반 훈련에 적용하려면, 특정 거리에서의 측정 기록을 1.6km당 몇 분, 몇 초의 페이스로 변환해야 한다.

표 6.5 세 가지 측정 기준을 활용한 5단계 강도 구간 가이드라인

존 (zone)	심박수 (젖산역치 대비%)	운동 강도	페이스
존1	75~80	1~2	해당 심박수 구간에 맞는 페이스 범위 회복 러닝 페이스
존2	81~89	3~4	해당 심박수 구간에 맞는 페이스 범위 쉬운 장거리 러닝 페이스
존3	96~100	5.5~6	해당 심박수 구간에 맞는 페이스 범위 템포런 페이스
존4	102~105	7~8	해당 심박수 구간에 맞는 페이스 범위 1,000~1,200m 빠른 인터벌 페이스
존5	106 이상	9~10	해당 심박수 구간에 맞는 페이스 범위 100~600m 전력 질주 페이스

예를 들어 존4 강도로 3분 인터벌을 수행하는 훈련이 있다고 가정해 보자. [표 6.5]에 따르면 존4 인터벌은 맥밀런의 1,000m 또는 1,200m 인터벌 스피드 페이스를 적용해야 한다. 어느 거리를 기준으로 선택할지는 3분 동안 존4 강도로 달렸을 때, 본인이 1,000m에 더 가까운지, 아니면 1,200m에 더 가까운지에 따라 결정하면 된다. 대부분의 러너는 3분 동안 1,000m를 채우기 어렵기 때문에, 일반적으로 1,000m에 가까운 거리를 달리게 된다. 따라서 자신의 현재 페이스를 고려하여 1,000m 기준을 그대로 적용할지, 조금 조정할지를 판단하는 것이 좋다. 만약 1,000m를 기준으로 한다면, 맥밀런 계산기에 입력한 자신의 레이스 기록과 대응하는 1,000m 인터벌 페이스를 확인하면 된다.

앞의 예시 10km 41분 33초 기록을 다시 살펴보면, 이 기록에 해당하는 1,000m 인터벌 목표 시간은 3분 48초에서 4분 1초 사이다. 이제 이 시간을 마일 기반 페이스로 변환해야 한다. 1mile은 약 1,610m이므로 이 시간을 1.61로 곱해야 한다. 이 계산에 따르면 3분 존4 간격의 경우 1마일당 6:07~6:27의 목표 페이스 범위가 나온다. 하지만 1,000m를 3분 48초~4분 1초 페이스로 달리면, 이는 10km 레이스 페이스와 비슷하거나 조금 느린 수준이므로, 실제로는 존3 강도가 될 가능성이 크다.

체력 수준이 달라지면 페이스 구간도 다시 계산해야 한다. 처음에 어떤 방법으로 페이스 구간을 설정했든 상관없이, 현재 자신의 운동

표 6.6 강도 측정 지표 요약

측정 지표	장점	단점	가장 효과적인 활용 방법
체감하는 운동 강도	현재 몸 상태와 한계를 가장 정확하게 반영	피로가 누적되면 실제 강도와 체감 강도가 어긋날 수 있음	러닝 시작이나 특정 구간에서 강도 설정
			컨디션이 좋지 않은 날 강도 확인 및 조절
심박수	저강도 훈련에서 과하게 속도를 내는 것을 방지하는 데 효과적	고강도 훈련 구간에서는 반응이 느려 활용이 어려움	맞춤형 훈련 강도 설정
			저강도·중강도 훈련 및 특정 구간에서 강도 확인 및 조절
페이스	경기 성과와 직접적으로 연관되는 지표	모든 러닝에서 과도하게 속도를 내고 싶어지는 유혹이 있음	중강도·고강도 훈련 및 특정 구간에서 강도 확인 및 조절

능력에 맞춰 주기적으로 조정하는 것이 필요하다. 심박수 구간을 업데이트할 때마다, 새로운 심박수 구간에 맞춰 페이스 구간도 다시 설정하는 것이 좋다. 만약 맥밀런의 페이스 가이드라인을 사용하고 있다면, 대회가 끝날 때마다 최신 완주 기록을 입력하여 페이스 구간을 다시 계산하는 것이 효과적이다.

언덕은 페이스와 강도 사이의 관계에 영향을 준다. 예를 들어 평지에서 1km당 4분 27초 페이스는, 경사가 5%인 언덕에서는 더 높은 강도로 느껴질 수 있다. 이처럼 같은 페이스라도 지형에 따라 운동 강도가 달라지기 때문에, 언덕에서는 심박수를 지표로 삼는 것이 훨씬 더 유용하다. 예를 들어 분당 심박수가 136회라면 평지, 오르막길, 내리막을 구분하지 않고 동일한 신체적 강도를 나타내기 때문에 심박수 기반 조절이 더 정확할 수 있다.

하지만 심장 반응 지연 때문에, 짧은 오르막 구간의 고강도 인터벌에서는 심박수만으로는 강도를 조절하기 어렵다. 따라서 고강도의 훈련에서는 체감하는 운동 강도를 주요 기준으로 삼고, 각 인터벌의 완료 시간을 체크하는 것이 가장 효과적이다. 훈련을 반복할 때는 이전 인터벌 시간과 비슷한 수준을 유지하거나, 조금씩 단축하는 것을 목표로 하면 된다.

〈6장〉에서 많은 내용을 다루었다. 만약 지금 조금 복잡하게 느껴진다면 걱정하지 않아도 된다. 체감하는 운동 강도, 심박수, 페이스를 활용해 운동 강도를 조절하는 방법은 몇 가지 핵심 포인트로 간단하게 정리할 수 있다.

- 30분 타임 트라이얼이나, 체감하는 운동 강도를 기반으로 한 테스트 운동, 또는 말하기 테스트 중 하나를 수행하여 젖산역치 심박수를 측정한다. [표 6.4]의 비율을 기준으로 5개의 심박수 훈련 구간을 계산한다.
- 세 가지 테스트 운동 중 하나를 활용하여 체감하는 운동 강도를 평가하고, 젖산역치 강도를 1~10 척도에서 6의 강도로 설정한다.
- 각 심박수 구간에 해당하는 목표 페이스 범위를 설정하는데, 각 구간의 최저 및 최고 심박수에 해당하는 페이스를 찾거나 맥밀런 계산기를 이용한다.
- 운동 중 강도가 변경될 때마다, 체감하는 운동 강도를 활용해 초기 강도를 설정한다.
- 저강도(존1~2) 훈련에서는 심박수를 주요 강도 기준으로 삼는다.
- 중강도(존3) 훈련에서는 심박수와 페이스를 함께 활용하여 강도를 조절한다.
- 고강도(존4~5) 훈련에서는 페이스를 주요 강도 기준으로 삼는다. 다만 오르막 구간에서는 체감하는 운동 강도를 기준으로 조절하는 것이 더 적합하다.

- 가장 힘든 훈련에서는 체감하는 운동 강도를 활용해 다시 세밀하게 조정한다. 특히 훈련을 마칠 때 '조금 더 빨리 달리거나, 조금 더 멀리 달릴 수 있겠다'는 느낌이 들도록 조절하는 것이 중요하다.
- 특정 심박수나 페이스를 목표로 했을 때 평소보다 몸이 무겁게 느껴진다면, 속도를 낮춰 무리하지 않도록 한다.

이 책의 마지막 부분에는 각 훈련 유형에 맞는 강도 조절 방법을 정리한 부록이 있다. 가볍게 달리며 회복을 돕는 러닝부터 여러 강도를 복합한 인터벌 훈련까지, 유형별로 세부적인 강도 조절 방법을 설명한다. 각 훈련 유형에서 처음 한두 번은 연습하는 과정이라고 생각하면 된다.

만약 존3 페이스 범위를 깜빡했거나, 체감하는 운동 강도 평가에 확신이 서지 않는다면 너무 신경 쓰지 않아도 괜찮다. 경험으로 받아들이고 넘어가면 된다. 다음 시도에서는 더 정확하게 적용할 수 있을 것이다.

80/20 러닝 시작하기

달리기를 연습하기 전에 알아야 할 것이 있다. 80/20 법칙은 설명한 것만큼 그리 단순하지는 않다. 효과적으로 적용하려면 몇 가지 세부 사항을 이해해야 한다.

80/20 법칙만으로는 훈련에서 최상의 성과를 얻을 수 없다. 만약 러닝의 80%를 저강도로, 20%를 고강도로 하는 훈련 방법만 알고 있다면, 다양한 실수를 저지를 가능성이 크다. 예를 들어 80/20 법칙은 다양한 훈련 유형을 구성하는 방법이나, 점진적인 훈련을 위한 운동 순서 방법에 대해서는 아무런 지침을 제공하지 않는다. 따라서 80/20 법칙만으로는 성공적인 훈련을 보장할 수 없다. 훈련에 투자한 시간과 에너지로 최상의 성과를 얻으려면, 80/20 법칙을 실천하는 것뿐만 아니라, 코치와 러너가 오랜 시행착오 끝에 검증한 다른 몇 가지 법칙도 함께 적용해야 한다. 오늘날 대부분의 엘리트 러너들 역시 이 방법을 따르고 있다.

〈7장〉에서는 80/20 법칙의 세부적인 의미를 설명하고, 훈련 효과를 극대화하기 위한 일곱 가지 추가 법칙을 소개한다. 이 원칙들이 어떻게 유기적으로 연결되는지 이해하면, 러너로서 최고의 잠재력을 발휘하는 데 필요한 모든 것을 알게 될 것이다.

80/20 법칙의 기본 개념은 다음과 같다.

"훈련의 80%는 저강도로, 20%는 고강도로 수행한다."

하지만 보다 정확한 정의는 다음과 같다.

"훈련의 약 80%를 저강도로, 20%를 고강도로 수행한다. 다만 특정 훈련 시기에는 저강도 훈련을 다소 늘리거나 줄이는 것이 유리할 수도 있다. 또한 개인차에 따라 저강도 훈련을 조금 더 하거나 덜 하는 것이 효과적일 수도 있으며, 준비하는 레이스 유형에 따라 고강도 훈련의 비율을 조정해야 한다."

조금 더 자세한 설명으로 핵심 개념을 쉽게 이해할 수 있다.

80/20 법칙을 처음 정의한 스티븐 사일러는 이 비율이 엄격한 법칙이 아니라, 일반적인 경향을 나타낸다고 설명했다. 그의 연구에 따르면, 엘리트 선수들은 평균적으로 훈련의 80%를 저강도로, 20%를 고강도로 진행한다. 그러나 어떤 선수도 정확히 80/20 비율을 유지하거나 시도하지 않는다. 80/20의 비율을 지키는 것이 현실적으로 어려울 뿐더러 반드시 더 나은 성과를 보장하는 것이 아니기 때문이다. 코치, 선수, 운동과학자들 역시 훈련할 때 작은 변화가 있어도 체력과 운동 능력에는 큰 차이가 없다는 사실을 알고 있다.

훈련은 식단의 균형을 맞추는 것과 비슷하다. 우리는 매일 같은 양

의 음식을 먹지 않는다. 섭취하는 칼로리가 일정하지 않아도 비교적
큰 차이 없이 같은 체중을 유지한다. 마찬가지로 훈련 강도 비율이
80/20에 딱 맞아떨어지지 않더라도 성과에는 큰 영향을 미치지 않는
다. 예를 들어 80/20이 아닌 78/22나 82/18이어도 경기 결과는 같을
것이다. 중요한 것은 완벽하게 80/20을 맞추는 것이 아니라, 100/0,
30/70 또는 50/50처럼 크게 벗어난 비율을 피하는 것이 핵심이다.

중요한 것은 훈련 강도의 이상적인 비율은 엄격한 숫자가 아니라
일정한 범위다. 그리고 그 범위는 러너마다 다를 수 있다. 80/20 법칙
은 대부분의 러너에게 가장 효과적인 비율을 의미하지만, 모두에게
효과적이라는 의미는 아니다. 일부 러너는 70/30 또는 90/10 비율이
더 적합할 수도 있다. 다만 저강도 훈련만 하거나, 반대로 고강도 훈련
만 하는 방식이 더 효과적이라는 사례는 거의 발견되지 않았다. 따라
서 훈련을 시작할 때는 80/20 비율을 기본으로 삼고, 경험을 쌓아가
면서 자신의 최적 비율을 찾아가는 것이 좋다. 하지만 대부분의 러너
는 80/20에 가까운 범위에서 가장 좋은 성과를 보인다.

80/20 법칙의 비율을 단순해 보이지만, 훈련 상황과 개인의 특성
에 따라 유연하게 적용해야 한다. 특히 훈련이 진행됨에 따라 최적의
비율이 변할 수 있다. 예를 들어 훈련 초반에는 저강도 훈련의 비율을
높이는 것이 효과적일 수 있지만, 대회를 앞두고는 고강도 훈련의 비
중을 조절하는 것이 중요하다. 이처럼 훈련 강도의 비율을 계획적으
로 조정하면서, 최상의 컨디션을 만들고 경기력을 끌어올리는 과정이

바로 '주기화periodization'다. 대부분의 엘리트 러너들은 훈련 목표와 시기에 맞춰 체계적으로 훈련 강도를 조절하는 주기화 전략을 활용한다.

① 기초(Base) 단계

훈련 과정은 기초 단계로 시작되며, 러닝 거리를 점진적으로 늘리는 것이 핵심 목표다. 이 시기에는 저강도 훈련의 비율을 80% 이상 유지하는 게 가장 좋다. 달리기 거리를 늘릴 때 수월하고, 부상 위험이 적기 때문이다. 하지만 일부 고강도 훈련을 포함하여 다음 단계의 강도 높은 훈련을 준비하는 것도 중요하다.

② 정점(Peak) 단계

대회를 앞두고 체력을 최고 수준으로 끌어올리는 단계다. 이 시기에는 80/20 비율을 유지하면서 훈련 강도를 최적화하는 것이 중요하다.

③ 테이퍼링(Tapering) 단계

훈련의 마지막 과정으로 몸을 최상의 상태로 만드는 단계다. 대회를 앞둔 1~2주 동안 훈련량을 줄여 휴식을 취한다. 연구 결과에 따르면 전체 훈련량을 급격히 줄이는 동시에, 고강도 훈련을 유지하는 것이 가장 효과적이라고 한다. 따라서 이 시기에는 저강도 훈련 비율이 80%보다 낮아질 수도 있다.

스티븐 사일러와 동료 연구자들은 중강도와 고강도 훈련의 균형을 잡는 최적화된 방법이 있다고 말하지 않는다. 다만 엘리트 선수들이 중강도 훈련보다 고강도 훈련을 더 많이 하는 경향이 있다는 것을 발견했다. 중강도와 고강도 훈련의 균형은 상황에 따라 달라질 수 있다. 그리고 〈3장〉에서 보았듯이, 지구력 운동선수들이 저강도 훈련 80%, 고강도 훈련 20%, 그리고 중강도 훈련은 전혀 하지 않는 양극화 훈련으로 큰 성과를 거두었다는 흥미로운 연구들이 있다. 또한 중강도와 고강도 훈련 비율을 비슷하게 수행한 러너들 역시 성과를 거두었다. 운동선수들 역시 대회를 준비할 때 고강도 훈련보다 중강도 훈련에서 더 많은 효과를 얻는다는 증거도 있다.

결론적으로 러너가 상황에 맞게 중강도와 고강도 훈련을 균형 있게 배분하는 것이 가장 좋다. 예를 들어 5km 대회를 준비할 경우, 고강도 훈련을 늘리는 것이 효과적이다. 왜냐하면 5km는 보통 빠르게 달리기 때문이다. 그러나 마라톤을 준비하고 있다면, 중강도 러닝 비율을 높이는 것이 가장 효과적이다. 이는 마라톤에서 좋은 결과로 이어지기 때문이다.

법칙 2 : 주기적으로 훈련하라

매주 러닝 능력을 향상시키려 한다면 어떻게 계획을 세워야 할까? 훈련량을 점진적으로 늘리고, 충분한 회복 시간을 가지면서 진행하면 최대 24주 동안은 지속적인 발전이 가능하다. 그러나 그 이후에는 한계에 부딪히게 된다. 이 시점에 훈련량을 더 늘려도 체력은 좋아지지 않고 오히려 피로만 쌓이게 된다. 결국 부상을 입거나, 극심한 피로 누적으로 '과훈련 증후군Overtraining Syndrome'에 빠지게 되어 러닝을 중단할 수밖에 없는 상황이 올 것이다.

인체는 약 24주 이상 연속적으로 훈련량을 증가시키는 것을 감당할 수 없다. 따라서 러너들은 반드시 훈련과 회복을 주기적으로 구성해야 한다. 각 훈련 주기에는 최소 몇 주간의 회복 기간이 필요하다. 이 과정에서 일시적으로 체력이 떨어질 수 있지만, 이후에는 더 높은 기초 체력 수준에서 다시 훈련을 시작할 수 있다. 결과적으로 더 강한 훈련을 소화할 수 있게 되고, 이전보다 높은 수준의 경기력을 발휘할 수 있다.

훈련 주기를 24주에 맞출 필요는 없다. 최적의 훈련 주기는 현재 체력 수준과 목표 레이스 거리에 따라 달라지므로, 상태에 맞춰 유연하게 조정하면 된다.

마라톤처럼 목표 레이스가 길고 현재 체력이 낮다면, 약 24주간 준비하는 것이 이상적이다. 혹은 5km처럼 목표 레이스가 짧고 현재 체력이 충분하다면, 약 6주 정도의 훈련으로도 최상의 체력을 만들 수 있다. 이처럼 효율적인 주기로 훈련하고, 적절한 회복 기간을 가지면 장기적으로 성장할 수 있다.

러닝 실력을 향상시키는 가장 효과적인 방법은 80/20 법칙을 따르는 것이다. 그다음으로 효과적인 방법은 더 많이 달리는 것이다. 훈련 강도의 균형을 맞췄다면, 그 후에는 주간 러닝 거리를 점진적으로 늘려야 한다. 현재 일주일에 3~4회만 달린다면, 6~7회로 목표를 늘려 달리는 것이 좋다. 세계보건기구wHo에 따르면, 최상의 건강을 유지하려면 매일 유산소 운동이 필요하다. 러너라면 이 운동을 달리기로 채우는 것이 자연스럽다. 건강뿐만 아니라 러닝 실력도 함께 향상된다.

주 6~7회 꾸준히 달리게 되었다면, 다음 단계는 한 번의 러닝 시간을 평균 1시간으로 늘리는 것이 좋다. 이 단계에 도달하면 주당 총 6~7시간을 달리게 되는데, 이는 상당히 많은 거리이다. 예를 들어 평균 페이스가 1km당 6분 15초라면, 7시간 훈련 시 약 67km를 달리게 된다. 여기에 주 1회 장거리 훈련을 추가하면, 주간 러닝 거리가 80km 가까이 늘어난다. 그러나 훈련량을 늘릴 때는 조급하게 생각하지 말고, 천천히 진행하는 것이 중요하다. 러닝에 대한 신체의 적응력이 서서히 증가하기 때문에 무리하면 부상의 위험이 커진다. 조심스럽게 진행하는 것이 가장 좋은 방법이며, 오히려 생각하는 것보다 더 천천히 늘리는 것이 바람직하다. 매년 주간 러닝 거리는 16km 이상 늘리지 않는 것이 바람직하다. 비록 속도가 더디게 느껴지더라도, 주당

32km에서 4년 후에는 주당 96km에 도달할 수 있다.

이는 장기적인 관점에서 러닝 능력을 크게 향상시킬 수 있는 안전한 방법이다. 모든 러너는 각자 달릴 수 있는 최대 거리가 있다. 그러나 대부분은 현재의 한계보다 더 많은 훈련량을 소화할 수 있는 잠재력이 있다. 최고의 러너가 되는 것이 궁극적인 목표라면, 현재의 한계가 최종 한계점과 일치될 때까지 점진적으로 훈련량을 늘려야 한다. 이 한계점에 도달하면 훈련량을 늘린다고 실력이 향상되지 않는다. 보통 러너가 이 지점에 도달하려면 오랜 시간이 걸리고 꾸준한 훈련이 필요하다.

엘리트 러너가 아닌 이상 대부분의 사람은 자신의 최대 훈련량을 끝까지 탐색하지 않는다. 취미나 건강 목적으로 즐기는 사람에게는 러닝이 삶의 전부가 아니므로 그만큼의 시간과 노력을 투자하기가 쉽지 않다. 결국 자신에게 맞는 훈련량을 결정해야 한다. 나는 당신이 원하지 않는다면 더 많이 달리라고 강요하지 않을 것이다. 그러나 오늘보다 내일 더 많이 달리라고 설득하고 싶다. 80/20 법칙으로 달리고 나면, 더 많이 달리는 것이 실력 향상을 위한 최고의 선택지라는 걸 알게 될 것이다. 지금 당장 더 많이 달릴 마음이 없어도 괜찮다. 나중에라도 다시 시도할 수 있다는 점을 기억해 두면 좋겠다.

한편 의지의 문제 외에도, 훈련량을 늘리는 데 또 다른 걸림돌은 부상에 대한 두려움이다. 〈12장〉에서는 부상을 줄이는 방법과 보강 운동을 활용하는 전략을 다룰 것이다.

법칙 4 : 검증된 방식으로 훈련하라

엘리트 러너들이 거의 예외 없이 실천하는 특정한 유형의 훈련들이 있다. 이 훈련들은 80/20 법칙과 마찬가지로, 수십 년간 시행착오를 거쳐 최적의 방식으로 자리 잡은 훈련법이다. 반면에 보통 러너들은 이런 유형의 훈련을 포함하지 않는 경우가 더 많다. 따라서 현재 프로그램에 부족한 훈련 유형을 추가하고 각 과정을 올바르게 연습하면, 80/20 법칙을 효과적으로 활용할 수 있고 더 나은 성과로 이어진다.

〈6장〉에서 러닝의 여러 유형을 간단히 언급했지만, 이제 각 훈련을 더 자세히 설명하고 다양한 변형 방식까지 제시할 것이다. 이 매뉴얼을 활용해 자신만의 80/20 러닝 프로그램을 만들 수 있다. 〈8장〉에서 〈11장〉까지 제공하는 훈련 계획을 참고하면 된다. 한 페이지의 공간적인 제약으로, 훈련 이름(예를 들어 '장거리 러닝5')만 표시되어 있으므로, 세부 내용은 〈7장〉에서 확인하면 된다.

러닝 훈련은 크게 세 가지 강도를 기준으로 구분되며, 13개의 유형으로 더 세분화할 수 있다.

① 저강도 훈련(존1~2)

전 구간이 저강도(존1~2)에서 진행된다.

② 중강도 훈련(존3 포함)

최소 한 번의 중강도(존3) 구간 훈련을 포함한다.

③ 고강도 훈련(존4~5)

여러 구간에서 고강도(존4~5) 훈련이 반복된다.

훈련 표에서 제공하는 '강도 분포'를 참고하면, 훈련 프로그램을 만들 때 강도별 시간 비율을 계산하여 80%가 저강도로 유지되는지 확인할 수 있다. 훈련 유형과 강도를 조합하여 주간 훈련을 구성할 때, 저강도 훈련 시간÷총 훈련 시간=0.80, 즉 80%에 가깝게 조정하는 것이 이상적이다. 만약 비율에서 크게 벗어난다면 훈련 내용을 조절해야 한다. 특히 고강도 인터벌 훈련에서는 짧은 회복 구간이 포함되더라도, 전체 인터벌 구간을 고강도에서 보낸 시간으로 계산하는 것이 일반적이다. 스티븐 사일러는 인터벌 훈련의 전체 구간을 고강도로 간주하는 것이 실제 훈련의 피로도와 효과를 반영하는 가장 잘 반영한다고 주장했다.

저강도 러닝

회복 러닝, 기초 러닝, 그리고 장거리 러닝은 모두 존1과 존2의 강도에서만 진행된다.

회복 러닝

회복 러닝은 온전히 존1 강도에서 진행하는 러닝이다. 이 러닝은 고강도 훈련을 마친 후 이어지는 러닝으로, 근육과 피로를 푸는 데 도움을 준다. 회복 러닝은 러닝을 쉬는 대신 가볍게 몸을 풀며 훈련량을 유지하는 방법으로 활용할 수 있다. 최근의 강도 높은 훈련의 회복을 방해하지 않으면서도, 무리하지 않고 훈련 거리를 늘릴 수 있는 효과적인 방법이다.

이름	구성	강도 분포
회복 러닝 1	존1에서 20분 러닝	저강도
회복 러닝 2	존1에서 25분 러닝	저강도
회복 러닝 3	존1에서 30분 러닝	저강도
회복 러닝 4	존1에서 35분 러닝	저강도
회복 러닝 5	존1에서 40분 러닝	저강도
회복 러닝 6	존1에서 45분 러닝	저강도
회복 러닝 7	존1에서 50분 러닝	저강도
회복 러닝 8	존1에서 55분 러닝	저강도
회복 러닝 9	존1에서 60분 러닝	저강도

기초 러닝

기초 러닝은 짧거나 중간 길이의 지속적인 저강도 러닝다. 존1에서 워밍업으로 시작한 다음 존2로 이동하여 일정 시간 유지한다. 다시 존

1로 돌아와 쿨다운으로 마무리한다. 기초 러닝은 효과적인 80/20 훈련의 핵심으로, 저강도의 충분한 달리기를 보장하기 위해 다른 어떤 것보다 많이 의존하고 수행하게 될 운동 유형이다.

이름	구성	강도 분포
기초 러닝 1	존1에서 5분 존2에서 10분 존1에서 5분	저강도 20분
기초 러닝 2	존1에서 5분 존2에서 15분 존1에서 5분	저강도 25분
기초 러닝 3	존1에서 5분 존2에서 20분 존1에서 5분	저강도 30분
기초 러닝 4	존1에서 5분 존2에서 25분 존1에서 5분	저강도 35분
기초 러닝 5	존1에서 5분 존2에서 30분 존1에서 5분	저강도 40분
기초 러닝 6	존1에서 5분 존2에서 35분 존1에서 5분	저강도 45분
기초 러닝 7	존1에서 5분 존2에서 40분 존1에서 5분	저강도 50분
기초 러닝 8	존1에서 5분 존2에서 45분 존1에서 5분	저강도 55분

기초 러닝 9	존1에서 5분	저강도 60분
	존2에서 50분	
	존1에서 5분	

장거리 러닝

장거리 러닝은 기초 러닝을 연장한 형태로, 시간 대신 거리로 측정하는 훈련이다. 나는 임의적으로 장거리 러닝의 최소 거리를 약 9.6km로 설정했다.

대부분의 훈련에서는 시간을 기준으로 설정하는 것이 러너 개개인의 능력 차이를 고려하기에 더 적절하다. 예를 들어 두 명의 러너에게 8km를 달리라고 했을 때, 한 명은 1.6km당 6분 페이스로 달리고 다른 한 명은 1.6km당 10분 페이스로 달렸다고 가정해 보자. 그러면 느린 러너는 약 1시간을 달려야 훈련이 끝나지만, 빠른 러너는 30분 만에 훈련이 끝난다. 이런 경우 거리가 아닌 시간을 기준으로 훈련을 설정하면, 러너마다 공평한 훈련 강도를 유지할 수 있다. 즉 각자의 속도에 맞춰 같은 시간 동안 훈련하고, 빠른 러너는 더 먼 거리를 달리도록 하는 것이 일반적으로 더 적절한 방식이다.

하지만 장거리 러닝은 다르다. 이 훈련의 목적은 특정한 레이스 거리를 완주할 수 있는 지구력을 기르는 것이다. 따라서 모든 러너가 목표 거리를 완주할 수 있도록, 시간보다 거리를 기준으로 훈련을 구성하는 것이 더 적절하다.

이름	구성		강도 분포
장거리 러닝 1 (9.6km)	존1에서 1.6km		저강도 42~72분
	존2에서 7.2km		
	존1에서 0.8km		
장거리 러닝 2 (11.2km)	존1에서 1.6km		저강도 49~84분
	존2에서 8.8km		
	존1에서 0.8km		
장거리 러닝 3 (12.8km)	존1에서 1.6km		저강도 56~96분
	존2에서 10.4km		
	존1에서 0.8km		
장거리 러닝 4 (14.4km)	존1에서 1.6km		저강도 63~108분
	존2에서 12km		
	존1에서 0.8km		
장거리 러닝 5 (16km)	존1에서 1.6km		저강도 70~120분
	존2에서 13.6km		
	존1에서 0.8km		
장거리 러닝 6 (17.6km)	존1에서 1.6km		저강도 77~132분
	존2에서 15.2km		
	존1에서 0.8km		
장거리 러닝 7 (19.2km)	존1에서 1.6km		저강도 84~144분
	존2에서 16.8km		
	존1에서 0.8km		
장거리 러닝 8 (20.9km)	존1에서 1.6km		저강도 91~156분
	존2에서 18.5km		
	존1에서 0.8km		

장거리 러닝 9 (22.4km)	존1에서 1.6km 존2에서 20km 존1에서 0.8km	저강도 98~168분
장거리 러닝 10 (24km)	존1에서 1.6km 존2에서 21.6km 존1에서 0.8km	저강도 105~180분
장거리 러닝 11 (25.7km)	존1에서 1.6km 존2에서 23.3km 존1에서 0.8km	저강도 112~192분
장거리 러닝 12 (27.4km)	존1에서 1.6km 존2에서 25km 존1에서 0.8km	저강도 119~204분
장거리 러닝 13 (29km)	존1에서 1.6km 존2에서 26.5km 존1에서 0.8km	저강도 126~216분
장거리 러닝 14 (30.4km)	존1에서 1.6km 존2에서 28km 존1에서 0.8km	저강도 133~228분
장거리 러닝 15 (32km)	존1에서 1.6km 존2에서 30km 존1에서 0.8km	저강도 140~240분

중강도 러닝

빌드업 마무리 러닝, 템포 러닝, 스피드 변화를 포함한 장거리 러닝

195

은 모두 존3 강도를 포함하는 훈련이다. 이러한 훈련은 러닝 거리 증가에 집중하는 단계나 회복 주간 동안 중강도 훈련을 적절히 유지하는 데 효과적이다.

빌드업 마무리 러닝

빌드업 마무리 러닝은 기초 러닝의 마지막 구간에서 비교적 짧은 시간 동안 존3 강도로 페이스를 올려 마무리하는 훈련이다. 이 훈련은 러닝 거리를 늘리려고 집중하는 시기에 중강도 훈련을 적절히 포함하는 효과적인 방법이다. 또한 회복 주간에도 최소한의 중강도 훈련을 유지하는 데 도움을 준다.

이름	구성	강도 분포
빌드업 마무리 러닝 1 (총 25분)	존1에서 5분 존2에서 15분 존3에서 5분	저강도 20분 중강도 5분
빌드업 마무리 러닝 2 (총 30분)	존1에서 5분 존2에서 20분 존3에서 5분	저강도 25분 중강도 5분
빌드업 마무리 러닝 3 (총 35분)	존1에서 5분 존2에서 20분 존3에서 10분	저강도 25분 중강도 10분
빌드업 마무리 러닝 4 (총 40분)	존1에서 5분 존2에서 25분 존3에서 10분	저강도 30분 중강도 10분

빌드업 마무리 러닝 5 (총 42분)	존1에서 5분 존2에서 25분 존3에서 12분	저강도 30분 중강도 12분
빌드업 마무리 러닝 6 (총 47분)	존1에서 5분 존2에서 30분 존3에서 12분	저강도 35분 중강도 12분
빌드업 마무리 러닝 7 (총 52분)	존1에서 5분 존2에서 35분 존3에서 12분	저강도 40분 중강도 12분
빌드업 마무리 러닝 8 (총 55분)	존1에서 5분 존2에서 35분 존3에서 15분	저강도 40분 중강도 15분
빌드업 마무리 러닝 9 (총 60분)	존1에서 5분 존2에서 40분 존3에서 15분	저강도 45분 중강도 15분
빌드업 마무리 러닝 10 (총 65분)	존1에서 5분 존2에서 45분 존3에서 15분	저강도 50분 중강도 15분

템포 러닝(지속주)

템포 러닝은 워밍업과 쿨다운 사이의 존3 강도에서 지속적으로 달리는 훈련이다. 이 훈련은 상대적으로 빠른 속도를 오랫동안 유지하는 능력을 향상시키는 데 매우 효과적이다. 5km부터 마라톤까지 모든 거리의 레이스를 준비하는 최상의 훈련 단계에서 중요한 역할을 한다.

이름	구성	강도 분포
템포 러닝 1 (총 35분)	존1에서 5분 존2에서 5분 존3에서 15분 존2에서 5분 존1에서 5분	저강도 20분 중강도 15분
템포 러닝 2 (총 38분)	존1에서 5분 존2에서 5분 존3에서 18분 존2에서 5분 존1에서 5분	저강도 20분 중강도 18분
템포 러닝 3 (총 40분)	존1에서 5분 존2에서 5분 존3에서 20분 존2에서 5분 존1에서 5분	저강도 20분 중강도 20분
템포 러닝 4 (총 44분)	존1에서 5분 존2에서 5분 존3에서 24분 존2에서 5분 존1에서 5분	저강도 20분 중강도 24분
템포 러닝 5 (총 48분)	존1에서 5분 존2에서 5분 존3에서 28분 존2에서 5분 존1에서 5분	저강도 20분 중강도 28분
템포 러닝 6 (총 50분)	존1에서 5분 존2에서 5분 존3에서 30분 존2에서 5분 존1에서 5분	저강도 20분 중강도 30분

템포 러닝 7 (총 52분)	존1에서 5분 존2에서 5분 존3에서 32분 존2에서 5분 존1에서 5분	저강도 20분 중강도 32분
템포 러닝 8 (총 56분)	존1에서 5분 존2에서 5분 존3에서 36분 존2에서 5분 존1에서 5분	저강도 20분 중강도 36분
템포 러닝 9 (총 60분)	존1에서 5분 존2에서 5분 존3에서 40분 존2에서 5분 존1에서 5분	저강도 20분 중강도 40분
템포 러닝 10 (총 65분)	존1에서 5분 존2에서 5분 존3에서 45분 존2에서 5분 존1에서 5분	저강도 20분 중강도 45분

템포 인터벌 러닝

템포 인터벌 러닝은 존3 강도로 진행하는 장거리 인터벌을 여러 번 반복하고, 그 사이에 존1에서 회복 구간을 포함하는 훈련이다. 이 훈련은 템포 러닝과 유사한 효과가 있지만, 중강도 훈련을 여러 구간으로 나누어 수행할 수 있어 총 훈련량을 더 늘릴 수 있는 장점이 있다.

이름	구성	강도 분포
템포 인터벌 러닝 1 (총 52분)	존 1에서 5분 존 2에서 5분 (존 3에서 5분 + 존 1에서 3분) × 4세트 존 2에서 5분 존 1에서 5분	저강도 20분 중강도 32분
템포 인터벌 러닝 2 (총 64분)	존 1에서 5분 존 2에서 5분 (존 3에서 8분 + 존 1에서 3분) × 4세트 존 2에서 5분 존 1에서 5분	저강도 20분 중강도 44분
템포 인터벌 러닝 3 (총 72분)	존 1에서 5분 존 2에서 5분 (존 3에서 10분 + 존 1에서 3분) × 4세트 존 2에서 5분 존 1에서 5분	저강도 20분 중강도 52분
템포 인터벌 러닝 4 (총 80분)	존 1에서 5분 존 2에서 5분 (존 3에서 12분 + 존 1에서 3분) × 4세트 존 2에서 5분 존 1에서 5분	저강도 20분 중강도 60분
템포 인터벌 러닝 5 (총 92분)	존 1에서 5분 존 2에서 5분 (존 3에서 15분 + 존 1에서 3분) × 4세트 존 2에서 5분 존 1에서 5분	저강도 20분 중강도 72분

변속 질주 장거리 러닝

변속 질주 장거리 러닝은 대부분 저강도로 진행되지만, 중간중간 짧게 존3 강도로 속도를 높이는 구간이 포함된 지구력 훈련이다. 전체 훈련의 후반부쯤, 기본적인 지구력을 충분히 갖춘 상태에서 수행하면 효과적이다. 즉 목표 레이스를 대비해 최장 거리의 장거리 러닝을 먼저 완료한 후 진행하는 것이 이상적이다.

존3 구간을 추가함으로써 순수 저강도 장거리 러닝만으로는 얻기 어려운 피로 저항 능력을 향상시킬 수 있다. 또한 다른 장거리 러닝과 마찬가지로 시간 기준이 아닌 거리 기준으로 측정되며, 완주를 목표로 한다.

이름	구성	강도 분포
변속 질주 장거리 러닝 1 (총 16km)	존 1에서 0.8km 존 2에서 1.6km (존 3에서 0.4km + 존 2에서 1.2km) × 8세트 존 1에서 0.8km	저강도 56~96분 중강도 12~20분
변속 질주 장거리 러닝 2 (총 19km)	존 1에서 0.8km 존 2에서 1.6km (존 3에서 0.4km + 존 2에서 1.2km) × 10세트 존 1에서 0.8km	저강도 65~111분 중강도 15~25분
변속 질주 장거리 러닝 3 (총 22.5km)	존 1에서 0.8km 존 2에서 1.6km (존 3에서 0.4km + 존 2에서 1.2km) × 12세트 존 1에서 0.8km	저강도 74~126분 중강도 18~30분
변속 질주 장거리 러닝 4 (총 25.5km)	존 1에서 0.8km 존 2에서 1.6km (존 3에서 0.4km + 존 2에서 1.2km) × 14세트 존 1에서 0.8km	저강도 83~141분 중강도 21~35분
변속 질주 장거리 러닝 5 (총 29km)	존 1에서 0.8km 존 2에서 1.6km (존 3에서 0.4km + 존 2에서 1.2km) × 16세트 존 1에서 0.8km	저강도 92~156분 중강도 24~40분
변속 질주 장거리 러닝 6 (총 32km)	존 1에서 0.8km 존 2에서 1.6km (존 3에서 0.4km + 존 2에서 1.2km) × 18세트 존 1에서 0.8km	저강도 101~171분 중강도 27~45분

빌드업 마무리 장거리 러닝

빌드업 마무리 장거리 러닝은 대부분 저강도로 진행되다가, 마지막 구간에서 비교적 짧은 중강도 러닝을 추가하는 훈련이다. 이 훈련은 변속 질주 장거리 러닝과 마찬가지로, 훈련 후반부에 피로 저항력을 더욱 향상시키는 역할을 한다. 특히 기본적인 지구력을 충분히 갖춘 후, 다음 레이스에서 완주할 수 있는 체력을 강화하는 데 효과적이다. 또한 다른 장거리 러닝과 동일하게 거리 기준으로 측정되며, 완주를 목표로 한다.

이름	구성	강도 분포
빌드업 마무리 장거리 러닝 1 (총 16km)	존 1에서 0.8km 존 2에서 13.6km 존 3에서 1.6km	저강도 63~90분 중강도 6~9분
빌드업 마무리 장거리 러닝 2 (총 19km)	존 1에서 0.8km 존 2에서 16.8km 존 3에서 1.6km	저강도 77~110분 중강도 6~9분
빌드업 마무리 장거리 러닝 3 (총 22.5km)	존 1에서 0.8km 존 2에서 19.2km 존 3에서 2.4km	저강도 87~125분 중강도 10~17분
빌드업 마무리 장거리 러닝 4 (총 25.5km)	존 1에서 0.8km 존 2에서 22.4km 존 3에서 2.4km	저강도 101~145분 중강도 10~17분
빌드업 마무리 장거리 러닝 5 (총 29km)	존 1에서 0.8km 존 2에서 24.8km 존 3에서 3.2km	저강도 112~160분 중강도 14~18분
빌드업 마무리 장거리 러닝 6 (총 32km)	존 1에서 0.8km 존 2에서 28km 존 3에서 3.2km	저강도 126~180분 중강도 14~18분

고강도 러닝

변속 질주 러닝, 언덕 반복 러닝, 그리고 단거리 인터벌, 장거리 인터벌, 복합 인터벌을 포함한 러닝은 모두 존4와 존5에서의 고강도 훈련을 포함한다.

변속 질주 러닝

변속 질주 러닝은 기초 러닝과 인터벌 러닝의 특징을 결합한 훈련이다. 기초 러닝처럼 대부분 존2에서 진행되지만, 간헐적으로 짧은 고강도 질주 구간이 포함되는 점이 인터벌 러닝과 유사하다. 다만 일반적인 인터벌 러닝보다 강도가 낮아 덜 힘들며, 트랙 대신에 도로나 트레일에서 진행되는 경우가 많다. 초기 훈련 단계에서 전체 훈련량을 늘리는 것이 목표일 때, 무리하지 않으면서 고강도 러닝을 포함하는 방법으로 유용하다. 또한 회복 주간에 인터벌 러닝을 대체할 수 있는 가벼운 고강도 훈련으로 활용되기도 한다.

이름	구성	강도 분포
변속 질주 러닝 1 (총 27분)	존 1에서 5분 존 2에서 5분 (존 4에서 2분 + 존 1에서 2분) × 3세트 존 1에서 5분	저강도 15분 고강도 12분
변속 질주 러닝 2 (총 30분)	존 1에서 5분 존 2에서 5분 (존 5에서 1분 + 존 1에서 2분) × 5세트 존 1에서 5분	저강도 15분 고강도 15분

변속 질주 러닝 3 (총 31분)	존 1에서 5분 존 2에서 5분 (존 4에서 2분 + 존 1에서 2분) × 4세트 존 1에서 5분	저강도 15분 고강도 16분
변속 질주 러닝 4 (총 33분)	존 1에서 5분 존 2에서 5분 (존 5에서 1분 + 존 1에서 2분) × 6세트 존 1에서 5분	저강도 15분 고강도 18분
변속 질주 러닝 5 (총 35분)	존 1에서 5분 존 2에서 5분 (존 4에서 2분 + 존 1에서 2분) × 5세트 존 1에서 5분	저강도 15분 고강도 20분
변속 질주 러닝 6 (총 36분)	존 1에서 5분 존 2에서 5분 (존 5에서 1분 + 존 1에서 2분) × 7세트 존 1에서 5분	저강도 15분 고강도 21분
변속 질주 러닝 7 (총 39분)	존 1에서 5분 존 2에서 5분 (존 4에서 2분 + 존 1에서 2분) × 6세트 존 1에서 5분	저강도 15분 고강도 24분
변속 질주 러닝 8 (총 39분)	존 1에서 5분 존 2에서 5분 (존 5에서 1분 + 존 1에서 2분) × 8세트 존 1에서 5분	저강도 15분 고강도 24분
변속 질주 러닝 9 (총 42분)	존 1에서 5분 존 2에서 5분 (존 5에서 1분 + 존 1에서 2분) × 9세트 존 1에서 5분	저강도 15분 고강도 27분
변속 질주 러닝 10 (총 43분)	존 1에서 5분 존 2에서 5분 (존 4에서 2분 + 존 1에서 2분) × 7세트 존 1에서 5분	저강도 15분 고강도 28분
변속 질주 러닝 11 (총 45분)	존 1에서 5분 존 2에서 5분 (존 5에서 1분 + 존 1에서 2분) × 10세트 존 1에서 5분	저강도 15분 고강도 30분

변속 질주 러닝 12 (총 47분)	존 1에서 5분 존 2에서 5분 (존 4에서 2분 + 존 1에서 2분) × 8세트 존 1에서 5분	저강도 15분 고강도 32분
변속 질주 러닝 13 (총 51분)	존 1에서 5분 존 2에서 5분 (존 4에서 2분 + 존 1에서 2분) × 9세트 존 1에서 5분	저강도 15분 고강도 36분
변속 질주 러닝 14 (총 51분)	존 1에서 5분 존 2에서 5분 (존 5에서 1분 + 존 1에서 2분) × 12세트 존 1에서 5분	저강도 15분 고강도 36분

언덕 반복 러닝

언덕 반복 러닝은 짧은 거리의 오르막 인터벌 러닝으로, 존5 강도로 진행되는 구간이 포함된다. 인터벌 러닝과 마찬가지로 유산소 능력을 향상시키고, 고강도 훈련에 대한 피로 저항력을 높이며, 러닝 효율성을 개선하는 효과가 있다. 게다가 오르막에서는 착지 충격이 줄어들어 다리에 가해지는 부담이 적다는 장점이 있다. 이러한 특징 덕분에 언덕 반복 러닝은 기본 훈련과 최고 강도 훈련을 연결하는 단계로 적절하며, 체력을 단계적으로 끌어올리는 데 효과적이다.

이름	구성	강도 분포
언덕 반복 러닝 1 (총 27분)	존 1에서 5분 존 2에서 5분 (존 5에서 30초 언덕 + 존 1에서 90초) × 6세트 존 1에서 5분	저강도 15분 고강도 12분

언덕 반복 러닝 2 (총 31분)	존 1에서 5분 존 2에서 5분 (존 5에서 30초 언덕 + 존 1에서 90초) × 8세트 존 1에서 5분	저강도 15분 고강도 16분
언덕 반복 러닝 3 (총 33분)	존 1에서 5분 존 2에서 5분 (존 5에서 1분 언덕 + 존 1에서 2분) × 6세트 존 1에서 5분	저강도 15분 고강도 18분
언덕 반복 러닝 4 (총 35분)	존 1에서 5분 존 2에서 5분 (존 5에서 30초 언덕 + 존 1에서 90초) × 10세트 존 1에서 5분	저강도 15분 고강도 20분
언덕 반복 러닝 5 (총 39분)	존 1에서 5분 존 2에서 5분 (존 5에서 30초 언덕 + 존 1에서 90초) × 12세트 존 1에서 5분	저강도 15분 고강도 24분
언덕 반복 러닝 6 (총 39분)	존 1에서 5분 존 2에서 5분 (존 5에서 1분 언덕 + 존 1에서 2분) × 8세트 존 1에서 5분	저강도 15분 고강도 24분
언덕 반복 러닝 7 (총 39분)	존 1에서 5분 존 2에서 5분 (존 5에서 1.5분 언덕 + 존 1에서 2.5분) × 6세트 존 1에서 5분	저강도 15분 고강도 24분
언덕 반복 러닝 8 (총 45분)	존 1에서 5분 존 2에서 5분 (존 5에서 1분 언덕 + 존 1에서 2분) × 10세트 존 1에서 5분	저강도 15분 고강도 30분
언덕 반복 러닝 9 (총 47분)	존 1에서 5분 존 2에서 5분 (존 5에서 1.5분 언덕 + 존 1에서 2.5분) × 8세트 존 1에서 5분	저강도 15분 고강도 32분
언덕 반복 러닝 10 (총 51분)	존 1에서 5분 존 2에서 5분 (존 5에서 1분 언덕 + 존 1에서 2분) × 12세트 존 1에서 5분	저강도 15분 고강도 36분
언덕 반복 러닝 11 (총 55분)	존 1에서 5분 존 2에서 5분 (존 5에서 1.5분 언덕 + 존 1에서 2.5분) × 10세트 존 1에서 5분	저강도 15분 고강도 40분

	존 1에서 5분 존 2에서 5분	
언덕 반복 러닝 12 (총 63분)	(존 5에서 1.5분 언덕 + 존 1에서 2.5분) × 12세트	저강도 15분 고강도 48분
	존 1에서 5분	

단거리 인터벌 러닝

단거리 인터벌 러닝은 60~90초 동안 존5 강도로 달리는 구간을 반복하며, 각 구간 사이에는 존1에서의 가벼운 조깅을 추가해 회복하는 방식으로 진행된다. 이 훈련은 유산소 능력을 향상시키고, 고강도 훈련에 대한 피로 저항력을 높이며, 러닝 효율성을 개선하는 데 효과적이다.

이름	구성	강도 분포
단거리 인터벌 러닝 1 (총 33분)	존 1에서 5분 존 2에서 5분 (존 5에서 1분 + 존 1에서 2분) × 6세트 존 1에서 5분	저강도 15분 고강도 18분
단거리 인터벌 러닝 2 (총 39분)	존 1에서 5분 존 2에서 5분 (존 5에서 1분 + 존 1에서 2분) × 8세트 존 1에서 5분	저강도 15분 고강도 24분
단거리 인터벌 러닝 3 (총 39분)	존 1에서 5분 존 2에서 5분 (존 5에서 1.5분 + 존 1에서 2.5분) × 6세트 존 1에서 5분	저강도 15분 고강도 24분
단거리 인터벌 러닝 4 (총 45분)	존 1에서 5분 존 2에서 5분 (존 5에서 1분 + 존 1에서 2분) × 10세트 존 1에서 5분	저강도 15분 고강도 30분
단거리 인터벌 러닝 5 (총 47분)	존 1에서 5분 존 2에서 5분 (존 5에서 1.5분 + 존 1에서 2.5분) × 8세트 존 1에서 5분	저강도 15분 고강도 32분

단거리 인터벌 러닝 6 (총 51분)	존 1에서 5분 존 2에서 5분 (존 5에서 1분 + 존 1에서 2분) × 12세트 존 1에서 5분	저강도 15분 고강도 36분
단거리 인터벌 러닝 7 (총 55분)	존 1에서 5분 존 2에서 5분 (존 5에서 1.5분 + 존 1에서 2.5분) × 10세트 존 1에서 5분	저강도 15분 고강도 40분
단거리 인터벌 러닝 8 (총 63분)	존 1에서 5분 존 2에서 5분 (존 5에서 1.5분 + 존 1에서 2.5분) × 12세트 존 1에서 5분	저강도 15분 고강도 48분

장거리 인터벌 러닝

장거리 인터벌 러닝은 존4에서 3~5분 동안 반복하여 달리는 고강도 훈련이다. 이 훈련은 고강도 훈련에서의 피로 저항력을 극대화하는 데 효과적이다.

이름	구성	강도 분포
장거리 인터벌 러닝 1 (총 30분)	존 1에서 5분 존 2에서 5분 (존 4에서 3분 + 존 1에서 2분) × 3세트 존 1에서 5분	저강도 15분 고강도 15분
장거리 인터벌 러닝 2 (총 35분)	존 1에서 5분 존 2에서 5분 (존 4에서 3분 + 존 1에서 2분) × 4세트 존 1에서 5분	저강도 15분 고강도 20분
장거리 인터벌 러닝 3 (총 39분)	존 1에서 5분 존 2에서 5분 (존 4에서 5분 + 존 1에서 3분) × 3세트 존 1에서 5분	저강도 15분 고강도 24분
장거리 인터벌 러닝 4 (총 40분)	존 1에서 5분 존 2에서 5분 (존 4에서 3분 + 존 1에서 2분) × 5세트 존 1에서 5분	저강도 15분 고강도 25분

장거리 인터벌 러닝 5 (총 45분)	존 1에서 5분 존 2에서 5분 (존 4에서 3분 + 존 1에서 2분) × 6세트 존 1에서 5분	저강도 15분 고강도 30분
장거리 인터벌 러닝 6 (총 47분)	존 1에서 5분 존 2에서 5분 (존 4에서 5분 + 존 1에서 3분) × 4세트 존 1에서 5분	저강도 15분 고강도 32분
장거리 인터벌 러닝 7 (총 55분)	존 1에서 5분 존 2에서 5분 (존 4에서 5분 + 존 1에서 3분) × 5세트 존 1에서 5분	저강도 15분 고강도 40분
장거리 인터벌 러닝 8 (총 63분)	존 1에서 5분 존 2에서 5분 (존 4에서 5분 + 존 1에서 3분) × 6세트 존 1에서 5분	저강도 15분 고강도 48분
장거리 인터벌 러닝 9 (총 71분)	존 1에서 5분 존 2에서 5분 (존 4에서 5분 + 존 1에서 3분) × 7세트 존 1에서 5분	저강도 15분 고강도 56분
장거리 인터벌 러닝 10 (총 79분)	존 1에서 5분 존 2에서 5분 (존 4에서 5분 + 존 1에서 3분) × 8세트 존 1에서 5분	저강도 15분 고강도 64분

복합 인터벌 러닝

복합 인터벌 러닝은 기본 체력을 충분히 다진 후, 경기 감각을 최적화하기 위한 훈련이다. 이 훈련은 존3, 존4, 존5 강도를 모두 포함하며, 강도별 훈련을 통해 쌓아온 체력을 유지하고 최대한 활용할 수 있도록 돕는다.

이름	구성	강도 분포
복합 인터벌 러닝 1 (총 36분)	존 1에서 5분 존 2에서 5분 존 5에서 1분 존 1에서 2분 존 4에서 3분 존 1에서 2분 존 3에서 5분 존 1에서 2분 존 4에서 3분 존 1에서 2분 존 5에서 1분 존 1에서 5분	저강도 15분 중·고강도 21분
복합 인터벌 러닝 2 (총 46분)	존 1에서 5분 존 2에서 5분 존 5에서 1.5분 존 1에서 2분 존 4에서 5분 존 1에서 2분 존 3에서 10분 존 1에서 2분 존 4에서 5분 존 1에서 2분 존 5에서 1.5분 존 1에서 5분	저강도 15분 중·고강도 31분
복합 인터벌 러닝 3 (총 59분)	존 1에서 5분 존 2에서 5분 (존 5에서 1분 + 존 1에서 2분) × 2세트 (존 4에서 3분 + 존 1에서 2분) × 2세트 존 3에서 10분 존 1에서 2분 (존 4에서 3분 + 존 1에서 2분) × 2세트 (존 5에서 1분 + 존 1에서 2분) × 2세트 존 1에서 5분	저강도 15분 중·고강도 44분
복합 인터벌 러닝 4 (총 71분)	존 1에서 5분 존 2에서 5분 (존 5에서 1.5분 + 존 1에서 2.5분) × 2세트 (존 4에서 5분 + 존 1에서 2분) × 2세트 존 3에서 10분 존 1에서 2분 (존 5에서 1.5분 + 존 1에서 2분) × 2세트 (존 4에서 5분 + 존 1에서 2분) × 2세트 존 1에서 5분	저강도 15분 중·고강도 56분

미국 오리건대학교의 코치인 빌 델린저와 빌 바워먼이 개발한 '강약 조절 원칙'은, 러닝 프로그램에서 고강도 훈련을 연달아 배치하지 않고, 가벼운 훈련을 사이에 두어 균형을 유지하는 것이 중요하다는 개념이다. 이 원칙은 너무 당연한 개념이어서, 굳이 누군가가 발견해야 했다는 사실이 놀라울 정도다. 어쨌든 현재 대부분 엘리트 러너들은 보편적으로 실천하고 있으며, 이를 바탕으로 주간 훈련 일정을 구성한다.

7일 주기로 반복되는 훈련 일정을 '마이크로사이클microcycle'이라고 한다. 보통 3일의 고강도 훈련이 포함되며, 그 사이에는 최소 하루의 가벼운 저강도 훈련이 들어간다. 이 중 2일은 중강도 또는 고강도 러닝으로, 나머지 하루는 저강도 위주의 장거리 훈련으로 구성된다. 아래는 러너들을 지도할 때 가장 많이 사용하는 마이크로사이클 훈련 계획표다. 이 사이클은 〈9장〉에서 〈12장〉에 나오는 모든 훈련 계획에 적용되었으며, 색칠된 부분이 고강도 훈련을 나타낸다.

월요일	화요일	수요일	목요일	금요일	토요일	일요일
가벼운 러닝 또는 휴식	중강도 또는 고강도 러닝	가벼운 러닝	가벼운 러닝	중강도 또는 고강도 러닝	가벼운 러닝	장거리 러닝

단계별 훈련 주기는 일정 기간 훈련 강도를 점진적으로 높인 뒤, 회복 주간을 가지고 체력을 보충하는 방식이다. 여러 주에 걸쳐 진행하며, 주마다 의도적으로 러닝 강도를 다르게 조절해 몸이 점진적으로 적응할 수 있도록 돕는다. 매주 훈련 강도를 조금씩 높이다가, 마지막 주에는 훈련량을 줄여 회복을 촉진하고 다음 단계의 고강도 훈련을 준비한다.

보통 훈련 강도의 비율을 바꾸는 것이 아니라 전체적인 훈련량, 즉 러닝 거기를 늘리거나 줄이는 방식으로 진행한다. 예를 들어 어떤 주기의 가장 높은 훈련량이 총 61km(80/20 강도 비율)라면, 회복 주간에서는 총 50km(80/20 강도 비율)로 조절하는 것이다. 즉 주간 훈련 거리만 줄이고 80/20의 강도 비율은 유지한다.

3주 차 훈련 주기	4주 차 훈련 주기
1주 차 : 32km 2주 차 : 38km 3주 차 : 25km(회복 주간)	1주 차 : 96km 2주 차 : 103km 3주 차 : 109km 4주 차 : 80km(회복 주간)

보통 3주 혹은 4주의 훈련 주기 사이클을 가장 많이 사용한다. 4주 주기는 피로가 많이 누적되지 않는 러너에게 적합하다. 3주 주기는 강

212

도 높은 훈련을 하는 러너와 회복이 더 필요한 연령대의 러너에게 유리하다. 일반적으로 사이클 주기가 짧을수록 회복할 수 있는 기회가 더 자주 오기 때문이다.

〈9장〉에서 〈12장〉에 나오는 모든 훈련 계획은 3주 주기를 기반으로 한다. 앞의 표는 3주와 4주 훈련 주기를 기반으로 한 훈련량 조절에 대한 예시이다.

훈련 계획에서 가장 중요한 것은 방향성이다. 잘 설계된 훈련 계획은 시간이 지날수록 목표한 대회에 출전할 수 있는 상태에 이른다. 즉 처음보다 나중에 더 강하고 빠르게 달릴 수 있도록 훈련 강도를 단계적으로 높여야 한다. 훈련을 체계적으로 쌓아가며 점점 더 높은 수준으로 발전시키는 방법에는 크게 두 가지가 있다.

첫 번째는 훈련 강도를 점점 높이는 것이다. 훈련을 할수록 러닝 거리, 시간, 인터벌 횟수 등을 조금씩 늘려야 한다. 갑자기 강도를 높이면 부상의 위험이 있으므로 체력이 적응할 수 있도록 점진적으로 조절하는 것이 중요하다. 예를 들어 주간 러닝 거리를 조금씩 늘리고, 인터벌 훈련의 반복 횟수를 늘리는 방식이 이에 해당한다.

두 번째 방법은 목표한 대회에 맞게 훈련해야 한다. 대회마다 요구하는 강도가 조금씩 다르기 때문에, 훈련 후반부에는 실제 대회처럼 훈련해야 한다. 예를 들어 5km 대회는 스피드 유지가 중요하고, 하프 마라톤은 장거리에서 일정한 페이스를 유지하는 능력과 지구력이 핵심이다. 따라서 출전할 대회의 특성에 맞춰 후반부 훈련을 조정하는 것이 중요하다.

훈련 초기의 단계에서 중요한 목표 중 하나는, 대회 특화 훈련을 대비해 기초 체력 훈련을 하는 것이다. 즉 기초 체력 훈련, 준비 단계, 대회 맞춤 훈련 순서로 진행된다. 이 과정을 잘 따라가면 출전할 경기 특성에 맞춰 최상의 컨디션을 유지할 수 있다.

다음은 대표적인 대회 거리(5km, 10km, 하프 마라톤, 마라톤)별 대회 맞춤 훈련, 준비 단계 훈련, 기초 체력 훈련의 예시이다.

거리	5km	10km	하프 마라톤	마라톤
경기 맞춤 훈련	인터벌 러닝 4 (총 40분, 존 4에서 3분간 5회 반복)	템포 러닝3 (총 40분, 존 3에서 20분 지속)	변속 질주 장거리 러닝 2 (총 19km, 존 3에서 400m씩 10회 반복)	빌드업 마무리 장거리 러닝 4 (존 3에서 2.5km 러닝)
준비 단계 훈련	변속 질주 러닝 5 (총 35분, 존 4에서 2분씩 5회 반복)		장거리 러닝 7 (총 19km)	
기초 체력 훈련	점진적으로 러닝 거리를 증가시키며, 85~90% 저강도 훈련 유지			

이제 시작할 준비가 되었다!

이제 80/20 러닝 프로그램을 직접 설계하고 실행하는 데 필요한 모든 것을 알게 되었다. 만약 아직 계획을 세울 준비가 되지 않았다면, 〈8장〉에서 〈11장〉까지 제공된 훈련 계획을 먼저 따라해 보자. 그런 다음 이 계획을 활용하여 자신만의 맞춤 훈련 계획을 구성하면 된다.

80/20 훈련 계획 : 5km

5km 레이스는 강도가 높은 달리기다. 기록이 30분이든 15분이든 결승선에 도달하기도 전에 심박수가 존4나 존5에 도달할 가능성이 크다. 하지만 그렇다고 해서 5km 훈련의 대부분을 고강도로 진행해야 하는 것은 아니다. 80/20 법칙은 모든 거리의 레이스 훈련에 동일하게 적용된다.

그러나 모든 레이스 훈련이 같은 방식으로 이루어져야 한다는 의미는 아니다. 5km 레이스를 준비할 때, 전체 훈련 시간 중 20%를 차지하는 중·고강도 훈련은 장거리 레이스 훈련과는 다르게 배분해야 한다. 특히 5km 훈련에서는 고강도 운동의 비중을 높이고, 중강도 운동의 비중을 줄이는 것이 중요하다. 〈8장〉에서 소개하는 세 가지 훈련 계획 역시 이러한 원칙을 반영하고 있다.

훈련 계획은 총 9주 과정으로 진행된다. 첫 3주는 기초 체력을 다지는 단계, 이후 5주는 경기력 극대화(피크) 단계, 마지막 1주는 컨디션 조절(테이퍼링) 단계로 구성된다. 또한 3주마다 회복 주간이 돌아오며, 이는 표에서 음영으로 표시되어 있다.

다섯 가지 훈련 강도 구역(존5)에 대한 설명은 〈6장〉, 각 훈련 유형에 대한 세부 사항은 〈7장〉, 보강 운동(크로스 트레이닝)에 대한 가이드는 〈12장〉에서 확인할 수 있다.

표의 맨 오른쪽 열은 매주 전체 훈련 시간 중 저강도(L)와 중·고강도(M·H) 비율을 나타낸다. 기초 훈련 단계에서는 이 비율이 80/20보다는 90/10에 가까운 경우가 많다. 이는 기초 훈련의 핵심 목표가 훈련량 증가이며, 이 시기에는 빠른 속도의 러닝을 줄여 거리 증가로 인한 부담을 최소화하는 것이 효율을 높이기 때문이다. 또한 각 훈련 계획에서 마지막 주간의 레이스 강도 비율에는 실제 레이스가 포함되지 않는 점을 참고해야 한다.

5km 입문 단계 훈련 계획은 대회를 처음 도전하는 초보 러너나 훈련량이 적은 프로그램을 선호하는 경험 있는 러너에게 적합하다. 이 훈련 계획을 충실히 따른다면, 첫 5km 레이스에서 무리 없이 완주할 수 있는 기초 체력을 완성할 수 있다. 훈련을 시작하기 전 다음 사항을 체크해 보자.

- 주 3회 이상 꾸준히 달릴 수 있어야 한다.
- 주 6회 유산소 운동을 수행할 수 있는 기초체력을 길러야 한다.
- 총 훈련량은 1주 차에 2시간 10분으로 시작해, 8주 차에는 3시간 52분까지 점진적으로 증가한다.

　　훈련 과정은 기초 단계 → 핵심 단계 → 조정 단계로 이뤄진다.

- 기초 단계 : 저강도 훈련을 중심으로 기초체력을 다지는 기간
- 핵심 단계 : 강도를 증가시켜 체력과 속도를 극대화하는 본격적인 훈련 기간
- 조정 단계 : 대회를 앞두고 훈련량을 줄여 컨디션을 최적화하는 시기

요일 주	월요일	화요일	수요일	목요일	금요일	토요일	일요일	강도 비율

기초 단계 (Basic Phase)

요일 주	월요일	화요일	수요일	목요일	금요일	토요일	일요일	강도 비율
1주		기초 러닝1	보강 운동 20:00	변속 질주 러닝1	보강 운동 20:00	기초 러닝2	보강 운동 20:00	저강도 91% 중·고강도 9%
2주		빌드업 마무리 러닝 1	기초 러닝2와 보강 운동	기초 러닝2와 보강 운동	변속 질주 러닝 2	기초 러닝2와 보강 운동	기초 러닝3	저강도 87% 중·고강도 13%
3주		빌드업 마무리 러닝 1	기초 러닝2와 보강 운동	기초 러닝2와 보강 운동	변속 질주 러닝1	기초 러닝2와 보강 운동	기초 러닝3	저강도 89% 중·고강도 11%

핵심 단계 (Peak Phase)

요일 주	월요일	화요일	수요일	목요일	금요일	토요일	일요일	강도 비율
4주		변속 질주 러닝 2	기초 러닝3과 보강 운동	기초 러닝3과 보강 운동	언덕 반복 러닝1	회복 러닝3과 보강 운동	빌드업 마무리 러닝 2	저강도 82% 중·고강도 18%
5주		변속 질주 러닝 3	기초 러닝4와 보강 운동	기초 러닝4와 보강 운동	언덕 반복 러닝2	회복 러닝4와 보강 운동	빌드업 마무리 러닝 3	저강도 79% 중·고강도 21%
6주		변속 질주 러닝 2	기초 러닝3과 보강 운동	기초 러닝3과 보강 운동	언덕 반복 러닝1	회복 러닝3과 보강 운동	빌드업 마무리 러닝 2	저강도 82% 중·고강도 18%
7주		변속 질주 러닝 4	회복 러닝 4와 보강 운동	회복 러닝 4와 보강 운동	장거리 인터벌 러닝1	회복 러닝 4와 보강 운동	빌드업 마무리 러닝 4	저강도 79% 중·고강도 21%
8주		변속 질주 러닝5	회복 러닝 5와 보강 운동	회복 러닝 5와 보강 운동	장거리 인터벌 러닝2	회복 러닝 5와 보강 운동	빌드업 마무리 러닝 5	저강도 78% 중·고강도 22%

조정 단계 (Taper Phase)

요일 주	월요일	화요일	수요일	목요일	금요일	토요일	일요일	강도 비율
9주		장거리 인터벌 러닝1	회복 러닝 3과 보강 운동	기초 러닝3과 보강 운동	변속 질주 러닝1	회복 러닝 1과 보강 운동	5km 대회	저강도 75% 중·고강도 25%

중급 단계 훈련 계획은 5km 기록 향상을 목표로, 훈련 강도를 한 단계 또는 두 단계 높일 준비가 된 러너를 위해 설계되었다.

- 주 3회 이상 꾸준히 러닝을 수행해야 한다. 이 중 일부는 중강도 및 고강도 구간을 포함해야 한다.
- 최소 10km 이상의 가벼운 러닝을 소화할 수 있어야 한다.
- 주 7회 유산소 운동을 수행할 수 있는 수준까지 기초체력을 길러야 한다.
- 총 훈련량은 1주 차에 4시간 30분으로 시작해, 8주 차에는 5시간 31분까지 점진적으로 증가한다.

요일 / 주	월요일	화요일	수요일	목요일	금요일	토요일	일요일	강도 비율
기초 단계 (Basic Phase)								
1주	기초 러닝 5와 보강 운동	변속 질주 러닝 3	기초 러닝 5와 보강 운동	기초 러닝 5와 보강 운동	언덕 질주 러닝 2	회복 러닝 5와 보강 운동	장거리 러닝 1	저강도 88% 중·고강도 12%
2주	기초 러닝 5와 보강 운동	변속 질주 러닝 5	기초 러닝 6과 보강 운동	기초 러닝 5와 보강 운동	언덕 질주 러닝 4	회복 러닝 5와 보강 운동	장거리 러닝 2	저강도 86% 중·고강도 14%
3주		변속 질주 러닝 3	기초 러닝 6과 보강 운동	기초 러닝 5와 보강 운동	언덕 질주 러닝 3	회복 러닝 6과 보강 운동	장거리 러닝 1	저강도 86% 중·고강도 14%

4주	기초 러닝 6과 보강 운동	장거리 인터벌 러닝 1	회복 러닝 6과 보강 운동	기초 러닝 6과 보강 운동	단거리 인터벌 러닝 4	회복 러닝 6과 보강 운동	빌드업 마무리 러닝 7	저강도 81% 중·고강도 19%
5주	회복 러닝 6과 보강 운동	장거리 인터벌 러닝 2	회복 러닝 6과 보강 운동	기초 러닝 7과 보강 운동	단거리 인터벌 러닝 5	회복 러닝 6과 보강 운동	빌드업 마무리 러닝 8	저강도 79% 중·고강도 21%
6주		장거리 인터벌 러닝 1	회복 러닝 5와 보강 운동	기초 러닝 6과 보강 운동	단거리 인터벌 러닝 2	회복 러닝 5와 보강 운동	빌드업 마무리 러닝 6	저강도 79% 중·고강도 21%
7주	회복 러닝 6과 보강 운동	단거리 인터벌 러닝 3	회복 러닝 6과 보강 운동	기초 러닝 8과 보강 운동	장거리 인터벌 러닝 6	회복 러닝 6과 보강 운동	빌드업 마무리 러닝 9	저강도 79% 중·고강도 21%
8주	회복 러닝 6과 보강 운동	단거리 인터벌 러닝 2	회복 러닝 6과 보강 운동	기초 러닝 9와 보강 운동	장거리 인터벌 러닝 7	회복 러닝 6과 보강 운동	빌드업 마무리 러닝 10	저강도 78% 중·고강도 22%

조정 단계 (Taper Phase)

9주		장거리 인터벌 러닝 2	회복 러닝 4와 보강 운동	기초 러닝 3과 보강 운동	변속 질주 러닝 2	회복 러닝 2와 보강 운동	5km 대회	저강도 77% 중·고강도 23%

상급 단계 훈련 계획은 5km 기록 향상을 위해 어떤 날에는 하루 2번 훈련할 준비가 된 경험 많은 러너에게 적합하다.

- 주 3회 이상 꾸준히 러닝을 수행해야 한다. 이 중 일부는 중강도 및 고강도 구간을 포함해야 한다.
- 최소 11km 이상의 가벼운 러닝을 소화할 수 있어야 한다.
- 주 7회 유산소 운동을 수행할 수 있는 수준까지 기초체력을 길러야 한다.
- 총 훈련량은 1주 차에 5시간 31분으로 시작해, 7주 차에는 8시간 16분까지 점진적으로 증가한다.

요일 주	월요일	화요일	수요일	목요일	금요일	토요일	일요일	강도 비율

기초 단계 (Basic Phase)

요일 주	월요일	화요일	수요일	목요일	금요일	토요일	일요일	강도 비율
1주	기초 러닝 6과 보강 운동	변속 질주 러닝5 기초 러닝 4와 보강 운동	기초 러닝 6과 보강 운동	기초 러닝 6과 보강 운동	언덕 질주 러닝 4	회복 러닝 6과 보강 운동	장거리 러닝2	저강도 88% 중·고강도 12%
2주	기초 러닝 6과 보강 운동	변속 질주 러닝 10 기초 러닝 4와 보강 운동	기초 러닝 6과 보강 운동	기초 러닝 6과 보강 운동 기초 러닝 4와 보강 운동	언덕 질주 러닝 5	회복 러닝 6과 보강 운동	장거리 러닝 3	저강도 87% 중·고강도 13%

3주	변속 질주 러닝 7 기초 러닝 6과 보강 운동	기초 러닝 6과 보강 운동	기초 러닝 6과 보강 운동	언덕 질주 러닝3	회복 러닝 6과 보강 운동	장거리 러닝 2	저강도 86% 중·고강도 14%

핵심 단계 (Peak Phase)

4주	기초 러닝 6과 보강 운동	장거리 인터벌 러닝 2 회복 러닝 5와 보강 운동	기초 러닝 6과 보강 운동 기초 러닝 5와 보강 운동	단거리 인터벌 러닝 7	회복 러닝 6과 보강 운동	템포 러닝6	저강도 79% 중·고강도 21%
5주	회복 러닝 6과 보강 운동	장거리 인터벌 러닝 4 회복 러닝 6과 보강 운동	기초 러닝 6과 보강 운동	기초 러닝 6과 보강 운동	단거리 인터벌 러닝 8	회복 러닝 6과 보강 운동	템포 러닝7	저강도 78% 중·고강도 22%
6주		장거리 인터벌 러닝 2 회복 러닝 5와 보강 운동	기초 러닝 6과 보강 운동	기초 러닝 6과 보강 운동	단거리 인터벌 러닝 5	회복 러닝 6과 보강 운동	템포 러닝4	저강도 80% 중·고강도 20%
7주	회복 러닝 6과 보강 운동	단거리 인터벌 러닝 4 회복 러닝 6과 보강 운동	기초 러닝 6과 보강 운동	기초 러닝 6과 보강 운동	장거리 인터벌 러닝 9	회복 러닝 6과 보강 운동	빌드업 마무리 러닝 10	저강도 81% 중·고강도 19%
8주	회복 러닝 6과 보강 운동	단거리 인터벌 러닝 3 회복 러닝 5와 보강 운동	회복 러닝 6과 보강 운동	기초 러닝 5와 보강 운동	장거리 인터벌 러닝 8	회복 러닝 6과 보강 운동	빌드업 마무리 러닝 8	저강도 79% 중·고강도 21%

조정 단계 (Taper Phase)

9주		장거리 인터벌 러닝 4	회복 러닝 5와 보강 운동	기초 러닝 4와 보강 운동	변속 질주 러닝 2	회복 러닝 3	5km 대회	저강도 77% 중·고강도 23%

9장

80/20 훈련 계획 : 10km

세계적인 육상 대회에서는 엘리트 선수들이 5,000m와 10,000m 두 종목에 동시에 출전하는 경우가 흔하다. 심지어 한 대회에서 두 종목을 모두 우승하는 선수도 종종 볼 수 있다. 이는 두 거리에서 요구되는 체력이 거의 비슷하며, 러너가 두 거리에 맞춰 동시에 훈련할 수 있기 때문이다.

10,000m는 5,000m보다 2배 더 길지만, 숙련된 러너에게는 두 거리의 강도 차이가 크지 않다. 실제로 남자 10,000m 세계 신기록 페이스는 5,000m 세계 신기록 페이스보다 1km당 약 5.6초 정도 느릴 뿐이다.

〈9장〉에서 소개하는 10km 훈련 계획은 5km 훈련과 비슷한 기초 체력을 요구한다. 5km보다 훈련량이 조금 더 많고 중강도 및 고강도 훈련의 비중이 약간 조정되었다. 하지만 훈련의 핵심은 여전히 80/20 비율을 준수하는 것이다.

훈련 계획은 총 12주 동안 진행된다. 첫 6주는 기초 단계, 이후 4주는 핵심 단계, 마지막 2주는 조정 단계로 구성된다. 3주마다 회복 주간이 돌아오며, 이는 표에서 음영으로 표시되어 있다.

다섯 가지 훈련 강도 구역(존5)에 대한 설명은 〈6장〉, 각 훈련 유형에 대한 세부 사항은 〈7장〉, 보강 운동(크로스 트레이닝)에 대한 가이드는 〈12장〉에서 확인할 수 있다.

표의 맨 오른쪽 열은 매주 전체 훈련 시간 중 저강도(L)와 중·고강도(M·H) 비율을 나타낸다. 단, 각 훈련 계획에서 마지막 주간의 레이스 강도 비율에는 실제 레이스가 포함되지 않는 점을 참고해야 한다.

10km 입문 단계 훈련 계획은 대회를 처음 도전하는 초보 러너나, 훈련량이 적은 프로그램을 선호하는 경험 있는 러너에게 적합하다.

- 주 3회 이상, 최소 30분 이상 달릴 수 있어야 한다.
- 주 6회 유산소 운동을 수행할 수 있는 기초체력을 길러야 한다.
- 총 훈련량은 1주 차에 2시간 37분으로 시작해, 10주 차에는 3시간 56분까지 점진적으로 증가한다.

요일 주	월요일	화요일	수요일	목요일	금요일	토요일	일요일	강도 비율
기초 단계 (Basic Phase)								
1주		빌드업 마무리 러닝 1	기초 러닝 2와 보강 운동	기초 러닝 2와 보강 운동	변속 질주 러닝 1	기초 러닝 2와 보강 운동	기초 러닝 3	저강도 89% 중·고강도 11%
2주		빌드업 마무리 러닝 2	기초 러닝 3과 보강 운동	기초 러닝 2와 보강 운동	변속 질주 러닝 2	기초 러닝 2와 보강 운동	기초 러닝 4	저강도 89% 중·고강도 11%
3주		빌드업 마무리 러닝 1	기초 러닝 2와 보강 운동	기초 러닝 2와 보강 운동	변속 질주 러닝 1	기초 러닝 2와 보강 운동	기초 러닝 3	저강도 89% 중·고강도 11%
4주		빌드업 마무리 러닝 3	기초 러닝 3과 보강 운동	기초 러닝 2와 보강 운동	언덕 반복 러닝 1	회복 러닝 3과 보강 운동	기초 러닝 5	저강도 88% 중·고강도 12%

5주		빌드업 마무리 러닝 3	기초 러닝 3과 보강 운동	기초 러닝 3과 보강 운동	언덕 반복 러닝 2	회복 러닝 3과 보강 운동	기초 러닝 6	저강도 88% 중·고강도 12%
6주		빌드업 마무리 러닝 2	기초 러닝 2와 보강 운동	기초 러닝 2와 보강 운동	언덕 반복 러닝 1	회복 러닝 3과 보강 운동	기초 러닝 5	저강도 90% 중·고강도 10%

핵심 단계 (Peak Phase)

7주		변속 질주 러닝 3	기초 러닝 3과 보강 운동	기초 러닝 4와 보강 운동	단거리 인터벌 러닝 1	회복 러닝 3과 보강 운동	기초 러닝 5	저강도 80% 중·고강도 20%
8주		변속 질주 러닝 5	기초 러닝 3과 보강 운동	기초 러닝 4와 보강 운동	단거리 인터벌 러닝 2	회복 러닝 4와 보강 운동	기초 러닝 6	저강도 80% 중·고강도 20%
9주		장거리 인터벌 러닝 1	기초 러닝 3과 보강 운동	기초 러닝 4와 보강 운동	변속 질주 러닝 2	회복 러닝 3과 보강 운동	빌드업 마무리 러닝 2	저강도 81% 중·고강도 19%
10주		장거리 인터벌 러닝 2	기초 러닝 4와 보강 운동	기초 러닝 4와 보강 운동	복합 인터벌 러닝 2	회복 러닝 4와 보강 운동	기초 러닝 7	저강도 78% 중·고강도 22%

조정 단계 (Taper Phase)

11주		장거리 인터벌 러닝 4	기초 러닝 4와 보강 운동	기초 러닝 3과 보강 운동	복합 인터벌 러닝 1	기초 러닝 3과 보강 운동	기초 러닝 6	저강도 79% 중·고강도 21%
12주		변속 질주 러닝 2	기초 러닝 3과 보강 운동	기초 러닝 2와 보강 운동	빌드업 마무리 러닝 1	회복 러닝 1과 보강 운동	10km 대회	저강도 85% 중·고강도 15%

증급 단계 훈련 계획은 10km 기록 향상을 목표로, 훈련 강도를 한 단계 또는 두 단계 높일 준비가 된 러너를 위해 설계되었다.

- 주 3회 이상 꾸준히 러닝을 수행해야 한다. 이 중 일부는 중강도 및 고강도 구간을 포함해야 한다.
- 최소 10km 이상의 편안한 러닝을 소화할 수 있어야 한다.
- 주 7회 유산소 운동을 수행할 수 있는 수준까지 기초체력을 길러야 한다.
- 총 훈련량은 1주 차에 4시간 43분으로 시작해, 10주 차에는 5시간 59분까지 점진적으로 증가한다.

요일 주	월요일	화요일	수요일	목요일	금요일	토요일	일요일	강도 비율
기초 단계 (Basic Phase)								
1주	기초 러닝 5와 보강 운동	빌드업 마무리 러닝 4	기초 러닝 5와 보강 운동	기초 러닝 5와 보강 운동	변속 질주 러닝 4	기초 러닝 5와 보강 운동	장거리 러닝 1	저강도 90% 중·고강도 10%
2주	기초 러닝 5와 보강 운동	빌드업 마무리 러닝 5	기초 러닝 6과 보강 운동	기초 러닝 5와 보강 운동	변속 질주 러닝 5	기초 러닝 5와 보강 운동	장거리 러닝 2	저강도 89% 중·고강도 11%
3주		빌드업 마무리 러닝 4	기초 러닝 5와 보강 운동	기초 러닝 6과 보강 운동	변속 질주 러닝 4	기초 러닝 5와 보강 운동	장거리 러닝 1	저강도 89% 중·고강도 11%

주								
4주	기초 러닝 5와 보강 운동	빌드업 마무리 러닝 7	기초 러닝 6과 보강 운동	기초 러닝 5와 보강 운동	언덕 반복 러닝 5	회복 러닝 6과 보강 운동	장거리 러닝 3	저강도 89% 중·고강도 11%
5주	회복 러닝 5와 보강 운동	빌드업 마무리 러닝 8	기초 러닝 6과 보강 운동	기초 러닝 6과 보강 운동	언덕 반복 러닝 6	회복 러닝 6과 보강 운동	장거리 러닝 4	저강도 89% 중·고강도 11%
6주		빌드업 마무리 러닝 5	기초 러닝 6과 보강 운동	기초 러닝 6과 보강 운동	언덕 반복 러닝 3	회복 러닝 6과 보강 운동	장거리 러닝 2	저강도 89% 중·고강도 11%

핵심 단계 (Peak Phase)

주								
7주	기초 러닝 6과 보강 운동	변속 질주 러닝 7	기초 러닝 6과 보강 운동	기초 러닝 6과 보강 운동	단거리 인터벌 러닝 4	회복 러닝 6과 보강 운동	빌드업 마무리 러닝 9	저강도 79% 중·고강도 21%
8주	회복 러닝 6과 보강 운동	변속 질주 러닝 10	기초 러닝 7과 보강 운동	기초 러닝 6과 보강 운동	단거리 인터벌 러닝 5	회복 러닝 7과 보강 운동	빌드업 마무리 러닝 10	저강도 78% 중·고강도 22%
9주		장거리 인터벌 러닝 2	기초 러닝 6과 보강 운동	기초 러닝 5와 보강 운동	변속 질주 러닝 6	회복 러닝 6과 보강 운동	빌드업 마무리 러닝 7	저강도 79% 중·고강도 21%
10주	기초 러닝 6과 보강 운동	장거리 인터벌 러닝 4	기초 러닝 7과 보강 운동	기초 러닝 6과 보강 운동	복합 인터벌 러닝 3	회복 러닝 7과 보강 운동	변속 질주 장거리 러닝 1	저강도 78% 중·고강도 22%

조정 단계 (Taper Phase)

주								
11주	회복 러닝 5와 보강 운동	장거리 인터벌 러닝 3	기초 러닝 5와 보강 운동	기초 러닝 5와 보강 운동	복합 인터벌 러닝 1	기초 러닝 4와 보강 운동	빌드업 마무리 러닝 7	저강도 79% 중·고강도 21%
12주		변속 질주 러닝 5	기초 러닝 4와 보강 운동	기초 러닝 3과 보강 운동	빌드업 마무리 러닝 3	회복 러닝 2와 보강 운동	10km 대회	저강도 81% 중·고강도 19%

상급 단계 훈련 계획은 10km 기록 향상을 위해 어떤 날에는 하루 2번 훈련할 준비가 된 경험 많은 러너에게 적합하다.

- 주 3회 이상 꾸준히 러닝을 수행해야 한다. 이 중 일부는 중강도 및 고강도 구간을 포함해야 한다.
- 최소 11km 이상의 편안한 러닝을 소화할 수 있어야 한다.
- 주 7회 유산소 운동을 수행할 수 있는 수준까지 기초체력을 길러야 한다.
- 총 훈련량은 1주 차에 5시간 40분으로 시작해, 10주 차에는 8시간 40분까지 점진적으로 증가한다.

요일 / 주	월요일	화요일	수요일	목요일	금요일	토요일	일요일	강도 비율

기초 단계 (Basic Phase)

요일 / 주	월요일	화요일	수요일	목요일	금요일	토요일	일요일	강도 비율
1주	기초 러닝 6과 보강 운동	빌드업 마무리 러닝 4 / 기초 러닝 3과 보강 운동	기초 러닝 6과 보강 운동	기초 러닝 6과 보강 운동	변속 질주 러닝 6	기초 러닝 6과 보강 운동	장거리 러닝 2	저강도 90% 중·고강도 10%
2주	기초 러닝 6과 보강 운동	빌드업 마무리 러닝 5 / 기초 러닝 3과 보강 운동	기초 러닝 6과 보강 운동	기초 러닝 3과 보강 운동 / 기초 러닝 6과 보강 운동	변속 질주 러닝 7	기초 러닝 6과 보강 운동	장거리 러닝 3	저강도 90% 중·고강도 10%

주								
3주		빌드업 마무리 러닝 4 기초 러닝 5와 보강 운동	기초 러닝 6과 보강 운동	기초 러닝 6과 보강 운동	변속 질주 러닝 6	기초 러닝 5와 보강 운동	장거리 러닝 4	저강도 90% 중·고강도 10%
4주	기초 러닝 6과 보강 운동	템포 러닝2 기초 러닝 3과 보강 운동	기초 러닝 6과 보강 운동	기초 러닝 3과 보강 운동 기초 러닝 6과 보강 운동	언덕 반복 러닝 4	회복 러닝 6과 보강 운동 기초 러닝 3과 보강 운동	빌드업 마무리 장거리 러닝 1	저강도 89% 중·고강도 11%
5주	회복 러닝 6과 보강 운동	템포 러닝3 회복 러닝 4와 보강 운동	기초 러닝 6과 보강 운동	기초 러닝 4와 보강 운동 기초 러닝 6과 보강 운동	언덕 반복 러닝 5	회복 러닝 6과 보강 운동 기초 러닝 4와 보강 운동	빌드업 마무리 장거리 러닝 2	저강도 89% 중·고강도 11%
6주		템포 러닝2 회복 러닝 4와 보강 운동	기초 러닝 6과 보강 운동	기초 러닝 4와 보강 운동 기초 러닝 6과 보강 운동	언덕 반복 러닝 3	회복 러닝 6과 보강 운동 기초 러닝 4와 보강 운동	빌드업 마무리 러닝 9	저강도 87% 중·고강도 13%

핵심 단계 (Peak Phase)

주								
7주	기초 러닝 6과 보강 운동	변속 질주 러닝 10 회복 러닝 5와 보강 운동	기초 러닝 6과 보강 운동	기초 러닝 5와 보강 운동 회복 러닝 6과 보강 운동	단거리 인터벌 러닝 7	회복 러닝 6과 보강 운동 기초 러닝 5와 보강 운동	변속 질주 장거리 러닝 1	저강도 81% 중·고강도 19%
8주	회복 러닝 6과 보강 운동	변속 질주 러닝 12 회복 러닝 6과 보강 운동	기초 러닝 6과 보강 운동	기초 러닝 6과 보강 운동	단거리 인터벌 러닝 8	회복 러닝 6과 보강 운동 기초 러닝 6과 보강 운동	변속 질주 장거리 러닝 2	저강도 81% 중·고강도 19%

주								
9주		장거리 인터벌 러닝 4 / 회복 러닝 5와 보강 운동	기초 러닝 5와 보강 운동	기초 러닝 5와 보강 운동	변속 질주 러닝 8	회복 러닝 5와 보강 운동 / 기초 러닝 5와 보강 운동	빌드업 마무리 러닝10	저강도 83% 중·고강도 17%
10주	기초 러닝 6과 보강 운동	장거리 인터벌 러닝7 / 회복 러닝 6과 보강 운동	기초 러닝 6과 보강 운동	기초 러닝 6과 보강 운동	복합 인터벌 러닝 4	회복 러닝 6과 보강 운동 / 기초 러닝 6과 보강 운동	변속 질주 장거리 러닝 2	저강도 81% 중·고강도 19%

조정 단계 (Taper Phase)

주								
11주	회복 러닝 5와 보강 운동	장거리 인터벌 러닝 5 / 회복 러닝 5와 보강 운동	기초 러닝 5와 보강 운동	기초 러닝 5와 보강 운동	복합 인터벌 러닝 3	기초 러닝 9와 보강 운동	변속 질주 장거리 러닝 1	저강도 82% 중·고강도 18%
12주		변속 질주 러닝5	기초 러닝 4와 보강 운동	기초 러닝 3과 보강 운동	빌드업 마무리 러닝 3	회복 러닝 2와 보강 운동	10km 대회	저강도 81% 중·고강도 19%

80/20 훈련 계획 : 하프 마라톤

하프 마라톤(21.0975km)은 균형 잡힌 러닝 능력이 필요한 종목으로, 단순히 '활동적인 생활방식'만으로 편안하게 달리기 어렵다. 약 21km를 완주하려면 지구력을 높이는 체계적인 프로그램이 필요하다. 하지만 하프 마라톤은 풀코스 마라톤(42.195km)보다 부담이 적기 때문에, 지구력을 기르는 동시에 고강도 피로 저항력을 함께 강화하면 더 빠르게 완주할 수 있다. 〈10장〉에서 소개하는 하프 마라톤 훈련 계획은 균형 잡힌 러닝 체력을 키우는 데 초점을 두었다.

세 가지 훈련 계획은 각각 15주 동안 진행되며, 기초 단계 6주를 포함한다. 단계별 훈련 단계 구성은 다음과 같다.

입문 단계(레벨 1)

- 6주간의 기초 단계
- 8주간의 핵심 단계
- 1주간의 조정 단계(테이퍼링)

중급 및 상급 단계(레벨 2, 레벨 3)

- 6주간의 기초 단계
- 7주간의 핵심 단계
- 2주간의 조정 단계(테이퍼링)

3주마다 회복 주간이 돌아오며, 이는 표에서 음영으로 표시되어 있다. 다섯 가지 훈련 강도 구역(존5)에 대한 설명은 〈6장〉, 각 훈련 유형에 대한 세부 사항은 〈7장〉, 보강 운동(크로스 트레이닝)에 대한 지침은 〈12장〉에서 확인할 수 있다.

표의 맨 오른쪽 열은 매주 전체 훈련 시간 중 저강도(L)와 중·고강도(M·H) 비율을 나타낸다. 단, 각 훈련 계획에서 마지막 주간의 레이스 강도 비율에는 실제 레이스가 포함되지 않는 점을 참고해야 한다.

하프 마라톤(21.0975km) 입문 단계 훈련 계획은 처음 하프 마라톤에 도전하는 초보 러너나, 비교적 훈련량이 적은 프로그램을 선호하는 러너에게 적합하다. 훈련을 시작하기 전에 다음과 같은 기초체력을 갖추는 것이 필요하다.

- 주 3회 이상 달리기, 한 번에 9.6km 이상 달릴 수 있어야 한다.
- 주 6회 유산소 운동 수행할 수 있는 기초체력을 길러야 한다.
- 총 훈련량은 1주 차에 3시간 10분으로 시작해, 14주 차에는 5시간까지 점진적으로 증가한다.

요일 주	월요일	화요일	수요일	목요일	금요일	토요일	일요일	강도 비율
기초 단계 (Basic Phase)								
1주		빌드업 마무리 러닝 1	기초 러닝 2와 보강 운동	기초 러닝 2와 보강 운동	변속 질주 러닝 2	기초 러닝 2와 보강 운동	장거리 러닝 1	저강도 89% 중·고강도 11%
2주		빌드업 마무리 러닝 2	기초 러닝 3과 보강 운동	기초 러닝 2와 보강 운동	변속 질주 러닝 1	기초 러닝 2와 보강 운동	장거리 러닝 2	저강도 91% 중·고강도 9%
3주		빌드업 마무리 러닝 1	기초 러닝 2와 보강 운동	기초 러닝 2와 보강 운동	변속 질주 러닝 2	기초 러닝 2와 보강 운동	장거리 러닝 1	저강도 89% 중·고강도 11%

4주		빌드업 마무리 러닝 3	기초 러닝 3과 보강 운동	기초 러닝 2와 보강 운동	언덕 반복 러닝 2	회복 러닝 3과 보강 운동	장거리 러닝 3	저강도 88% 중·고강도 12%
5주		빌드업 마무리 러닝 4	기초 러닝 3과 보강 운동	기초 러닝 3과 보강 운동	언덕 반복 러닝 4	회복 러닝 3과 보강 운동	장거리 러닝 4	저강도 88% 중·고강도 12%
6주		빌드업 마무리 러닝 2	기초 러닝 2와 보강 운동	기초 러닝 3과 보강 운동	언덕 반복 러닝 3	회복 러닝 3과 보강 운동	장거리 러닝 2	저강도 89% 중·고강도 11%

핵심 단계 (Peak Phase)

7주		템포 러닝1	회복 러닝 3과 보강 운동	기초 러닝 4와 보강 운동	단거리 인터벌 러닝 2	회복 러닝 3과 보강 운동	장거리 러닝 5	저강도 86% 중·고강도 14%
8주		템포 인터벌 러닝 1	회복 러닝 4와 보강 운동	기초 러닝 4와 보강 운동	단거리 인터벌 러닝 3	회복 러닝 3과 보강 운동	장거리 러닝 6	저강도 81% 중·고강도 19%
9주		템포 러닝1	회복 러닝 3과 보강 운동	기초 러닝 3과 보강 운동	단거리 인터벌 러닝 2	회복 러닝 3과 보강 운동	장거리 러닝 3	저강도 83% 중·고강도 17%
10주		템포 러닝3	회복 러닝 4와 보강 운동	기초 러닝 4와 보강 운동	장거리 인터벌 러닝 2	회복 러닝 4와 보강 운동	변속 질주 장거리 러닝 1	저강도 80% 중·고강도 20%
11주		템포 러닝4	회복 러닝 4와 보강 운동	기초 러닝 5와 보강 운동	장거리 인터벌 러닝 4	회복 러닝 4와 보강 운동	빌드업 마무리 장거리 러닝 1	저강도 80% 중·고강도 20%
12주		템포 러닝2	회복 러닝 4와 보강 운동	기초 러닝 4와 보강 운동	장거리 인터벌 러닝 3	회복 러닝 4와 보강 운동	장거리 러닝 3	저강도 83% 중·고강도 17%
13주		템포 러닝5	회복 러닝 4와 보강 운동	기초 러닝 5와 보강 운동	복합 인터벌 러닝 1	회복 러닝 5와 보강 운동	빌드업 마무리 장거리 러닝 2	저강도 81% 중·고강도 19%

| 14주 | | 템포 러닝6 | 회복 러닝 5와 보강 운동 | 기초 러닝 5와 보강 운동 | 복합 인터벌 러닝 1 | 회복 러닝 5와 보강 운동 | 빌드업 마무리 장거리 러닝 1 | 저강도 80% 중·고강도 20% |

조정 단계 (Taper Phase)

| 15주 | | 빌드업 마무리 러닝 3 | 기초 러닝 3과 보강 운동 | 기초 러닝 2와 보강 운동 | 변속 질주 러닝 1 | 회복 러닝 1 | 하프 마라톤 대회 | 저강도 84% 중·고강도 16% |

중급 단계 훈련 계획은 하프 마라톤 기록 향상을 목표로, 훈련 강도를 한 단계 또는 두 단계 높일 준비가 된 러너를 위해 설계되었다. 훈련을 시작하기 전에 다음과 같은 기초체력을 갖추는 것이 필요하다.

- 주 3회 이상 꾸준히 러닝을 수행해야 한다. 이 중 일부는 중강도 및 고강도 구간을 포함해야 한다.
- 11km 이상의 편안한 러닝을 소화할 수 있어야 한다.
- 주 7회 유산소 운동을 수행할 수 있는 수준까지 기초체력을 길러야 한다.
- 총 훈련량은 1주 차에 4시간 45분으로 시작해, 13주 차에는 6시간 30분까지 점진적으로 증가한다.

요일 주	월요일	화요일	수요일	목요일	금요일	토요일	일요일	강도 비율

기초 단계 (Basic Phase)

요일 주	월요일	화요일	수요일	목요일	금요일	토요일	일요일	강도 비율
1주	기초 러닝 5와 보강 운동	빌드업 마무리 러닝 3	기초 러닝 5와 보강 운동	기초 러닝 5와 보강 운동	변속 질주 러닝 4	기초 러닝 5와 보강 운동	장거리 러닝 2	저강도 90% 중·고강도 10%
2주	기초 러닝 5와 보강 운동	빌드업 마무리 러닝 4	기초 러닝 6과 보강 운동	기초 러닝 5와 보강 운동	변속 질주 러닝 5	기초 러닝 5와 보강 운동	장거리 러닝 3	저강도 90% 중·고강도 10%

주								강도
3주		빌드업 마무리 러닝 3	기초 러닝 5와 보강 운동	기초 러닝 5와 보강 운동	변속 질주 러닝 4	기초 러닝 5와 보강 운동	장거리 러닝 1	저강도 88% 중·고강도 12%
4주	기초 러닝 5와 보강 운동	빌드업 마무리 러닝 4	회복 러닝 6과 보강 운동	기초 러닝 6과 보강 운동	언덕 반복 러닝 5	회복 러닝 5와 보강 운동	장거리 러닝 5	저강도 90% 중·고강도 10%
5주	기초 러닝 5와 보강 운동	빌드업 마무리 러닝 5	회복 러닝 6과 보강 운동	기초 러닝 6과 보강 운동	언덕 반복 러닝 6	회복 러닝 6과 보강 운동	장거리 러닝 7	저강도 90% 중·고강도 10%
6주		빌드업 마무리 러닝 4	회복 러닝 5와 보강 운동	기초 러닝 5와 보강 운동	언덕 반복 러닝 4	회복 러닝 5와 보강 운동	장거리 러닝 3	저강도 88% 중·고강도 12%

핵심 단계 (Peak Phase)

주								강도
7주	기초 러닝 6과 보강 운동	템포 인터벌 러닝 1	회복 러닝 6과 보강 운동	기초 러닝 6과 보강 운동	단거리 인터벌 러닝 4	회복 러닝 6과 보강 운동	변속 질주 장거리 러닝 1	저강도 79% 중·고강도 21%
8주	회복 러닝 6과 보강 운동	템포 러닝4	회복 러닝 6과 보강 운동	기초 러닝 6과 보강 운동	단거리 인터벌 러닝 5	회복 러닝 6과 보강 운동	변속 질주 장거리 러닝 2	저강도 80% 중·고강도 20%
9주		템포 러닝1	회복 러닝 5와 보강 운동	기초 러닝 6과 보강 운동	단거리 인터벌 러닝 3	회복 러닝 5와 보강 운동	빌드업 마무리 장거리 러닝 1	저강도 81% 중·고강도 19%
10주	기초 러닝 6과 보강 운동	템포 러닝5	회복 러닝 6과 보강 운동	기초 러닝 6과 보강 운동	장거리 인터벌 러닝 3	회복 러닝 6과 보강 운동	변속 질주 장거리 러닝 2	저강도 81% 중·고강도 19%
11주	회복 러닝 6과 보강 운동	템포 인터벌 러닝 2	회복 러닝 6과 보강 운동	기초 러닝 6과 보강 운동	장거리 인터벌 러닝 6	회복 러닝 6과 보강 운동	빌드업 마무리 장거리 러닝 2	저강도 81% 중·고강도 19%
12주		템포 러닝4	회복 러닝 5와 보강 운동	기초 러닝 6과 보강 운동	장거리 인터벌 러닝 3	회복 러닝 5와 보강 운동	변속 질주 장거리 러닝 1	저강도 79% 중·고강도 21%

13주	기초 러닝 6과 보강 운동	템포 러닝7	회복 러닝 6과 보강 운동	기초 러닝 6과 보강 운동	복합 인터벌 러닝 2	회복 러닝 6과 보강 운동	빌드업 마무리 장거리 러닝 3	저강도 81% 중·고강도 19%

조정 단계 (Taper Phase)

14주	회복 러닝 5와 보강 운동	템포 러닝5	회복 러닝 5와 보강 운동	기초 러닝 4와 보강 운동	복합 인터벌 러닝 2	회복 러닝 4와 보강 운동	변속 질주 장거리 러닝 1	저강도 78% 중·고강도 22%
15주		빌드업 마무리 러닝 5	기초 러닝 4와 보강 운동	기초 러닝 3과 보강 운동	변속 질주 러닝 2	회복 러닝 2	하프 마라톤 대회	저강도 83% 중·고강도 17%

상급 단계 훈련 계획은 하프 마라톤 기록 향상을 위해 어떤 날에는 하루 2번 훈련할 준비가 된 경험 많은 러너에게 적합하다. 훈련을 시작하기 전에 다음과 같은 기초체력을 갖추는 것이 필요하다.

- 주 3회 이상 꾸준히 러닝을 수행해야 한다. 이 중 일부는 중강도 및 고강도 구간을 포함해야 한다.
- 13km 이상의 편안한 러닝을 소화할 수 있어야 한다.
- 주 7회 유산소 운동을 수행할 수 있는 수준까지 기초체력을 길러야 한다.
- 총 훈련량은 1주 차에 5시간 50분으로 시작해, 13주 차에는 9시간 30분까지 점진적으로 증가한다.

요일 주	월요일	화요일	수요일	목요일	금요일	토요일	일요일	강도 비율
기초 단계 (Basic Phase)								
1주	기초 러닝 6과 보강 운동	빌드업 마무리 러닝 6	기초 러닝 6과 보강 운동	기초 러닝 6과 보강 운동	변속 질주 러닝 8	기초 러닝 6과 보강 운동	장거리 러닝 3	저강도 90% 중·고강도 10%
2주	기초 러닝 6과 보강 운동	빌드업 마무리 러닝 7	기초 러닝 7과 보강 운동	기초 러닝 6과 보강 운동	변속 질주 러닝 10	기초 러닝 6과 보강 운동	장거리 러닝 5	저강도 91% 중·고강도 9%

주								
3주		빌드업 마무리 러닝 6	기초 러닝 6과 보강 운동	기초 러닝 6과 보강 운동	변속 질주 러닝 8	기초 러닝 6과 보강 운동	장거리 러닝 3	저강도 88% 중·고강도 12%
4주	기초 러닝 6과 보강 운동	빌드업 마무리 러닝 8	기초 러닝 8과 보강 운동	기초 러닝 6과 보강 운동	언덕 반복 러닝 7	회복 러닝 6과 보강 운동	장거리 러닝 7	저강도 91% 중·고강도 9%
5주	기초 러닝 6과 보강 운동	빌드업 마무리 러닝 9	기초 러닝 8과 보강 운동	기초 러닝 6과 보강 운동	언덕 반복 러닝 8	회복 러닝 6과 보강 운동	장거리 러닝 9	저강도 91% 중·고강도 9%
6주		빌드업 마무리 러닝 7	기초 러닝 6과 보강 운동	기초 러닝 6과 보강 운동	언덕 반복 러닝 6	회복 러닝 6과 보강 운동	장거리 러닝 4	저강도 90% 중·고강도 10%

핵심 단계 (Peak Phase)

주								
7주	기초 러닝 6과 보강 운동	템포 인터벌 러닝 2	기초 러닝 9와 보강 운동	기초 러닝 6과 보강 운동	단거리 인터벌 러닝 6	회복 러닝 6과 보강 운동	변속 질주 장거리 러닝 1	저강도 80% 중·고강도 20%
8주	기초 러닝 6과 보강 운동	템포 러닝 6	기초 러닝 9와 보강 운동	기초 러닝 6과 보강 운동	단거리 인터벌 러닝 7	회복 러닝 6과 보강 운동	변속 질주 장거리 러닝 2	저강도 82% 중·고강도 18%
9주		템포 인터벌 러닝 1	기초 러닝 6과 보강 운동	기초 러닝 5와 보강 운동	단거리 인터벌 러닝 4	회복 러닝 5와 보강 운동	변속 질주 장거리 러닝 1	저강도 81% 중·고강도 19%
10주	기초 러닝 6과 보강 운동	템포 러닝 8	기초 러닝 9와 보강 운동	기초 러닝 6과 보강 운동	장거리 인터벌 러닝 7	회복 러닝 6과 보강 운동	변속 질주 장거리 러닝 3	저강도 81% 중·고강도 19%
11주	회복 러닝 6과 보강 운동	템포 인터벌 러닝 3	기초 러닝 9와 보강 운동	기초 러닝 6과 보강 운동	장거리 인터벌 러닝 8	회복 러닝 6과 보강 운동	변속 질주 장거리 러닝 3	저강도 81% 중·고강도 19%
12주		템포 인터벌 러닝 2	기초 러닝 6과 보강 운동	기초 러닝 5와 보강 운동	장거리 인터벌 러닝 3	회복 러닝 5와 보강 운동	빌드업 마무리 장거리 러닝 1	저강도 81% 중·고강도 19%

13주	회복 러닝 6과 보강 운동	템포 러닝9	기초 러닝 9와 보강 운동	기초 러닝 6과 보강 운동	복합 인터벌 러닝 4	회복 러닝 6과 보강 운동	빌드업 마무리 장거리 러닝 4	저강도 80% 중·고강도 20%

조정 단계 (Taper Phase)

14주	회복 러닝 5와 보강 운동	템포 러닝6	기초 러닝 5와 보강 운동	기초 러닝 5와 보강 운동	복합 인터벌 러닝 2	회복 러닝 4와 보강 운동	변속 질주 장거리 러닝 1	저강도 83% 중·고강도 17%
15주		빌드업 마무리 러닝 6	기초 러닝 5와 보강 운동	기초 러닝 4와 보강 운동	변속 질주 러닝 5	회복 러닝 2	하프 마라톤 대회	저강도 80% 중·고강도 20%

80/20 훈련 계획 : 풀코스 마라톤

마라톤(42.195km)은 인간이 달리기에 적합한 거리보다 조금 더 길다고 생각한다. 이를 증명하는 것이 마라톤을 뛰는 러너들, 심지어 엘리트 선수들조차도 마지막 몇 km에서 에너지가 고갈되고 급격히 속도가 떨어지는 한계를 맞닥뜨린다. 실제로 마라톤 참가자의 75%가 이러한 극심한 피로 현상을 경험한다. 반면에 하프 마라톤에서는 그 비율이 8% 정도에 불과하다. 다음 마라톤에서 이러한 벽에 부딪히지 않기 위해서 매우 높은 수준의 지구력을 키우고, 몸이 피로한 상태에서도 속도를 유지하며 강하게 달릴 수 있는 능력을 길러야 한다. 〈11〉장에서 소개하는 풀코스 마라톤 훈련 계획은 32km 이후에도 페이스를 잃지 않기 위한 훈련법에 초점을 두었다.

세 가지 훈련 계획은 총 18주 동안 진행되며, 기초 단계 9주를 포함한다. 단계별 훈련 단계 구성은 다음과 같다. 첫 9주는 기초 단계, 이후 7주는 핵심 단계, 마지막 2주는 조정 단계로 구성된다. 3주마다 회복 주간이 돌아오며, 이는 표에서 음영으로 표시되어 있다.

다섯 가지 훈련 강도 구역(존5)에 대한 설명은 〈6장〉, 각 훈련 유형에 대한 세부 사항은 〈7장〉, 보강 운동(크로스 트레이닝)에 대한 가이드는 〈12장〉에서 확인할 수 있다.

표의 맨 오른쪽 열은 매주 전체 훈련 시간 중 저강도(L)와 중·고강도(M·H) 비율이 표시되어 있다. 단, 각 훈련 계획에서 마지막 주간의 레이스 강도 비율에는 실제 레이스가 포함되지 않는 점을 참고해야 한다.

레벨 1 : 입문 단계 훈련 계획

풀코스 마라톤 입문 단계 훈련 계획은 첫 마라톤을 준비하는 초보 러너나, 비교적 부담 없는 강도로 훈련하려는 경험 많은 러너에게 적합하다. 훈련을 시작하기 전에 다음과 같은 기초체력을 갖추는 것이 필요하다.

- 주 3회 이상 달리기, 한 번에 9.6km 이상 달릴 수 있어야 한다.
- 주 6회 유산소 운동 수행할 수 있는 기초체력을 길러야 한다.
- 총 훈련량은 1주 차에 3시간 20분으로 시작해, 16주 차에는 6시간 30분까지 점진적으로 증가한다.

요일\주	월요일	화요일	수요일	목요일	금요일	토요일	일요일	강도 비율
기초 단계 (Basic Phase)								
1주		빌드업 마무리 러닝 2	기초 러닝 3	기초 러닝 3	변속 질주 러닝 1	기초 러닝 3	장거리 러닝 1	저강도 92% 중·고강도 8%
2주		빌드업 마무리 러닝 3	기초 러닝 4	기초 러닝 3	변속 질주 러닝 2	기초 러닝 3	장거리 러닝 2	저강도 91% 중·고강도 9%
3주		빌드업 마무리 러닝 2	기초 러닝 3	기초 러닝 3	변속 질주 러닝 1	기초 러닝 3	장거리 러닝 1	저강도 92% 중·고강도 8%

4주		빌드업 마무리 러닝 4	기초 러닝 4	기초 러닝 3	언덕 반복 러닝 1	회복 러닝 4	장거리 러닝 3	저강도 91% 중·고강도 9%
5주		빌드업 마무리 러닝 6	기초 러닝 4	기초 러닝 4	언덕 반복 러닝 2	회복 러닝 4	장거리 러닝 4	저강도 90% 중·고강도 10%
6주		빌드업 마무리 러닝 4	기초 러닝 3	기초 러닝 4	언덕 반복 러닝 1	회복 러닝 3	장거리 러닝 2	저강도 90% 중·고강도 10%
7주		빌드업 마무리 러닝 7	기초 러닝 5	기초 러닝 4	언덕 반복 러닝 4	회복 러닝 4	장거리 러닝 5	저강도 89% 중·고강도 11%
8주		빌드업 마무리 러닝 8	기초 러닝 5	기초 러닝 5	언덕 반복 러닝 6	회복 러닝 4	장거리 러닝 7	저강도 89% 중·고강도 11%
9주		빌드업 마무리 러닝 6	기초 러닝 4	기초 러닝 4	언덕 반복 러닝 4	회복 러닝 4	장거리 러닝 4	저강도 89% 중·고강도 11%

핵심 단계 (Peak Phase)

10주		템포 러닝2	회복 러닝 5	기초 러닝 5	단거리 인터벌 러닝 1	회복 러닝 4	장거리 러닝 9	저강도 88% 중·고강도 12%
11주		템포 인터벌 러닝 1	회복 러닝 5	기초 러닝 5	단거리 인터벌 러닝 2	회복 러닝 5	장거리 러닝 11	저강도 84% 중·고강도 16%
12주		템포 러닝2	회복 러닝 4	기초 러닝 5	단거리 인터벌 러닝 1	회복 러닝 4	변속 질주 장거리 러닝 1	저강도 79% 중·고강도 21%

13주		템포 러닝3	회복 러닝 5	기초 러닝 6	장거리 인터벌 러닝 2	회복 러닝 5	빌드업 마무리 장거리 러닝 1	저강도 83% 중·고강도 17%
14주		템포 러닝4	회복 러닝 6	기초 러닝 6	장거리 인터벌 러닝 3	회복 러닝 5	변속 질주 장거리 러닝 2	저강도 78% 중·고강도 22%
15주		템포 러닝2	회복 러닝 5	기초 러닝 5	장거리 인터벌 러닝 1	회복 러닝 5	마라톤 모의 러닝	저강도 79% 중·고강도 21%
16주		템포 인터벌 러닝 2	회복 러닝 6	기초 러닝 6	복합 인터벌 러닝 1	회복 러닝 6	빌드업 마무리 장거리 러닝 5	저강도 79% 중·고강도 21%

조정 단계 (Taper Phase)

17주		템포 러닝4	기초 러닝 5	기초 러닝 5	복합 인터벌 러닝 1	회복 러닝 4	변속 질주 장거리 러닝 2	저강도 79% 중·고강도 21%
18주		빌드업 마무리 러닝 4	기초 러닝 4	기초 러닝 3	변속 질주 러닝 2	회복 러닝 1	풀코스 마라톤	저강도 84% 중·고강도 16%

중급 훈련 계획은 마라톤 기록 향상을 목표로, 훈련 강도를 한 단계 또는 더 높일 준비가 된 러너를 위해 설계되었다. 훈련을 시작하기 전에 다음과 같은 기초체력을 갖추는 것이 필요하다.

- 주 3회 이상 꾸준히 러닝을 수행해야 한다. 이 중 일부는 중강도 및 고강도 구간을 포함해야 한다.
- 12km 이상의 편안한 러닝을 소화할 수 있어야 한다.
- 주 7회 유산소 운동을 수행할 수 있는 수준까지 기초체력을 길러야 한다.
- 총 훈련량은 1주 차에 4시간 50분으로 시작해, 13주 차에는 7시간까지 점진적으로 증가한다.

요일 주	월요일	화요일	수요일	목요일	금요일	토요일	일요일	강도 비율
				기초 단계 (Basic Phase)				
1주	기초 러닝 5와 보강 운동	빌드업 마무리 러닝 4	기초 러닝 5와 보강 운동	기초 러닝 5와 보강 운동	변속 질주 러닝 4	기초 러닝 5와 보강 운동	장거리 러닝 3	저강도 91% 중·고강도 9%
2주	기초 러닝 5와 보강 운동	빌드업 마무리 러닝 6	기초 러닝 5와 보강 운동	기초 러닝 5와 보강 운동	변속 질주 러닝 5	기초 러닝 5와 보강 운동	장거리 러닝 4	저강도 90% 중·고강도 10%

3주		빌드업 마무리 러닝 4	기초 러닝 5와 보강 운동	기초 러닝 4와 보강 운동	변속 질주 러닝 4	기초 러닝 5와 보강 운동	장거리 러닝 2	저강도 89% 중·고강도 11%
4주	기초 러닝 5와 보강 운동	빌드업 마무리 러닝 6	기초 러닝 5와 보강 운동	기초 러닝 5와 보강 운동	언덕 반복 러닝 4	회복 러닝 5와 보강 운동	장거리 러닝 5	저강도 90% 중·고강도 10%
5주	기초 러닝 5와 보강 운동	빌드업 마무리 러닝 7	기초 러닝 6과 보강 운동	기초 러닝 5와 보강 운동	언덕 반복 러닝 5	회복 러닝 5와 보강 운동	장거리 러닝 7	저강도 90% 중·고강도 10%
6주		빌드업 마무리 러닝 6	기초 러닝 5와 보강 운동	기초 러닝 5와 보강 운동	언덕 반복 러닝 4	회복 러닝 5와 보강 운동	장거리 러닝 3	저강도 89% 중·고강도 11%
7주	기초 러닝 5와 보강 운동	빌드업 마무리 러닝 8	기초 러닝 6과 보강 운동	기초 러닝 5와 보강 운동	언덕 반복 러닝 6	회복 러닝 6과 보강 운동	장거리 러닝 9	저강도 90% 중·고강도 10%
8주	기초 러닝 5와 보강 운동	빌드업 마무리 러닝 9	기초 러닝 6과 보강 운동	기초 러닝 6과 보강 운동	언덕 반복 러닝 8	회복 러닝 6과 보강 운동	장거리 러닝 11	저강도 88% 중·고강도 12%
9주		빌드업 마무리 러닝 6	기초 러닝 6과 보강 운동	기초 러닝 5와 보강 운동	언덕 반복 러닝 6	회복 러닝 6과 보강 운동	장거리 러닝 5	저강도 88% 중·고강도 12%

핵심 단계 (Peak Phase)

10주	기초 러닝 6과 보강 운동	템포 인터벌 러닝 1	회복 러닝 6과 보강 운동	기초 러닝 6과 보강 운동	단거리 인터벌 러닝 4	회복 러닝 6과 보강 운동	장거리 러닝 13	저강도 84% 중·고강도 16%
11주	회복 러닝 6과 보강 운동	템포 러닝 4	회복 러닝 6과 보강 운동	기초 러닝 6과 보강 운동	단거리 인터벌 러닝 5	회복 러닝 6과 보강 운동	장거리 러닝 15	저강도 86% 중·고강도 14%
12주		템포 러닝 3	회복 러닝 5와 보강 운동	기초 러닝 5와 보강 운동	단거리 인터벌 러닝 3	회복 러닝 5와 보강 운동	장거리 러닝 7	저강도 85% 중·고강도 15%

13주	기초 러닝 6과 보강 운동	템포 러닝5	회복 러닝 6과 보강 운동	기초 러닝 6과 보강 운동	장거리 인터벌 러닝 3	회복 러닝 6과 보강 운동	변속 질주 장거리 러닝 4	저강도 80% 중·고강도 20%
14주	회복 러닝 6과 보강 운동	템포 인터벌 러닝 2	회복 러닝 6과 보강 운동	기초 러닝 6과 보강 운동	장거리 인터벌 러닝 5	회복 러닝 6과 보강 운동	빌드업 마무리 장거리 러닝 4	저강도 79% 중·고강도 21%
15주		템포 러닝4	회복 러닝 5와 보강 운동	기초 러닝 5와 보강 운동	장거리 인터벌 러닝 2	회복 러닝 5와 보강 운동	마라톤 모의 러닝	저강도 77% 중·고강도 23%
16	회복 러닝 6과 보강 운동	템포 러닝6	회복 러닝 6과 보강 운동	기초 러닝 6과 보강 운동	복합 인터벌 러닝 2	회복 러닝 6과 보강 운동	변속 질주 장거리 러닝 5	저강도 78% 중·고강도 22%

조정 단계 (Taper Phase)

17	회복 러닝 5와 보강 운동	템포 인터벌 러닝 1	기초 러닝 4와 보강 운동	기초 러닝 4와 보강 운동	복합 인터벌 러닝 1	회복 러닝 4와 보강 운동	빌드업 마무리 장거리 러닝	저강도 82% 중·고강도 18%
18		빌드업 마무리 러닝 4	기초 러닝 3과 보강 운동	기초 러닝 3과 보강 운동	변속 질주 러닝 3	회복 러닝 1	풀코스 마라톤	저강도 83% 중·고강도 17%

상급 단계 훈련 계획은 마라톤 기록 향상을 위해 어떤 날에는 하루 2번 훈련할 준비가 된 경험 많은 러너에게 적합하다. 훈련을 시작하기 전에 다음과 같은 기초체력을 갖추는 것이 필요하다.

- 주 3회 이상 꾸준히 러닝을 수행해야 한다. 이 중 일부는 중강도 및 고강도 구간을 포함해야 한다.
- 16km 이상의 편안한 러닝을 소화할 수 있어야 한다.
- 주 7회 유산소 운동을 수행할 수 있는 수준까지 기초체력을 길러야 한다.
- 총 훈련량은 1주 차에 6시간 45분으로 시작해, 16주 차에는 10시간 50분까지 점진적으로 증가한다.

요일 주	월요일	화요일	수요일	목요일	금요일	토요일	일요일	강도 비율
			기초 단계 (Basic Phase)					
1주	기초 러닝 6과 보강 운동	빌드업 마무리 러닝 6	기초 러닝 6과 보강 운동	기초 러닝 6과 보강 운동	변속 질주 러닝 6	기초 러닝 6과 보강 운동	장거리 러닝 5	저강도 92% 중·고강도 8%
2주	기초 러닝 6과 보강 운동	빌드업 마무리 러닝 6	기초 러닝 6과 보강 운동	기초 러닝 6과 보강 운동	변속 질주 러닝 10	기초 러닝 6과 보강 운동	장거리 러닝 7	저강도 91% 중·고강도 9%

3주		빌드업 마무리 러닝 6	기초 러닝 6과 보강 운동	기초 러닝 6과 보강 운동	변속 질주 러닝 8	기초 러닝 6과 보강 운동	장거리 러닝 5	저강도 87% 중·고강도 13%
4주	기초 러닝 6과 보강 운동	빌드업 마무리 러닝 7	기초 러닝 6과 보강 운동	기초 러닝 6과 보강 운동	언덕 반복 러닝 7	회복 러닝 6과 보강 운동	장거리 러닝 9	저강도 94% 중·고강도 6%
5주	기초 러닝 6과 보강 운동	빌드업 마무리 러닝 8 기초 러닝 4와 보강 운동	기초 러닝 7과 보강 운동	기초 러닝 6과 보강 운동	언덕 반복 러닝 8	회복 러닝 6과 보강 운동 기초 러닝 4와 보강 운동	장거리 러닝 11	저강도 90% 중·고강도 10%
6주		빌드업 마무리 러닝 7 기초 러닝 4와 보강 운동	기초 러닝 6과 보강 운동	기초 러닝 6과 보강 운동	언덕 반복 러닝 6	회복 러닝 6과 보강 운동	장거리 러닝 7	저강도 90% 중·고강도 10%
7주	기초 러닝 6과 보강 운동	빌드업 마무리 러닝 9	기초 러닝 7과 보강 운동	기초 러닝 6과 보강 운동	언덕 반복 러닝 9	회복 러닝 6과 보강 운동	장거리 러닝 13	저강도 89% 중·고강도 11%
8주	기초 러닝 6과 보강 운동	빌드업 마무리 러닝10 기초 러닝 6과 보강 운동	기초 러닝 7과 보강 운동	기초 러닝 6과 보강 운동	언덕 반복 러닝 11	회복 러닝 6과 보강 운동	장거리 러닝 15	저강도 90% 중·고강도 10%
9주		빌드업 마무리 러닝 9 기초 러닝 5와 보강 운동	기초 러닝 6과 보강 운동	기초 러닝 5와 보강 운동	언덕 반복 러닝 6	회복 러닝 5와 보강 운동 기초 러닝 5와 보강 운동	장거리 러닝 8	저강도 92% 중·고강도 8%

핵심 단계 (Peak Phase)

10주	기초 러닝 6과 보강 운동	템포 인터벌 러닝 2 회복 러닝 6과 보강 운동	기초 러닝 8과 보강 운동	기초 러닝 6과 보강 운동	단거리 인터벌 러닝 7	회복 러닝 6과 보강 운동 기초 러닝 6과 보강 운동	변속 질주 장거리 러닝 4	저강도 80% 중·고강도 20%
11주	회복 러닝 6과 보강 운동	템포 러닝8 회복 러닝 6과 보강 운동	기초 러닝 8과 보강 운동	기초 러닝 6과 보강 운동	단거리 인터벌 러닝 8	회복 러닝 6과 보강 운동 기초 러닝 6과 보강 운동	빌드업 마무리 장거리 러닝 14	저강도 83% 중·고강도 17%
12주		템포 인터벌 러닝 2 회복 러닝 5와 보강 운동	회복 러닝 6과 보강 운동	기초 러닝 5와 보강 운동	단거리 인터벌 러닝 4	회복 러닝 5와 보강 운동	변속 질주 장거리 러닝 3	저강도 80% 중·고강도 20%
13주	회복 러닝 6과 보강 운동	템포 인터벌 러닝 3 회복 러닝 6과 보강 운동	기초 러닝 9와 보강 운동	기초 러닝 6과 보강 운동	장거리 인터벌 러닝 6	회복 러닝 6과 보강 운동	변속 질주 장거리 러닝 5	저강도 81% 중·고강도 19%
14주	회복 러닝 6과 보강 운동	템포 러닝9 회복 러닝 6과 보강 운동	기초 러닝 9와 보강 운동	기초 러닝 6과 보강 운동	장거리 인터벌 러닝 7	회복 러닝 6과 보강 운동	변속 질주 장거리 러닝 6	저강도 81% 중·고강도 19%
15주		템포 러닝4 회복 러닝 5와 보강 운동	기초 러닝 6과 보강 운동	기초 러닝 5와 보강 운동	장거리 인터벌 러닝 4	회복 러닝 5와 보강 운동	마라톤 모의 러닝	저강도 80% 중·고강도 20%
16주	회복 러닝 6과 보강 운동	템포 인터벌 러닝 4 회복 러닝 6과 보강 운동	기초 러닝 9과 보강 운동	기초 러닝 6과 보강 운동	복합 인터벌 러닝 4	회복 러닝 6과 보강 운동	빌드업 마무리 장거리 러닝 6	저강도 80% 중·고강도 20%

조정 단계 (Taper Phase)

17주	회복 러닝 5와 보강 운동	템포 러닝6	기초 러닝 5와 보강 운동	기초 러닝 5와 보강 운동	복합 인터벌 러닝 2	회복 러닝 4와 보강 운동	빌드업 마무리 장거리 러닝 3	저강도 82% 중·고강도 18%
		회복 러닝 5와 보강 운동				기초 러닝 4와 보강 운동		
18주		빌드업 마무리 러닝 6	기초 러닝 5와 보강 운동	기초 러닝 4와 보강 운동	변속 질주 러닝 2	회복 러닝 2와 보강 운동	풀코스 마라톤 대회	저강도 80% 중·고강도 20%

부상 위험을 줄여주는
보강 운동

80/20 훈련법의 가장 큰 장점은 같은 시간을 훈련하더라도 더 높은 수준의 체력을 얻을 수 있다는 점이다. 또한 이 방법을 따르면 보다 효과적으로 훈련량을 늘릴 수 있어, 자연스럽게 경기력 향상으로 이어질 가능성이 크다.

하지만 훈련량을 늘려야 한다고 해서 반드시 더 많이 달려야 하는 것은 아니다. 달리는 거리가 증가하면 부상 위험도 함께 커진다. 달리기는 관절에 부담이 큰 운동이기 때문에 자전거 타기나 수영 같은 충격이 적은 유산소 운동보다 몸에 더 많은 부담을 준다. 사이클과 수영 선수 역시 부상을 겪지만 러너만큼은 아니다. 실제로 1998년 영국 스태포드셔대학교 연구에 따르면, 트라이애슬론 선수들이 5년 동안 겪은 부상의 60% 이상이 달리기에서 비롯되었으며, 수영과 사이클로 인한 부상은 40%에 불과했다.

일부 러너들은 체력이 정말 좋아서 부상 없이 원하는 만큼 달릴 수 있다. 만약 당신이 이런 러너라면, 훈련량을 늘릴 때 러닝 거리를 직접적으로 증가시키는 훈련 방법을 선택할 것이다. 하지만 대부분의 러너는 거리를 증가하는 만큼 부상 위험에 노출되기 쉽다. 이런 경우 사이클이나 수영처럼 충격이 적은 유산소 운동을 병행하는 것이 효과적인 대안이 될 수 있다.

연구에 따르면 보강 운동을 더 많이 실시하는 러너는 실제로 부상 위험이 낮아진다. 보강 운동을 추가하면 러닝 거리 증가와 비슷한 수준으로 경기력이 향상된다는 연구 결과도 있다. 1998년 퍼듀대학교의 믹 플린 연구팀은 20명의 러너를 대상으로 6주 동안 3번의 추가 러닝과 3번의 실내 사이클 훈련을 추가했다. 모든 러너는 추가된 훈련 전에 5km 기록 측정 테스트를 진행했다. 연구 결과 러닝만 한 그룹과 보강 운동을 병행한 그룹 모두 평균 2.5%의 기록 향상을 보였다. 이 연구는 보강 운동이 러닝 거리 증가와 유사한 수준으로 경기력을 높일 수 있음을 보여준다. 부상 위험을 줄이면서도 효과적으로 러닝 실력을 향상시키고 싶다면, 보강 운동을 적극적으로 활용하는 것이 좋은 방법이 될 것이다.

사이클과 같은 보강 운동으로 얻은 체력은 분명 러닝에도 큰 도움이 되지만, 러닝을 완전히 대체할 수는 없다. 만약 대체할 수 있었다면, 달리기를 전혀 하지 않고도 최고의 기량을 발휘할 수 있었을 것이다. 이처럼 다른 대안 운동이 따라올 수 없는 러닝의 가장 중요한 이점은 바로 러닝 기술의 향상이다. 〈6장〉에서 살펴본 것처럼, 트라이애슬론 선수들은 러너들과 비슷한 수준의 체력을 가지고 있음에도 불구하고, 실제 러닝 동작은 편안해 보이지 않는다. 이는 러닝 자세를 반복적으로 연습할 기회가 상대적으로 적기 때문이다.

그럼에도 불구하고, 보강 운동이 러닝 실력 향상에 미치는 영향은 상당하다. 실제로 일부 프로 러너들조차도 훈련의 많은 부분을 보강 운동에 할애한다. 예를 들어 아드리아나 넬슨 피르테아Adriana Nelson Pirtea는 일립티컬 자전거(서서 발판을 밟으며 팔도 함께 움직이는 유산소 운동 기구)를 활용해 훈련했다. 이 방법은 그녀가 2013년 미국 하프 마라톤 챔피언십에서 1시간 11분 19초라는 뛰어난 기록으로 우승을 차지하는 데 도움을 주었다.

피르테아 같은 세계적인 러너들은 훈련에 더 많은 시간을 할애하고 동기부여도 크다. 하지만 대부분의 러너들은 개인 최고 기록PR, Personal Record을 경신하기 위해 투자할 수 있는 시간이 제한적이다. 또한 지금보다 더 훈련하지 못하는 이유 역시 단순히 의지가 부족해서는 아니다. 체력이 부담되거나, 부상이 걱정되어 훈련을 주저하는 경우가 더 많다.

80/20 법칙을 따르면 체력 부담을 줄일 수 있다. 많은 러너가 일반적으로 50/50 강도 비율(저강도와 중·고강도를 반반씩 나누는 방식)로 훈련하지만, 이를 80/20 비율(저강도 80%, 중·고강도 20%)로 바꾸면, 더 많은 거리를 무리 없이 소화할 수 있다는 사실을 깨닫게 된다. 또한 훈련에 보강 운동을 추가하면 부상의 위험도 줄일 수도 있다. 훈련에 얼마나 많은 시간을 투자할지는 본인이 결정할 몫이다. 하지만 러너로서 최고의 기량을 발휘하길 원한다면, 본인이 감당할 수 있는 만큼 최대한 훈련하는 것이 중요하다. 다시 말해 개인적인 우선순위 외의 어떤 요소도 훈련을 제한하는 요인이 되어서는 안 된다. 〈12장〉에서는 보강 운동을 활용해 부상이라는 장벽을 허물고, 80/20 러닝 프로그램을 더욱 효과적으로 적용하는 방법을 소개한다.

보강 운동을 활용하는 두 가지 방법

　대부분의 러너는, 심지어 부상이 거의 없는 러너조차도, 최소한 주 1회는 관절에 부담이 적은 유산소 운동을 하는 것이 좋다. 그 이유는 보강 운동을 일상의 루틴으로 만들면, 달리기를 할 수 없는 상황이 왔을 때 심리적으로나 신체적으로 다른 운동에 쉽게 적응할 수 있기 때문이다.

　심리적인 측면에서 보면, 평소 보강 운동을 하지 않는 러너들은 부상을 당해도 달리기를 지속하려는 경향이 있다. 대체할 수 있는 다른 운동이 없으므로 휴식을 취하는 대신 통증을 참고 뛰려는 것이다. 반면에 평소 보강 운동을 병행한 러너는 부상을 당했을 때, 현명하게 러닝을 쉬고 부담이 적은 새로운 유산소 운동으로 대체한다.

　신체적인 측면에서도 마찬가지다. 종종 부상을 당했을 때만 보강 운동을 하면, 신체가 다른 운동으로 전환할 준비가 되지 않아 훈련 계획을 바꾸기 어렵다. 러너가 갑작스러운 부상으로 모든 러닝을 사이클이나 수영으로 바꾸면, 해당 운동에 적응할 시간이 부족해 새로운 형태의 과사용 부상을 겪을 가능성이 크다. 하지만 평소에 주 1회라도 사이클이나 수영을 했다면, 갑작스럽게 훈련 계획이나 종목을 바꿔야 하는 상황에서도 신체가 자연스럽게 적응할 수 있다.

　보강 운동의 목적이 단순히 '부상 시 러닝을 대신하는 체력 유지'라면, 주 1회 러닝을 관절 부담이 적은 다른 유산소 운동으로만 바꿔도 충분하다. 하지만 체력을 향상시키고 전반적인 훈련량을 늘리고 싶다면, 기존 훈련과 보강 운동을 병행하며 적극적으로 활용해야 한다. 이를 실천하는 방법으로는 '최소한의 보강 운동'과 '적극적인 보강 운동' 두 가지가 있다. 개인의 목표와 상황에 따라 더 맞는 방법을 선택해 활용하면 된다.

최소한의 보강 운동 접근법

최소한의 보강 운동은 러닝 일정에 주 1회 보강 운동을 추가하는 방식이다. 예를 들어 현재 주 5회 러닝을 한다면, 여기에 주 1회 보강 운동을 추가하는 것이다. 그러면 전체 훈련량을 20% 늘리면서도 다리에 가해지는 충격은 최소화할 수 있다. 작은 변화로 충분한 효과를 얻을 수 있으며, 부상 위험은 거의 증가하지 않는다.

이 접근법은 훈련 시간을 크게 늘리고 싶지 않은 러너나, 보강 운동을 본격적으로 도입하기 전에 가볍게 시도해 보고 싶은 러너에게 적합하다. 또한 이미 최대한의 러닝 훈련을 소화하고 있지만, 추가적인 부담 없이 체력을 한 단계 더 끌어올리고 싶은 러너에게도 효과적이다. 실제로 많은 엘리트 러너들은 일주일에 단 1회의 보강 운동으로 160km 이상의 고강도 훈련을 보완하고 체력을 증진시킨다.

적극적인 보강 운동 접근법

적극적인 보강 운동은 경기력을 향상시키면서도 부상 위험을 줄이는 효율적인 방식이다. 체력을 극대화하기 위해, 주간 훈련 루틴에 여러 번의 보강 운동을 포함하는 것이 특징이다. 그러면서 동시에 부상 위험과 다리에 가해지는 충격을 최소화하기 위해 러닝 마일리지(훈련 기간 달린 총 거리) 역시 줄여야 한다.

보통 적극적인 보강 운동을 선택하는 러너들은 반복되는 부상으로 인해 좌절을 경험한 경우가 많다. 실제로 많은 러너가 보강 운동이 러닝 실력 향상에 도움이 된다고 믿지 않기 때문에 훈련 루틴에 포함시키지 않는다. 결국 마지막 대안으로 시도하는 경우가 많다. 하지만 의외로 좋은 결과를 얻는 사례가 많다. 실제로 일부 엘리트 러너들은 보강 운동으로 공백기 격차를 메우고, 경기력을 유지하는 데 성공했다.

적극적인 보강 운동의 대표적인 사례는 멥 케플레지기Meb Keflezighi다. 그는 2009년, 1982년 알베르토 살라자르 이후 미국인으로서는 처음으로 뉴욕 마라톤에서 우승했다. 멥은 타고난 신체적 능력이 다른 선수보다 떨어졌기 때문에, 충격이 적은 보강 운동을 적극적으로 활용했다. 보강 운동을 통해 부상 시에는 체력을 유지하고, 건강할 때는 부족한 달리기 거리를 보완했다. 2013년 37세였던 케플레지기는 종아리 부상으로 보스턴 마라톤 출전을 포기해야 했다. 이 기간에 그는 실외 일립티컬 자전거와 일반 자전거를 타는데 많은 시간을 보냈다. 이후 부상이 회복되자 아침에는 러닝, 오후에는 보강 운동을 병행하는 방식으로 훈련을 재개했다. 그리고 39세를 앞둔 2014년 보스턴 마라톤에서, 2시간 8분 37초라는 개인 최고 기록으로 우승하며 다시 한번 정상에 섰다. 전년도 세계 랭킹 1, 2위 선수를 포함해 강력한 엘리트 선수들을 제쳤다.

적극적인 보강 운동은 부상이 잦은 모든 연령대의 러너뿐만 아니라, 장기간의 고강도 러닝으로 충격이 누적된 다리를 보고하고 싶은 35세 이상 러너에게도 적합하다. 연구에 따르면, 러닝은 다른 지구력 스포츠보다 나이가 들수록 경기력이 저하되는 경향을 보인다. 사이클이나 수영과 달리, 러너들은 40대 이후부터 속도가 급격이 느려지는 경우가 많다. 이는 러닝 특유의 '탄력성'이 시간이 지나면서 점점 감소하기 때문이다. 과학적으로 접근해 보면 달리기의 성과는 특정 종류의 탄력성에 따라 달라지지만, 충격이 적은 지구력 스포츠의 경우에는 그렇지 않기 때문이다.

예를 들어 수영과 사이클에서 20대부터 세계 정상급이었던 선수들이, 40대에도 여전히 최상위권을 유지하는 경우가 많다. 하지만 달리기는 다르다. 마라톤에서는 늦게 시작한 선수들이 오히려 중·장년층에서 더 좋은 성적을 내는 사례가 많다. 대표적인 예로 캐서린 마틴 Kathryn Martin은 30세에 달리기를 시작했고, 50~59세 연령대에 미국 기록을 경신했다. 또한 에드 휘틀록 Ed Whitlock은 학창시절에 달리기를 했지만, 중년에 들어서야 진지하게 시작했다. 그는 73세에 마라톤을 2시간

54분 48초로 완주하며 기록을 세웠다.

반면에 20대에 정상급이었던 러너들은 중년이 되면서 경기력이 급격히 하락하는 경우가 많다. 물론 대부분 여전히 뛰어나지만, 45세 이후에 급격히 속도가 느려진다. 예를 들어 빌 로저스Bill Rodgers는 전성기에 세계에서 가장 빠른 러너 중 한 명이었지만, 50~60세 사이에 10km 기록이 무려 10분이나 느려졌다. 이러한 사례는 러닝을 오래 한 선수들이 일정 시점이 지나면, 체력 저하를 경험한다는 사실을 보여준다.

장기간 고강도 러닝을 지속하면 근육 노화를 가속화하는 경향이 있다. 2010년, 남아프리카 공화국 케이프타운대학교의 데일 레이Dale Rae 연구팀은 중년 러너들의 종아리 근육에서 추출한 DNA 길이를 분석했다. 연구 결과, 러닝 경험과 훈련량이 많을수록 세포 내 DNA 길이가 짧아지는 경향을 보였다. 긴 시간과 스트레스는 DNA를 점차 짧아지게 하는데, 같은 나이의 러너들 사이에서도 훈련량이 적은 러너가 더 '젊은 DNA'를 보유하고 있었던 것이다. 그러나 이 발견을 과장해서 해석하지 말아야 한다. 일반인과 비교했을 때 러너들의 DNA 길이에는 큰 차이가 없었기 때문이다. 따라서 20대 러너들이 평소보다 더 달릴 필요는 없다. 하지만 35세 이후에는 보강 운동을 더 많이 하고, 러닝 거리를 줄이는 것이 합리적이란 걸 알아두길 바란다. 그렇게 하면 나이가 들어도 경기력을 유지하고, 궁극적으로는 러닝 속도 저하 능력을 늦출 수 있다.

적극적인 보강 운동 접근법에서, 러닝과 보강 운동의 균형을 맞추는 방법에는 여러 가지가 있다.

러닝 능력 향상에 관심이 있다면, 더 많은 보강 운동으로 총 훈련량을 늘려야 한다. 게다가 부상 위험과 다리에 가해지는 피로를 줄이는 것이 우선이라면, 러닝 횟수와 거리를 줄여야 한다. 일반적으로 주 3회 이하의 러닝은 실력 향상에 어려움을 줄 수 있다. 따라서 보강 운동을 아무리 많이 해도, 최소한 이틀에 한 번 러닝을 유지하는 것이 바람직하다. 하지만 한 주에 러닝과 보강 운동을 13회 이상 하면, 오히려 피로 누적으로 부상의 위험이 커질 수 있다. 만약 최고의 러너가 되기 위해 훈련에 전념하고 있더라도, 13회 운동 중 러닝은 6~7회를 넘기지 않아야 한다. 실제로 맵 케플레지기는 주 7회 러닝과 7회 보강 운동을 병행하며 2시간 8분대 마라톤 기록을 세웠다. 이를 감안하면, 일반 러너들 역시 러닝과 보강 운동의 균형을 유지하는 것만으로도 목표를 달성할 수 있다.

일반적인 훈련 주간을 기준으로, 한 번에 1~2회씩만 늘리는 걸 권장한다. 급격한 훈련량 증가는 부상의 위험뿐 아니라, 피로 누적과 번아웃을 초래할 수 있다. 만약 현재 주 6회 러닝을 하고 있다면, 주 6회 러닝과 주 1회 보강 운동을 추천한다. 또는 주 5회 러닝과 주 2회 보강 운동으로 전환하는 것이 좋다. 이후 체력이 좋아지면 러닝과 보강 운동을 주 8~9회로 확장할 수 있다.

표 12.1 달리기와 보강 운동을 균형 있게 조절하는 방법

러닝 횟수(주당)	보강 운동 횟수(주당)	대상
최소한의 보강 운동		
5~6회	1회	초보 러너 현재 체력이 부족한 러너 훈련 시간이 적은 러너 부상 위험이 낮은 러너
7~12회	1회	경험이 풍부한 기록 추구형 러너 부상 위험이 낮은 러너
적극적인 보강 운동		
3~4회	3~4회	초보 러너 현재 체력이 부족한 러너 훈련 시간이 적은 러너 부상 위험이 있거나 35세 이상
3~7회	5~10회	경험이 풍부한 기록 추구형 러너 부상 위험이 있거나 35세 이상

[표 12.1]은 적극적인 접근법과 최소한의 접근법으로 달리기와 보강 운동을 균형 있게 조절하는 다양한 방법을 제시한다. 그리고 러너 유형에 맞춘 세부 정보를 제공한다. 자신에게 가장 적합한 훈련 균형을 찾기 위해서는 여러 번의 시도가 필요할 수도 있다. 또한 이상적인 균형은 시간과 체력 상태에 따라 변할 수도 있다는 걸 인지해야 한다. 무엇을 해야 할지 확신이 서지 않을 때는 더 많은 보강 운동과(더 많은 부피가 더 나은 체력을 의미하기 때문에)과 더 적은 달리기(더 적은 달리기가 부상 위험을 줄여주기 때문에)를 선택하는 쪽으로 접근하는 것이 좋다.

달리기와 보강 운동의 균형을 맞추는 조율 방법은 자유롭게 선택해도 좋다. 하지만 달리기뿐만 아니라 전체 훈련 프로그램에 80/20 법칙을 지키는 것은 중요하다.

예를 들어 일주일에 4시간은 달리고 2시간 자전거를 탄다면, 매주 중강도 및 고강도 훈련의 총량은 약 72분, 즉 6시간의 20%여야 한다. 그러나 달리기와 보강 운동을 개별적으로 수행할 때 80/20 비율을 따를 필요는 없다. 만약 실제 대회를 준비하고 있다면, 경쟁할 분야에서 최선을 다하는 게 가장 좋다고 생각한다.

따라서 모든 보강 운동은 저강도로 수행하고, 도전하는 종목에 중강도와 고강도 훈련을 집중해 수행하면 된다. 다시 말해 일주일에 4시간 달리고 2시간 자전거를 탄다면, 일주일에 72분 동안 중강도 및 고강도로 달리고, 자전거를 타는 2시간은 낮은 강도로 하는 것이 좋다.

그러나 아킬레스건염이나 햄스트링 부상 경험이 있다면 러닝보다 보강 운동에서 중강도와 고강도 훈련을 수행하는 것이 더 안전하다. 이미 부상으로 현재 달릴 수 없다면, 가장 좋은 대처 방법은 일정에 계획된 달리기를 보강 운동 버전으로 대체하는 것이다. 예를 들어 무릎이 아파서 존5에서 60초 언덕 러닝 12회 반복을 할 수 없다면, 자전거로 비슷한 세션을 수행하면 된다.

달리기에서 사용하는 것과 동일한 도구를 사용하여 보강 운동에서도 강도를 모니터링하고 조절할 수 있다. 활동마다 심박수 구간이 약간 다르다는 점만 주의하면 된다. 일반적으로 젖산역치 심박수는, 충격이 적은 보강 운동보다 달리기에서 분당 약 10회 정도 더 높다.

따라서 보강 운동에서 강도를 조절하기 위해 심박수 모니터를 사용한다면, 먼저 그 활동에서 30분 타임 트라이얼, 운동자각 테스트 또는 대화 테스트를 수행한다. 그리고 그 결과를 사용하여 해당 활동에 특화된 존을 계산하면 된다.

러너에게 도움이 되는 보강 운동에는 여러 가지가 있지만, 모든 운동이 러닝 실력 향상에 효과적인 것은 아니다. 예상하는 것처럼 러닝과 비슷한 움직임을 포함하는 운동일수록 러닝 퍼포먼스 향상에 도움이 된다. 예를 들어 다리를 번갈아 움직이며 추진력을 내는 사이클은 러닝과 유사한 움직임을 가지기 때문에 효과적이다. 반면에 수영처럼 상체 중심의 운동은 러닝 실력 향상에 큰 영향을 미치지 않는다.

이러한 보강 운동의 원리는 2002년 프랑스 연구진이 수행한 흥미로운 연구에서도 확인할 수 있다. 연구진은 엘리트 트라이애슬론 선수들을 대상으로 40주간 훈련 데이터를 분석했다. 주마다 수영, 사이클, 러닝의 각 종목 훈련량을 별도로 추적하고, 각 종목마다 선수들의 성과 테스트를 진행했다. 연구진들은 모든 데이터를 수집하고, 세 종목 간의 관계를 추적했다. 그 결과 사이클 훈련은 러닝 능력 향상에 긍정적인 영향을 줬지만, 수영 훈련은 러닝 능력 향상에 거의 도움이 되지 않았다.

하지만 사이클만이 러너들에게 효과적인 보강 운동은 아니다. 러닝을 보완하는 데 특히 효과적인 일곱 가지 유산소 운동이 있다. 각각의 운동은 장단점이 있지만, 어떤 것을 수행해도 모두 러닝 실력 향상에 도움을 준다. 보강 운동을 선택할 때는 개인의 취향, 편의성, 경제적인 요소 등을 고려하는 것이 좋다. 예를 들어 도심에 거주해 사이클을 타기 어렵다면, 트레드밀을 이용한 오르막 걷기가 좋은 대안이 될 수 있다.

또한 여러 종목으로 보강 운동을 해도 괜찮다. 오히려 훈련이 지루하지 않고, 다양한 자극을 주기 때문에 운동 효과도 높아진다. 나 같은 경우 실외 사이클, 실내 사이클, 그리고 오르막 트레드밀 걷기를 병행하는데, 이렇게 하면 훈련이 단조롭지 않아 더 즐겁게 할 수 있다. 이처럼 러닝을 보완하는 보강 운동을 적절히 활용해 부상 위험을 줄이면서도 러닝 실력을 더욱 끌어올리길 바란다.

무중력 러닝머신

무중력 러닝머신은 기존 러닝을 대체하는 운동이 아니라 또 다른 형태의 러닝 방식이다. 일반적인 러닝머신에 텐트처럼 생긴 특수 밀폐 장치가 부착된 형태이다. 사용자는 허리 높이의 입구로 들어가 지퍼를 닫아 밀폐된 공간을 만든다. 그러면 무중력과 유사한 환경이 만들어지면서 체중이 줄고, 걷기와 달리기를 편안하게 할 수 있다. 압력의 양은 조절 가능하며 실제 체중의 20%에서 100%까지 조절할 수 있다. 체중 비율이 낮아질수록 관절에 가해지는 충격이 줄어들지만, 운동 강도 역시 낮아지므로 같은 효과를 얻기 위해서는 평소보다 더 빠른 속도로 달려야 한다.

이 기계를 보조 훈련에 사용하는 러너는 실제 체중의 90~95% 정도로 달린다. 그러나 이들 대부분은 원래 체중이 가벼운 엘리트 러너들이다. 대부분의 러너에게는 전체 체중의 80~85% 범위가 안전하다. 또한 평소 운동할 때의 심박수와 비슷한 수준으로 유지하려면 체중을 조금 더 낮게 설정하고, 속도를 조절하면 된다. 실제 연구에서 무중력 러닝머신에서 빠르게 달리면 러너들은 자신의 체중의 85%에 달하는 양의 산소를 소비할 수 있다고 밝혀냈다.

무중력 러닝머신의 가장 큰 이점은 일반 러닝과 가장 유사한 형태의 보강 운동으로, 러닝 퍼포먼스를 효과적으로 강화시켜 준다. 그리고 부상을 당한 러너들에게는 재활 운동이 되기도 한다. 사이클이나 수영은 뼈와 관절에 충격을 주지 않지만 골밀도 유지에는 한계가 있다. 반면에 무중력 러닝머신은 러닝 동작을 그대로 유지하면서도 체중 부하 조절이 가능하다. 그로 인해 추가 부상의 위험을 낮추고, 통증이 없는 범위 내에서 훈련을 지속할 수 있다. 하지만 무중력 러닝머신의 가장 큰 단점은 비용과 접근성이다. 먼저 가격이 2만 5,000달러 이상으로 일반 러너가 개인적으로 구매하기에는 부담이 크다. 또한 일부 물리치료 클리닉이나 피트니스 시설에서 이용할 수 있지만, 많지 않을뿐더러 편리하거나 저렴하지 않아 효율이 떨어진다. 또 다른 단점은 다소 지루하다는 점이다. 실제로 한 박람회에서 이 기기로 이틀 동안 몇 시간씩 러닝을 했는데, 시간이 마치 며칠처럼 느껴졌다.

결론적으로 무중력 러닝머신은 부상 예방과 재활 훈련에 효과적인 러닝 보강 운동이지만, 높은 비용과 낮은 접근성, 그리고 지루함 극복이라는 과제가 남아 있다. 러닝 퍼포먼스를 유지하고 싶거나 부상 중에도 운동을 지속해야 하는 러너들에게는 유용한 선택지가 될 수 있다.

사이클

사이클은 무중력 러닝머신만큼 러닝과 직접적으로 연관된 운동은 아니다. 사이클은 앉아서 하는 운동이지만, 러닝은 선 상태로 움직인다. 또한 자전거를 탈 때는 허벅지 앞쪽 근육인 대퇴사두근이 주로 작용하는 반면, 러닝에서는 충격을 흡수하는 보조적인 역할을 한다. 이러한 차이에도 불구하고, 풍부한 과학적 연구와 실제 사례가 자전거를 통한 체력 향상이 러닝에도 효과적이라는 걸 증명한다.

사이클을 타는 방법에는 야외 자전거와 실내 자전거 두 가지가 있다. 도로나 산길을 달리는 야외 라이딩은 보다 역동적이고 즐거운 반면, 고정식 자전거를 이용한 실내 라이딩은 날씨와 관계없이 편리하고 접근성이 높다. 특히 기술적인 부분이 부족한 러너들에게는 실내 라이딩이 더 적합할 수도 있다.

사이클을 꾸준히 할 계획이라면 자신에게 잘 맞는 자전거를 선택하는 것이 중요하다. 적절한 자전거 피팅fitting은 러닝화 선택보다 훨씬 복잡하며, 크기만 맞춘다고 끝나는 것이 아니다. 안장 높이, 안장의 앞

뒤 위치, 크랭크암 길이, 핸들바 위치 등 세부적인 조정이 필요하며, 이를 위해서는 전문적인 자전거 피팅을 받는 것이 필수다. 안장 높이가 단 1cm만 어긋나도, 혹은 다른 설정이 조금만 틀어져도 무릎 통증, 허리 통증 등 자전거로 인한 과사용 부상을 초래할 수 있다.

야외 일립티컬 자전거

야외 일립티컬 자전거는 헬스장에서 흔히 볼 수 있는 실내 일립티컬 자전거와 유사하지만, 두 개의 바퀴가 있어 야외에서 탈 수 있도록 설계된 운동 기구이다. 이 기기는 미국 캘리포니아 남부의 일립티고 ElliptiGO라는 회사에서 개발했다. 그 회사의 창립자들이 내 친구들이기도 하지만, 나는 이 기술을 초창기부터 사용해 왔다. 다소 주관적인 의견일 수 있지만, 러너들을 위한 보강 운동 중 가장 좋은 운동을 하나만 꼽으라면 야외 일립티컬 자전거를 선택할 것이다.

기본적인 실내 일립티컬 자전거는 충격 없이 러닝 동작을 재현할 수 있도록 개발되었기 때문에, 야외에서 타는 일립티컬 자전거로 얻은 체력이 러닝에도 효과적으로 적용될 수 있다는 점은 분명하다. 특히 야외 일립티컬 자전거의 가장 큰 장점은 재미있다는 것이다. 나는 실내 일립티컬 자전거는 20분만 타도 답답함을 느끼지만, 야외 일립티컬 자전거는 2~3시간씩 타도 재밌다. 재미는 운동의 중요한 요소다. 보강 운동이 즐거울수록 더 오랜 시간 지속할 수 있고, 그만큼 더 높은 운동 효과를 얻을 수 있기 때문이다.

최근 몇 년 동안 야외 일립티컬 자전거는 미국의 프로 러너들 사이에서 유행되고 있다. 앞서 언급한 아드리아나 넬슨 피르테아와 멥 케플레지기뿐만 아니라, 2012년 올림픽 출전 선수 줄리 컬리Julie Culley, 5,000m 미국 챔피언을 두 차례 차지한 로런 플레쉬먼Lauren Fleshman, 2000년 올림픽 출전 선수 애덤 가우처Adam Goucher, 5,000m 미국 기록 보유자 몰리 허들Molly Huddle, 800m 미국 챔피언 5회 우승자 알리시아 몬타뇨Alysia Montaño, 그리고 2시간 27분 마라토너 스테파니 로스스타인Stephanie Rothstein도 일립티컬 자전거를 타는 모습이 종종 목격되었다.

하지만 야외 일립티컬 자전거에는 두 가지 단점이 있다. 첫 번째는 비용이다. 일립티컬 자전거는 경주용 수준의 고급 소재와 부품으로 제작되기 때문에 가격이 저렴하지 않다. 기본 모델 가격이 2,200달러 이상이며, 이보다 저렴한 제품도 있지만 제대로 된 보강 운동 용도로 사용하기에는 적합하지 않다. 두 번째 단점은 환경과 날씨의 영향을 많이 받는다. 만약 도로 갓길이 매우 좁거나 겨울철이 길고 눈이 자주 내리는 지역에 거주한다면, 야외 일립티컬 자전거는 실용적인 보강 운동 옵션이 되기 어렵다.

실내 일립티컬 자전거

야외 일립티컬 자전거가 등장한 이후, 기존의 실내 일립티컬 자전

거의 인기가 다소 줄었지만 여전히 러닝과 관련된 우수한 보강 운동
이다. 이 운동의 가장 큰 장점은 편리함이다. 실내 운동이기 때문에 날
씨와 상관없이 언제든 가능하며, 헬스장 회원권이 있다면 고품질의
일립티컬 자전거를 쉽게 이용할 수 있다. 실내 일립티컬 자전거의 유
일한 단점은 지루함이다.

수중 러닝

수중 러닝은 깊은 물에서 일반 러닝 동작을 흉내 내며 달리는 운동
으로, 과거에는 부상당한 엘리트 러너들이 가장 많이 선택하는 보강
운동이었다. 하지만 최근에는 무중력 러닝이나 야외 일립티컬 자전거
같은 새로운 대안이 등장하면서 다소 인기가 줄어들었다. 그래도 여
전히 일부 엘리트 러너들은 장거리 러닝 후, 수중 러닝으로 쿨다운을
하며 훈련량을 늘리고 부상의 위험을 낮추고 있다.

수중 러닝의 가장 큰 장점은 올바르게 수행할 경우, 일반 러닝을 재
현할 수 있다는 점이다. 이러한 이유로 수중 러닝을 통해 길러진 체력
이 실제 러닝에도 효과적으로 적용된다. 한 연구에서는 6주 동안 수중
러닝만 진행해도 기존의 체력을 완전히 유지할 수 있었다는 결과가
보고되었다.

수중 러닝을 할 때는 일반 러닝과 최대한 유사한 보폭과 동작을 유
지하는 것이 중요하다. 하지만 물속에서는 부력 때문에 몸이 가라앉

거나 자세를 유지하기 어려워, 이를 보완하기 위해 아쿠아조거AquaJogger
에서 만든 수중 러닝 전용 조끼(플로팅 벨트)를 착용하는 것이 좋다.
이 조끼는 몸이 물에 자연스럽게 뜨도록 해서, 팔과 다리를 러닝 동작
에 집중할 수 있도록 도와준다. 가격은 약 40~60달러 정도이며, 러닝
전문 매장에서 쉽게 구할 수 있다.

수중 러닝과 일반 러닝의 가장 큰 차이점은 지면과의 접촉 여부이
다. 일반 러닝은 발이 땅에 닿으면서 체중이 실리는 운동이지만, 수중
러닝은 몸이 물에 뜬 상태로 움직이기 때문에 체중이 거의 실리지 않
는다. 이 때문에 장기간 수중 러닝만 하면 다리의 골밀도가 낮아지고,
뼈와 근육이 지면 충격에 적응하는 능력이 떨어져 부상으로 이어질
수 있다. 따라서 장기간 수중 러닝을 해야 한다면, 실내 일립티컬 자전
거처럼 체중이 실리는 운동과 병행하는 것이 좋다. 하지만 골절과 같
은 부상으로 체중을 지탱하는 운동이 불가능한 경우라면, 수중 러닝
이 최선의 대안이 될 수도 있다.

수중 러닝은 보강 운동으로서 재미가 부족하다는 평가를 받는다.
사실 내가 해본 모든 보강 운동 중 가장 지루한 운동이었으며, 수중
러닝을 즐긴다고 말하는 러너를 본 적이 없다.

슬라이드보드 운동

슬라이드보드는 많은 러너들에게 생소한 운동이지만, 러닝을 위한

보강 운동으로 매우 효과적인 옵션이 될 수 있다. 슬라이드보드는 긴 직사각형 모양의 플라스틱판이다. 사용자가 전용 슈즈를 신고 슬라이드보드 양쪽 끝에 있는 범퍼 사이를 좌우로 미끄러지며 스케이팅 동작을 반복하는 운동이다. 주로 하키 선수나 스피드 스케이팅 선수들이 빙상 훈련을 할 수 없을 때 대체 훈련용으로 사용하지만, 러너들에게도 좋은 보강 운동이 될 수 있다.

슬라이드보드는 러닝의 보강 운동으로 여러 가지 장점이 있다. 우선 체중을 지탱하면서도 다리를 번갈아 사용하는 동작이 러닝과 유사해, 심폐 지구력을 향상시키는 데 효과적이다. 슬라이드보드는 별도의 기계 부품이나 금속 재질이 포함되지 않아 가볍고 조작이 간단하다. 집 안 어디에서든 펼쳐 놓고 사용할 수 있으며, 사용 후에는 말아서 보관하거나 간편하게 가지고 이동할 수도 있다. 슬라이드보드는 다른 실내 운동 기구보다 상대적으로 저렴해 훨씬 경제적이다. 게다가 일반적인 실내 유산소 운동보다 훨씬 재미있으며, 실제 스케이팅과 비슷한 즐거움을 제공한다.

슬라이드보드와 러닝의 가장 큰 차이점은 러닝은 앞쪽으로 나아가지만, 슬라이드보드는 좌우로 움직이는 운동이라는 점이다. 그러나 이러한 차이점도 오히려 장점이 될 수 있다. 슬라이드보드는 러너들에게 상대적으로 약한 고관절 안쪽과 바깥쪽 근육을 강화하는 효과가 있다. 이러한 근육이 약하면 무릎 부상의 위험이 커지기 때문에 슬라이드보드를 활용하면 무릎을 보호하면서도 러닝에 필요한 보강 운동을 효과적으로 수행할 수 있다.

슬라이드보드는 아직 대중적으로 알려지지는 않았지만, 공간을 많이 차지하지 않으면서도 실내에서 효과적인 보강 운동을 할 수 있는 좋은 선택지이다. 특히 편리성과 경제성을 중시하는 러너들, 그리고 무릎 부상이 걱정되는 사람들에게 추천할 만한 운동이다.

트레드밀 경사 걷기

걷기는 원래 러너들을 위한 가장 기본적인 보강 운동이었다. 1940년대 이전까지만 해도 많은 장거리 선수들이 훈련의 일부로 걷기를 포함했지만, 아서 리디아드가 느린 러닝이 걷기보다 더 효과적이라고 주장하면서 점점 사라졌다. 이후 1990년대에 보강 운동이 다시 주목받았지만, 걷기는 실내 일립티컬 자전거나 일립티컬 트레이닝처럼 러닝과 유사한 강도를 제공하는 운동들에 밀려 주목받지 못했다. 이러한 단점을 극복하는 운동이 바로 트레드밀 경사 걷기다.

일반적인 걷기보다 트레드밀 경사 걷기가 더 좋은 이유는 두 가지다. 첫 번째는 야외에서 걷기만으로는 심박수를 존2의 유산소 운동 범위까지 올리기가 쉽지 않다. 하지만 러닝머신에서 경사를 높이면 자연스럽게 심박수가 상승하여 유산소 운동 효과를 극대화할 수 있다. 두 번째는 신경근육 측면에서 달리기와 유사하다. 연구에 따르면 사람이 가파른 오르막을 걸을 때 달리기로 전환하고 싶어지는 특정 속도가 존재하며, 이때 뇌는 걷기와 달리기를 동일한 움직임으로 인식한다. 즉 일정한 속도에서는 걷기와 달리기의 차이가 거의 사라지는 것이다.

신체적, 과학적 원리가 맞는지 직접 테스트해 보자. 우선 트레드밀을 15% 경사로 설정한 후, 천천히 걷기 시작한다. 그다음 속도를 점진적으로 올리면서, 자연스럽게 달리기로 전환하고 싶은 순간을 찾아본다. 마지막으로 달리기로 전환하고 싶은 시점에서 달리기를 시작하고, 잠시 후 다시 걷기로 돌아간다. 실제로 걷기와 달리기 동작이 명확하게 구분되지 않는 점을 깨닫게 될 것이다. 달리고 있다고 생각할 때조차, 항상 한 발은 땅에 닿아 있기 때문이다.

많은 러너가 트레드밀 경사 걷기를 하다 보면, 자연스럽게 중강도에서 고강도로 전환되는 속도를 경험하게 된다. 이 속도는 일반적인 보강 운동에 적합하지 않다. 하지만 속도를 낮춰 천천히 걷더라도, 트레드밀 경사 걷기는 다른 보강 운동보다 러닝과 더 유사한 효과를 제공한다.

처음 시도할 때는 다양한 속도와 경사를 테스트하면서, 존1과 존2 구간에서 자신에게 맞는 강도를 찾아야 한다. 특히 종아리 근육과 아킬레스건에 무리가 가지 않도록 첫 몇 주간은 짧은 시간 동안만 진행하는 것이 좋다. 일정 기간 적응하면 이러한 근육과 힘줄도 자연스럽게 강화된다.

트레드밀에서 걷는 것이 지루할 수도 있지만, 나는 이 시간을 활용해 독서를 한다. 이 방법으로 매주 한 권씩 책을 읽는다. 이렇게 하면 몸과 뇌를 동시에 단련할 수 있다.

트레드밀 경사 걷기는 부담 없이 러닝과 유사한 효과를 낼 수 있는 보강 운동이다. 특히 러닝을 쉬어야 하는 시기에도 운동량을 유지할 수 있도록 도와주며, 심폐 지구력과 하체 근력을 동시에 강화하는 데 효과적이다. 심박수를 높이고 싶거나 러닝과 유사한 운동을 찾고 있다면, 트레드밀 경사 걷기는 훌륭한 선택이 될 것이다.

표 12.2 보강 운동 비교

운동 유형	러닝과의 유사성	편리함	재미 요소
무중력 러닝머신	A	D	C-
사이클	B-	B	B+
야외 일립티컬 자전거	B+	B	A
실내 일립티컬 자전거	B	B+	D+
수중 러닝	B-	B-	D
슬라이드보드 운동	C+	A	B-
트레드밀 경사 걷기	B+	B+	C+

보강 운동 계획하기

다음 훈련 계획을 세울 때, 기존보다 평균적인 훈련량을 약간 늘리는 것을 고려해 보자. 이를 위해 주당 총 운동 횟수를 정하고, 그중 몇 회를 보강 운동으로 할지 결정해야 한다. 또한 러닝을 보완할 유산소 운동을 하나 이상 정해서, 꾸준히 병행할 수 있도록 계획을 세우는 것이 중요하다. 훈련 과정 전반에 걸쳐 러닝과 보강 운동을 일정한 패턴으로 유지해 몸이 자연스럽게 적응할 수 있도록 한다.

〈8장〉부터 〈11장〉까지 소개된 훈련 계획은 이러한 접근 방식을 지원하도록 설계되었다. 하지만 훈련 계획은 어디까지나 계획일 뿐이라는 점을 기억하자. 훈련 과정에서 체력의 변화를 쉽게 받아들일 수 있도록 보강 운동을 병행하는 것이 중요하다. 꾸준히 보강 운동을 병행한다면 부상으로 계획 조정이 필요할 때, 육체적으로나 정신적으로 무리 없이 적응할 수 있을 것이다.

- 대부분의 일반적인 훈련 계획보다 더 많은 운동량을 처방한다.
- 러닝과 보강 운동을 병행할 요일을 미리 정하는 것이 좋다.
- 총 훈련량에서 러닝과 보강 운동의 비율을 조절할 수 있는 유연성을 반영한다.
- 특정한 날에 러닝을 계획했더라도 컨디션이 좋지 않으면, 즉석에서 보강 운동으로 대체한다.
- 만약 러닝 관련 부상을 당했다면, 모든 러닝 세션을 저충격 또는 무충격 운동으로 변경한다.

80/20 법칙을
다른 운동에 활용하기

많은 사람이 체중 감량을 목적으로 달리기를 시작한다. 최근 〈러닝 USA〉에서 실시한 설문조사에 따르면, 달리기 프로그램을 시작하는 첫 번째 이유는 '운동을 위해서'라는 일반적인 대답이 가장 많았다. 두 번째로 많이 언급된 이유는 '체중에 대한 걱정'이었다. 체중 감량을 원하는 사람들에게 달리기는 현명한 선택지가 된다. 여러 연구 결과에 따르면, 다른 피트니스 활동을 선택한 사람들보다 달리기를 주요 운동으로 선택한 사람들이 더 많은 체중을 감량한다는 것을 보여준다.

예를 들어 2012년에 로렌스버클리국립연구소의 폴 윌리엄스는 3만 3,000명 이상의 남성과 여성을 대상으로 달리기와 다른 형태의 운동이 체질량지수BMI, Body Mass Index와 허리둘레에 미치는 효과를 비교했다. 이 연구에 따르면, 여성의 경우 다른 운동보다 달리기가 허리둘레를 줄이는 효과가 9.5배 컸고, 남성의 경우 달리기의 체질량지수 감소 효과는 19.3배 더 크다는 것을 발견했다.

그렇다면 왜 달리기가 다른 운동보다 체중 감량에 훨씬 더 효과적일까? 일부 전문가들은 그 이유가 달리기하는 사람들이 시간을 기준으로 운동을 측정하기보다, 주로 이동한 거리를 기준으로 운동을 측정하기 때문이라고 믿는다. 일정한 체중을 가진 사람이 어떤 속도로든 1.6km를 달리는 데 소모되는 에너지는 동일한 반면, 30분 동안의 줌바나 수중 에어로빅은 얼마나 집중해서 운동하느냐에 따라 효과가 달라진다. 예를 들어 트레드밀에서 아주 천천히 걷거나, 수영장 물에 누워 천장만 바라보거나, 계단 오르는 기구에서 느릿느릿 움직이면서 최소 심박수를 저강도 운동 범위에도 못 미치게 운동하는 사람들을 본 적이 있을 것이다.

하지만 달리기는 걷기나 수영과 같이 이동 거리를 기준으로 측정되는 활동보다도 체중 감량 효과가 더 크다. 따라서 다른 요인이 작용할 것이다. 이 다른 요인은 달리기가 식욕에 미치는 영향과 관련이 있을 수 있다. 사람들은 달리기보다 걷기나 수영 후에 더 많이 먹는 경향이 있다.

이 또한 매우 흥미로운 사실이다. 하지만 체중 감량을 목표로 하는 일반적인 관점에서 보면, 왜 달리기가 더 효과적인지는 크게 중요하지 않다. 달리기가 더 효과적이라는 사실을 아는 것만으로도 충분하다.

체중 감량의 목표는 당연히 대회를 위한 몸을 만드는 목표와는 다소 다르다. 이 책의 초점은 대회 준비에 맞춰져 있다. 우리는 80/20 법칙을 준수하는 것이 마라톤 대회에서 최고의 러닝 컨디션을 달성하는 가장 효과적인 방법임을 확인했다. 그렇다면 체중 감량에도 이 방법이 가장 효과적일까? 〈13장〉에서 살펴보겠지만, 과학적 연구와 실제 사례에서 얻은 최상의 증거들은 80/20 법칙이 체중 감량에도 효과적이라는 것을 보여준다.

많은 사람이 체중 감량을 위해 달리기를 시작하지만, 나중에는 다른 이유로 달리기를 계속하게 된다. 하지만 달리기의 주요 동기가 체중 감량인 사람들은 일찍 그만두는 경향이 있다. 이는 달리기에만 국한되는 것은 아니다. 어떤 운동 프로그램에서도 체중 감량은 꾸준히 운동을 지속하게 하는 강력한 동기가 되지 않는다. 운동을 즐기지 않으면 몇 년씩 운동하는 것은 어려운 일이다. 결국 새로운 러너가 숙련된 러너가 되는 이유는 달리기에 대한 열정을 키워나가기 때문이다. 〈러닝 USA〉의 보고서에 따르면, 숙련된 러너의 3분의 2 이상이 '즐거움'을 달리기를 계속하는 주요 이유 중 하나로 꼽았다.

그러나 아무리 열정적인 러너라도 반복되는 훈련이 질릴 때가 있다. 그럴 때면 많은 러너는 달리기를 넘어서 새로운 도전, 예를 들어 트라이애슬론 같은 운동을 시도하기도 한다. 그렇다면 다른 지구력 스포츠에도 80/20 법칙을 적용해야 할까? 다시 한번, 과학과 실제 사례에서 얻은 최상의 증거들은 역시 80/20 법칙 적용해야 한다고 말한다.

만약 지역 헬스장에서 체중 감량을 위해 일대일 레슨을 받는다면, 아마도 주 3회 근력 운동과 주 3회 유산소 운동으로 구성된 프로그램을 받게 될 가능성이 크다. 그리고 그 유산소 운동은 대부분 고강도 인터벌 트레이닝으로 채워질 것이다. 이렇게 고강도 위주의 운동 방식이 체중 감량의 표준이 된 이유는 무엇일까? 1999년 빌 필립스가 자신의 책《바디 포 라이프Body for Life》에서 이 방식을 소개한 이후, 많은 사람이 이를 체중 감량을 위한 공식처럼 받아들이게 되었다.

그렇다면 왜 저강도 유산소 운동은 포함되지 않을까? 그 이유는 간단하다. 빌 필립스는 보디빌더였다. 보디빌더들은 일반적으로 유산소 운동을 필요악으로 여기며, 최대한 빨리 끝내야 하는 운동이라고 생각한다. 많은 개인 트레이너들도 비슷한 사고방식을 갖고 있으며, 저강도 유산소 운동에 대한 경험이 부족하다. 이 때문에 체중 감량을 원하는 사람들의 프로그램에 저강도 유산소 운동을 포함시킬 생각을 잘하지 못한다.

대중매체 역시 고강도 인터벌 트레이닝이 시간을 절약하며 효과적으로 체중을 감량하는 방법이라 강조해, 이 방식이 표준으로 자리 잡는 데 기여했다. 특히 피트니스 잡지나 웹사이트는 사람들이 듣고 싶어 하는 내용을 전달할 때 가장 큰 이익을 얻는다. 사람들이 가장 듣고 싶어 하는 메시지는 바로 '운동에 많은 시간을 들이지 않고도 전문 운동선수 같은 몸을 만들 수 있다'는 것이다. 이러한 현상은 2013년 발표한 '고강도 운동과 체중 감량의 효과'에 대한 연구에서도 지적된 바 있다. 이탈리아 페루자의 헬시 라이프스타일 연구소의 피에르파올로 데 페오 박사는 연구 리뷰에 이렇게 서술했다.

"우리 사회는 빠른 결과를 원한다. 대중매체에서 가장 매력적인 메시지는 '짧은 시간 안에 최고의 효과를 얻을 수 있다'는 것이다. 따라서 언론은 짧은 시간 동안 고강도 운동을 하면, 체중 감량 효과가 뛰어나다는 연구 결과를 유독 강조하는 경향이 있다."

즉 체중 감량을 위한 운동 프로그램이 고강도 위주로 설계된 이유는, 과학적 근거보다는 보디빌딩 문화와 헬스장 환경, 대중매체의 영향에서 비롯된 것일 수 있다.

오늘날 대부분 사람이 바쁜 것은 사실이지만, 운동할 시간이 아예 없을 만큼 바쁜 사람은 거의 없다. 설문조사에 따르면, 대체적으로 운동하는 사람과 하지 않는 사람 모두 바쁘기에 루틴에는 큰 차이가 없다. 그렇다면 많은 사람이 짧고 강도 높은 운동을 선호하는 이유는 무엇일까? 진짜 이유는 운동 자체를 좋아하지 않기 때문이다. 운동을 선택할 때 가장 중요한 요소 중 하나는 즐거움이다. 하지만 많은 사람이 운동 자체를 즐기지 않으며, 이 때문에 가능한 한 적은 시간만 투자하고 싶어 한다. 문제는 운동을 싫어하는 사람일수록 고강도 운동을 더욱 부담스럽게 느낀다는 것이다. 실제로 고강도 인터벌 트레이닝을 경험한 후에는, 차라리 더 오랜 시간이 걸리더라도 저강도 운동으로 체중감량을 하고 싶어 한다. 실제로 연구에 따르면, 저강도 프로그램보다 고강도 체중 감량 운동 프로그램의 중도 포기율이 훨씬 높은 것으로 나타났다.

운동의 즐거움과 지속 가능성을 제외하고도, 저강도 운동을 충분히 수행하고 중·고강도 운동을 적절히 조합하는 프로그램이 체중 감량에 더 효과적이다. 주된 이유는 저강도 운동이 신체에 가하는 부담이 적어 피로가 덜 쌓이기 때문에 많은 양의 운동을 소화할 수 있다.

과학자들은 운동 강도가 체중 감량에 미치는 영향을 비교할 때, 운동 시간 또는 칼로리(열량) 소비량을 기준으로 비교한다. 예를 들어 "주당 동일한 시간을 저강도로 운동하는 것과 고강도로 운동하는 것 중 어느 것이 더 많은 체중 감량 효과를 가져오는가?"와 같은 질문을 한다. 하지만 운동 시간과 칼로리가 운동량을 결정하는 중요한 요소는 아니다. 사람들이 실제로 운동에 얼마나 투자하는지 결정하는 진정한 요인은 운동이 얼마나 힘들게 느껴지는지, '주관적으로 체감하는 운동 강도'를 기준으로 한다.

이처럼 운동은 사람에게 심리적 부담을 주며, 과학자들은 이를 측정하기 위해 'Session RPE체감하는 운동 강도'라는 개념을 사용한다. 세션 RPE는, 운동 중 느끼는 전체적인 노력 수준(1~10점 척도)×운동 시간(분)으로 계산한다. 사람마다 매주 감내할 수 있는 세션 RPE의 한계가 있으며, 이것이 실제로 운동을 지속할 수 있는지 결정하는 가장 중요한 요소다.

운동 강도를 평가하는 도구를 광범위하게 테스트한 결과, 칼로리를 훨씬 더 많이 소모하는 장시간 저강도 운동만큼이나 짧은 고강도 운동이 심리적으로 힘들게 느껴진다는 사실이 밝혀졌다. 이 점이 중요한 이유는 무엇일까? 고강도 운동을 주로 하든 저강도 운동을 주로 하든, 매주 감내할 수 있는 세션 RPE의 총량은 같다. 즉 운동 강도가 높아질수록 부담도 같이 커지므로, 지속할 수 있는 총 운동량이 제한된다. 하지만 시간 대부분을 저강도 운동에 할애하면, 스트레스 허용 범위를 넘지 않으면서도 훨씬 더 많은 칼로리를 소모할 수 있다.

[표 13.1]은 80/20 프로그램과 고강도 인터벌 프로그램을 비교한 것이다. 두 프로그램은 심리적으로 체감하는 운동 강도는 비슷하지만, 총 칼로리 소모량에는 큰 차이가 있다. 80/20 프로그램은 더 긴 시간이 필요하지만, 실제로 두 가지 일정을 모두 경험한 러너들은 더 힘들다고 느끼지 않으면서도, 2배 이상의 칼로리를 소모하게 된다. 이를 고려하면, "체중 감량이 목표라면 모든 훈련을 저강도로 하는 것이 더 낫지 않을까?"라는 질문이 떠오를 수 있다. 이 질문에 대한 답은 간단하다. 체중 감량 프로그램에 고강도 러닝을 포함하는 것이 더 효과적인 이유는 전반적인 체력이 더욱 향상되기 때문이다. 체력이 좋아질수록 모든 강도에서 더 빠르게 달릴 수 있으며, 심지어 저강도에서도 더 많은 칼로리를 소모할 수 있다.

[표 13.1]의 비교는 가설이지만 실제로 일어나는 현상과 비슷하다.

수많은 사람이 러닝을 통해 체중 감량에 성공했으며, 그들 대부분은 고강도 인터벌 트레이닝이 아닌 방식으로 감량했다. 사실 나는 헬스장에서 개인 트레이너의 지도 아래 트레드밀에서 전력 질주만으로 체중을 크게 감량한 사람을 본 적이 없다.

표 13.1 체중 감량을 위한 두 가지 달리기 프로그램 비교

	80/20 프로그램	고강도 인터벌 프로그램
월요일		고강도 인터벌 준비운동 5분 (고강도 1분/ 저강도 2분) × 6회 마무리 운동 5분
화요일	가벼운 러닝 저강도 40분	
수요일	고강도 인터벌 준비운동 5분 (고강도 1분/ 저강도 2분) × 6회 마무리 운동 5분	고강도 인터벌 준비운동 5분 (고강도 1분/ 저강도 2분) × 6회 마무리 운동 5분
목요일	가벼운 러닝 저강도 40분	
금요일	역치 러닝 저강도 10분 중강도 20분 저강도 10분	고강도 인터벌 준비운동 5분 (고강도 1분/ 저강도 2분) × 6회 마무리 운동 5분
토요일	기초 러닝 저강도 40분	
일요일	장거리 러닝 저강도 60분	고강도 인터벌 준비운동 5분 (고강도 1분/ 저강도 2분) × 6회 마무리 운동 5분
총 운동 강도	1,032	1,008
총 소모 칼로리 (몸무게 72.5kg 기준)	3,075	1,461

하지만 5km, 10km, 하프 마라톤, 마라톤을 준비하며 러닝을 즐기게 되었고, 부수적인 효과로 체중 감량 효과를 봤다고 말하는 사람들을 수없이 만났다. 그렇다고 이들이 모두 최적의 방법으로 감량한 것은 아니다. 앞서 언급했듯이, 대부분 기록을 목표로 하는 러너는 중강도 훈련을 과도하게 수행하며, 매일 훈련을 빠르게 끝내고 싶은 욕구와 힘든 운동을 피하고 싶은 욕구 사이에서 타협하고 있다. 반면 80/20 법칙을 따르는 러너는 체중 감량 효과가 더욱 크고 지속적으로 유지되는 경향이 있다.

버지니아주 리치먼드에 사는 아만다도 그런 사례 중 하나다. 고등학교 시절에는 운동을 통해 건강하고 날씬한 몸을 유지했지만, 대학에 들어가면서 운동을 그만두었고 체중이 점점 늘어났다. 이후 남편 마이클을 만나면서 체중이 더 증가했다. 30세가 되었을 때 그녀의 몸무게는 88kg에 도달했고, 이대로 방치할 수 없다고 결심했다. 당시 운동을 거의 하지 않았던 아만다는, 집에서 운동 영상을 보며 따라 하고, 1.6km 정도를 가볍게 뛰는 짧은 러닝도 시작했다. 동시에 탄산음료를 끊고, 고기 대신 채소를 많이 먹고, 외식을 줄이는 등 보다 건강한 식습관을 만들었다.

몇 달간 달리기를 지속한 아만다는 두 번의 5km와 한 번의 10km를 완주한 후, 서문에서 소개한 심박수 기반 코칭 앱을 발견했다. 그녀는 80/20 법칙을 기반으로 한 프로그램을 활용해 첫 하프 마라톤을 준비했다. 많은 러너가 80/20 훈련법을 처음 접했을 때처럼, 아만다 역시 평소보다 훨씬 느리게 달려야 한다는 사실에 당황했다. 1.6km당 최대 2분 정도 느린 속도로 달려야 했다. 처음에는 이렇게 쉬운 조깅이 정말 효과가 있을지 의심하며 거부감을 느꼈지만, 곧 프로그램을 받아들이게 되었다. 이전처럼 속도에 집착하며 목표 시간을 달성하지 못해 실망하는 대신, 훈련 자체를 즐기고 점진적으로 성장하는 경험을 하게 되었기 때문이다. 훈련이 점점 더 즐거워지면서 그녀의 기록도 자연스럽게 향상되었다. 프로그램을 시작할 당시에는 단 몇 킬로미터도 버겁게 느껴졌지만, 훈련을 마칠 때쯤에는 하프 마라톤을 수월하게 완주했다. 마침내 목표보다 4분이나 앞당겨 하프 마라톤을 완주하는 성과를 거두었다.

80/20 러닝을 시작한 지 10개월 후, 아만다는 체중계에 올라 66kg을 확인했다. 새로운 여정을 시작한 이후 22kg을 감량한 것이다. 아만다의 변화는 인상적이지만 결코 특별한 사례는 아니다. 같은 방식으로 체중 감량에 성공한 사람들은 무수히 많다. 만약 당신도 체중 감량을 원하고 80/20 러닝을 꾸준히 실천한다면, 비슷한 변화를 직접 경험하게 될 것이다.

〈9장〉에서 소개한 레벨1 5km 프로그램은 체중 감량을 목표로 하는 초보 러너에게 적합하다. 이 프로그램은 처음 5km를 완주할 수 있도록 설계되었지만, 체중 감량을 목적으로 하더라도 다르게 계획하지 않았을 것이다. 나는 체중 감량을 위해 달리기를 시작하는 사람들에게, 단순히 몸무게 감량만을 목표로 삼기보다 5km나 거리가 짧은 러닝 대회 완주를 목표로 할 것을 권장한다.

　운동 심리학 연구에 따르면, 사람들은 특정 체중에 도달하는 것과 같은 개인적 목표보다, 대회를 완주하는 것과 같은 사회적 목표에서 더 큰 동기를 얻는다. 또한 대회를 준비하는 과정은 러닝을 자연스럽게 즐기게 되는 가장 확실한 방법의 하나다. 처음 결승선을 통과하는 순간의 감동은, 많은 초보 러너를 달리기에 빠져들게 만드는 마법 같은 경험이기 때문이다.

2010년 스코틀랜드 스털링대학교의 스튜어트 갤러웨이와 두 명의 운동과학자는 기록 향상을 목표로 하는 일반 트라이애슬론 선수들을 대상으로 야심찬 연구를 진행했다. 갤러웨이 팀은 아이언맨(철인 3종 경기) 대회 출전을 준비하는 지역 트라이애슬론 클럽 10명의 선수를 6개월 동안 모니터링했다. 아이언맨은 수영 3.8km, 사이클 180km, 마라톤 42.195km로 구성된 극한의 지구력이 요구되는 경기로, 선수들은 연구팀의 직접적인 지도를 받지 않고 자율적으로 훈련을 계획하고 진행했다. 연구팀은 심박수 측정기와 체감하는 운동 강도 평가를 활용하여, 선수들이 각 종목에서 저강도, 중강도, 고강도 훈련에 할애한 시간을 측정했다. 또한 연구가 시작되기 전과 연구 기간 여러 시점에 걸쳐 선수들은 수영, 사이클, 마라톤 종목별 체력 테스트를 진행했으며, 이를 통해 훈련이 경기력 향상에 미치는 영향을 분석했다.

연구 결과, 선수들은 아이언맨 훈련 시간의 평균 69%를 저강도로, 25%를 중강도로, 6%를 고강도에서 소화했다. 이는 대부분의 기록 향상을 목표로 하는 일반 러너들보다 높은 수치로, 트라이애슬론 선수들이 비교적 많은 훈련량을 소화했기 때문으로 보인다. 실제로 연구 참가자들은 아이언맨 준비 과정에서 주당 11시간 이상을 훈련에 투자했다. 그러나 69%는 지구력 선수들이 저강도 훈련에 할애해야 할 이상적인 80%보다 여전히 낮은 수치이다. 앞서 조나단 에스테베-라나오의 연구에서도, 저강도 훈련 시간을 65%로 훈련한 러너들보다 80%로 유지한 러너들이 훨씬 더 큰 향상을 보였다는 점이 입증되었다.

따라서 갤러웨이의 연구 참가자들이 6개월 동안 체력이 거의 개선되지 않은 것은 그리 놀라운 일이 아니다. 연구 기간 선수들은 수영 속도, 사이클 파워 출력, 그리고 젖산역치 강도의 러닝 속도를 측정하는 테스트를 주기적으로 받았다. 이 테스트들은 실제 경주 성과를 예측하는 데 탁월한 지표로 알려져 있다. 선수들의 젖산역치 강도에서의 수영 속도는 평균 0.7% 증가하는 데 그쳤으며, 이를 의미 있는 개선으로 보기 어려웠다. 사이클 파워 출력은 3.3% 증가했지만, 통계적으로는 미미한 수준으로 평가되었다. 반면에 러닝에서 가장 큰 향상이 나타났으면, 참가자들의 젖산역치 러닝 속도는 6개월 동안 7.8% 증가했다. 이 효과 수준은 '중간 정도'로 분류되었다. 흥미롭게도 참가자들은 러닝 훈련에서 80/20 법칙을 가장 잘 따랐으며, 총 러닝 시간의 74%를 저강도로 수행했다.

갤러웨이와 그의 동료들은 "모든 종목에서 80%의 훈련을 저강도로 진행했다면, 선수들이 더 나은 성과를 냈을 것"이라고 결론지었다. 이후, 스티븐 사일러와 조나단 에스테베-라나오가 수행한 연구가 이 결론을 뒷받침했다. 이 연구는 갤러웨이의 연구와 유사한 방식으로 진행되었다. 9명의 기록 향상을 목표로 하는 일반 트라이애슬론 선수들이 아이언맨 경기를 위해 자유롭게 훈련하는 과정을 모니터링했다. 하지만 이번 연구에서는 선수마다 각 강도 구역에서 보낸 시간과 실제 경기 성과 간의 상관관계를 분석했다. 예상대로 저강도 훈련 시간이 많을수록 경기 기록이 향상되는 경향이 나타났다. 즉 추가된 저강도 훈련 1분당 얻는 이점이 추가된 고강도 훈련 1분당 얻는 이점보다 2배나 더 컸다.

이 연구에서 얻을 수 있는 핵심 교훈은, 러닝에서 트라이애슬론으로 전환할 때, 대부분의 트라이애슬론 선수들이 저지르는 실수를 피하고 80/20 원칙을 따르는 것이 중요하다는 점이다. 러닝에서 사용하는 5구역 강도 체계는 수영과 사이클 훈련에도 적용할 수 있지만, 각 종목에서 젖산역치 심박수가 다르므로 수영, 사이클, 러닝 각각에 맞는 훈련 구역을 따로 설정해야 한다. 사이클 훈련에서 젖산역치 심박수와 파워 출력(파워 미터가 장착된 경우)을 측정하려면, 러닝과 마찬가지로 30분 기록 측정 또는 말하기 테스트를 사용할 수 있다.

물속에서 젖산역치 속도를 찾는 가장 효과적인 방법은 '임계 수영 속도 테스트'이다. 무리하지 않고 긴 시간 유지할 수 있는 가장 빠른 수영 속도로, 피로도가 급격하지 높아지지 않으면서 꾸준히 일정한 속도를 유지할 수 있다. 훈련 계획을 세울 때 참고하는 자료로 측정하는 방법은 간단하다.

우선 수영장에 가서 가볍게 워밍업을 한다. 그런 다음 400m를 최대한 빠르게 수영하고 시간을 기록한다. 잠시 휴식을 취한 뒤, 200m

를 최대한 빠르게 수영하고 시간을 기록한다. 그리고 임계 수영 속도
= (400m - 200m) ÷ (400m 기록 - 200m 기록) 공식으로 임계 속도
(젖산역치 수영 속도)를 계산한다.

수영에서 젖산역치 심박수를 측정하려면, 젖산역치 속도로 여러 바
퀴(랩)를 수영한 후 잠시 멈춰 심박수를 확인하면 된다. 최근에는 방
수 기능이 뛰어난 심박수 측정 시계가 많이 출시되었지만, 여전히 대
부분의 수영 선수나 트라이애슬론 선수들은 훈련 강도를 심박수보다
페이스로 조절하는 방식을 선호한다. 이는 자유형으로 수영하는 동안
심박수를 실시간으로 확인하기가 거의 불가능하기 때문이다.

[표 13.1]에서는 5구역 강도 체계에 따른 적절한 수영 페이스 목표
를 보여준다.

표 13.1 수영 페이스 구역

구역(Zone)	속도 범위 (임계 속도/젖산역치 속도의 비율)
1	80~85
2	86~90
3	96~100
4	103~106
5	107 이상

주관적으로 체감하는 운동 강도는 러닝과 마찬가지로, 사이클과 수영에서도 강도를 조절하는 데 사용할 수 있다. 러닝, 사이클, 수영에서 각 존은 다음과 같은 체감 운동 강도에 해당한다.

- 존1 : 1~2 수준(가장 낮은 강도)
- 존2 : 3~4 수준(가벼운 강도)
- 존3 : 5~6 수준(중간 강도)
- 존4 : 7~8 수준(높은 강도)
- 존5 : 9~10 수준(최대 강도)

다음은 올림픽 트라이애슬론(수영 1.5km, 자전거 40km, 마라톤 10km)을 준비하기 위해 따라 할 수 있는 12주간의 80/20 훈련 계획이다. 이 계획은 트라이애슬론 계획을 직접 설계하는 양식으로도 활용할 수 있다. 러닝 세부 사항은 〈7장〉에서 설명된 내용을 참고하면 된다.

요일 주	월	화	수	목	금	토	일
1주		수영 훈련 550m 워밍업 50m × 4회 (존 5 강도)	사이클 훈련 30분 라이딩 1분 × 4회 (존 4 강도)	변속 질주 러닝 2	수영 훈련 550m (존 2 강도)	사이클 훈련 45분 라이딩 10분 (존 3 강도)	기초 러닝 6
2주		수영 훈련 650m 워밍업 50m × 5회 (존 5 강도)	사이클 훈련 35분 라이딩 1분 × 4회 (존 5 강도)	변속 질주 러닝 3	수영 훈련 650m (존 1/ 존 2 강도)	사이클 훈련 50분 라이딩 10분 (존 3 강도)	기초 러닝 7

3주	수영 훈련 550m 워밍업 50m × 4회 (존 5 강도)	사이클 훈련 30분 라이딩 1분 × 4회 (존 4 강도)	변속 질주 러닝 2	수영 훈련 550m (존 1/ 존 2 강도)	사이클 훈련 45분 라이딩10분 (존 3 강도)	기초 러닝 6
4주	수영 훈련 750m 워밍업 100m × 3회 (존 4 강도)	사이클 훈련 40분 라이딩 (존 1/ 존 2 강도)	언덕 반복 러닝 4	수영 훈련 750m (존 1/ 존 2 강도)	사이클 훈련 55분 라이딩 3분 × 3회 (언덕, 존 4 강도)	기초 러닝 9
5주	수영 훈련 1,000m 워밍업 100m × 4회 (존 4 강도)	사이클 훈련 45분 라이딩 15분 (존 3 강도)	언덕 반복 러닝 6	수영 훈련 1,000m (존 1/ 존 2 강도)	사이클 훈련 60분 (존 1/ 존 2 강도) 10분 러닝 (존 2 강도)	장거리 러닝 2
6주	수영 훈련 750m 워밍업 50m × 6회 (존 4 강도)	사이클 훈련 40분 라이딩 3분 × 3회 (언덕, 존 4 강도)	변속 질주 러닝 3	수영 훈련 750m (존 1/ 존 2 강도)	사이클 훈련 50분 라이딩 (존 1/ 존 2 강도)	기초 러닝 7
7주	수영 훈련 1,150m 워밍업 100m × 5회 (존 4 강도)	사이클 훈련 48분 라이딩 18분 (존 3 강도)	장거리 인터벌 러닝3	수영 훈련 1,150m (존 1/ 존2 강도)	사이클 훈련 65분 (존 1/ 존2 강도) 10분 러닝 (존 2 강도)	장거리 러닝 3
8주	수영 훈련 1,400m 워밍업 200m × 3회 (존 3 강도)	사이클 훈련 50분 라이딩 1분 × 8회 (존 5 강도)	장거리 인터벌 러닝 5	수영 훈련 1,400m (존 1/ 존 2 강도)	사이클 훈련 70분 (존 1/ 존 2 강도) 10분 러닝 (존 2 강도)	장거리 러닝 4
9주	수영 훈련 1,000m 워밍업 100m × 4회 (존 4 강도)	사이클 훈련 45분 라이딩15분 (존 3 강도)	템포 러닝1	수영 훈련 1,000m (존 1/ 존 2 강도)	사이클 훈련 60분 (존 1/ 존 2 강도)	기초 러닝 8

10주		수영 훈련 1,600m 워밍업 150m × 5회 (존 3 강도)	사이클 훈련 50분 라이딩 20분 (존 3 강도)	템포 러닝2	수영 훈련 1,600m (존 1/ 존 2 강도)	사이클 훈련 75분 (존1/ 존2 강도) 러닝 5분 (존 3 강도)	장거리 러닝 5
11주		수영 훈련 1,800m 워밍업 200m × 4회 (존 3 강도)	사이클 훈련 45분 라이딩 5분 × 3회 (존 4 강도)	템포 러닝3	수영 훈련 1,800m (존 1/ 존 2 강도)	사이클 훈련 80분 (존 1/ 존 2 강도)	장거리 러닝 3
12주		수영 훈련 1,400m 워밍업 200m × 3회 (존 3 강도)	사이클 훈련 45분 라이딩 15분 (존 3 강도)	빌드업 마무리 장거리 러닝·4	수영 훈련 1,000m (존 1/ 존 2 강도)		대회 준비

달리기는 모든 사람이 평생 할 수 있는 스포츠는 아니다. 열정적인 러너들 역시 나이가 들거나 부상으로 인해, 사이클이나 수영 같은 좀 더 부드러운 운동으로 전향하곤 한다. 예를 들어 나의 아버지는 50대 후반에 고관절 수술을 받은 후, 오랫동안 이어온 달리기를 그만두고 젊은 시절 즐겼던 바다 수영으로 전환했다.

언젠가 당신도 비슷한 이유로 다른 운동으로 전환해야 할 순간이 올 수 있다. 그럴 때 새로운 운동에서도 최고의 결과를 얻으려면 80/20 원칙을 적용하는 것이 중요하다. 〈3장〉에서도 언급했듯이, 크로스컨트리 스키, 사이클, 조정, 수영 등 모든 스포츠의 엘리트 선수들이 80/20 법칙을 따르는 이유는 다른 방식보다도 효과적이기 때문이다. 또한 개인 기록 향상을 목표로 하는 선수들에게도 80/20 훈련 강도 비율이 최적이라는 연구 결과가 있다. 예를 들어 2013년 스튜어트 갤러웨이의 연구에서는, 6주간 80/20 훈련을 시행한 사이클리스트들이 고강도 지구력 능력이 85% 향상된 반면, 57/43 훈련을 한 그룹은 단 37% 증가하는 데 그쳤다.

80/20 방식의 기반이 된 저강도 · 고부하 훈련법을 개발한 아서 리디어드는, 이 방법이 축구나 단거리 육상 같은 지구력 스포츠가 아닌 종목에서도 최고의 심폐 강화 훈련 방법이라고 믿었다. 그에게 저강

도 · 고부하 훈련은 만능 해법과 같았고, 모든 스포츠가 이를 적용할 대상으로 보였다. 하지만 이는 지나친 일반화였다. 오늘날 힘, 속도, 폭발력을 요구하는 종목의 엘리트 선수들은 자신의 스포츠 특성을 반영한 고강도 훈련을 중심으로 훈련하며, 연구 결과 또한 이러한 접근 방식이 그들에게 가장 효과적임을 입증한다.

리디아드는 전지전능한 존재가 아니었다. 그는 러닝 역사상 가장 중요한 훈련법을 발견했고, 이는 이후 스티븐 사일러가 80/20 법칙 발견하는 혁신적인 돌파구로 이어졌다. 그러나 레슬링 선수들에게 훈련법을 조언하는 것은 그의 전문 분야가 아니었다. 그래서 언젠가 러닝을 그만두고 아이스하키와 같은 다른 스포츠를 하게 된다면, 80/20 법칙은 고민할 필요 없이 내려놓고, 최고의 하키 선수들이 훈련하는 방식에 따르겠다고 생각했다.

삶에서 절대적인 원칙은 거의 없으며, 80/20 법칙도 마찬가지다. 80/20 법칙은 러닝에서 가장 흔한 실수에 대한 해결책이자, 최고의 러닝 기량과 만족감을 얻을 수 있도록 돕는 핵심 요소일 뿐이다.

부록

80/20 러닝을 위한
세부 훈련 가이드

다음 내용은 〈6장〉장의 규칙을 기반으로 각 러닝 유형의 강도를 모니터링하고 조절하는 방법을 단계별로 안내한다.

저강도 러닝

회복 러닝 🔻

- 체감하는 운동 강도(1~2)를 기준으로 존1 강도를 설정한다.
- 심박수를 확인하며 존1을 유지한다.
- 전체 과정에서 필요에 따라 체감하는 운동 강도를 기준으로 훈련 강도를 미세하게 조정한다.

기초 러닝 🔻

- 워밍업에서 체감하는 운동 강도(1~2)를 기준으로 존1 강도를 설정한다.
- 워밍업이 끝날 때까지 심박수를 확인하며 존1을 유지한다.
- 워밍업 후 체감하는 운동 강도(3~4)를 점진적으로 올려 존2에 진입한다.
- 존2 러닝 구간에서 심박수를 확인하며 존2를 유지한다.
- 쿨다운에서 체감하는 운동 강도(1~2)를 조정해 존1로 돌아간다.
- 쿨다운이 끝날 때까지 심박수를 확인하며 존1을 유지한다.
- 전체 과정에서 필요에 따라 체감하는 운동 강도를 기준으로 훈련 강도를 미세하게 조정한다.

장거리 러닝 🦶

- 기초 러닝과 동일하다

중강도 러닝

빌드업 마무리 러닝 🦶

- 워밍업에서 체감하는 운동 강도(1~2)를 기준으로 존1 강도를 설정한다.
- 워밍업이 끝날 때까지 심박수를 확인하며 존1을 유지한다.
- 워밍업 후 체감하는 운동 강도(3~4)를 점진적으로 올려 존2에 진입한다.
- 존2 러닝 구간에서 심박수를 확인하며 존2를 유지한다.
- 체감하는 운동 강도(5~6)를 점진적으로 올려 존3에 진입하고 페이스를 올린다.
- 러닝이 끝날 때까지 페이스와 심박수를 확인하며 존3을 유지한다.
- 전체 과정에서 필요에 따라 체감하는 운동 강도를 기준으로 훈련 강도를 미세하게 조정한다.

템포 러닝(지속주) 🦶

- 워밍업에서 체감하는 운동 강도(1~2)를 기준으로 존1 강도를 설정한다.
- 워밍업이 끝날 때까지 심박수를 확인하며 존1을 유지한다.
- 워밍업 후 체감하는 운동 강도(3~4)를 점진적으로 올려 존2에 진입한다.
- 존2 러닝 구간에서 심박수를 확인하며 존2를 유지한다.
- 템포 러닝 구간에서 체감하는 운동 강도(5~6)를 조정해 존3에 진입한다.

- 템포 러닝 구간에서 페이스와 심박수를 확인하며 존3을 유지한다.

- 템포 러닝이 끝난 후 심박수를 확인하며 점진적으로 낮춰 존2에 진입한다.

- 마무리 단계에서 심박수를 확인하며 존2를 유지한 뒤 최종적으로 존1로 돌아간다.

- 전체 과정에서 필요에 따라 체감하는 운동 강도를 기준으로 훈련 강도를 미세하게 조정한다.

템포 인터벌 러닝 👟

- 워밍업에서 체감하는 운동 강도(1~2)를 기준으로 존1 강도를 설정한다.

- 워밍업이 끝날 때까지 심박수를 확인하며 존1을 유지한다.

- 워밍업 후 체감하는 운동 강도(3~4)를 점진적으로 올려 존2에 진입한다.

- 존2 러닝 구간에서 심박수를 확인하며 존2를 유지한다.

- 템포 인터벌 러닝 시작 시 체감하는 운동 강도(5~6)를 점진적으로 올려 존3에 진입한다.

- 템포 인터벌 러닝 구간에서 페이스와 심박수를 확인하며 존3을 유지한다.

- 템포 인터벌 러닝이 끝난 후 체감하는 운동 강도를 조정해 존2로 돌아간다.

- 템포 인터벌 러닝 사이의 회복 구간에서 심박수를 확인하며 존2를 유지한다.

- 템포 인터벌 러닝이 끝난 후 심박수를 확인하며 점진적으로 낮춰 존2에 진입한다.

- 마무리 단계에서 심박수를 확인하며 존2를 유지한 뒤 최종적으로 존1로 돌아간다.

- 전체 과정에서 필요에 따라 체감하는 운동 강도를 기준으로 훈련 강도를 미세하게 조정한다.

변속 질주 장거리 러닝 🦶

- 템포 인터벌 러닝과 동일하다.
- 시간 기반 인터벌 대신 거리 기반 변속 구간으로 대체된다.

빌드업 마무리 장거리 러닝

- 빌드업 마무리 러닝과 동일하다.

고강도 러닝

변속 질주 러닝 🦶

- 워밍업에서 체감하는 운동 강도(1~2)를 기준으로 존1 강도를 설정한다.
- 워밍업이 끝날 때까지 심박수를 확인하며 존1을 유지한다.
- 워밍업 후 체감하는 운동 강도(3~4)를 점진적으로 올려 존2에 진입한다.
- 존2 러닝 구간에서 심박수를 확인하며 존2를 유지한다.
- 속도 변화 구간에서 체감하는 운동 강도를 확인하며 존4 또는 존5에 진입한다.
- 존4는 체감하는 운동 강도 7, 존5는 체감하는 운동 강도 9로 설정한다. 이후 체감하는 운동 강도를 유지한다.

- 존4에서는 체감하는 운동 강도가 7~8까지, 존5에서는 9~10까지 점진적으로 오를 수 있으나, 각각 최소한 훈련 절반이 지난 후에 해당 강도에 도달하도록 한다.
- 속도 변화 구간이 끝난 후 체감하는 운동 강도(3~4)를 조정해 존2로 돌아간다.
- 변속 질주 러닝 사이의 회복 구간에서 심박수를 확인하며 존2를 유지한다.
- 쿨다운에서 체감하는 운동 강도(1~2)를 조정해 존1로 돌아간다.
- 쿨다운이 끝날 때까지 심박수를 확인하며 존1을 유지한다.
- 전체 과정에서 필요에 따라 체감하는 운동 강도를 기준으로 훈련 강도를 미세하게 조정한다.

언덕 반복 러닝 🦶

- 워밍업에서 체감하는 운동 강도(1~2)를 기준으로 존1 강도를 설정한다.
- 워밍업이 끝날 때까지 심박수를 확인하며 존1을 유지한다.
- 워밍업 후 체감하는 운동 강도(3~4)를 점진적으로 올려 존2에 진입한다.
- 존2 러닝 구간에서 심박수를 확인하며 존2를 유지한다.
- 속도 변화 구간에서 체감하는 운동 강도(5~6)를 점진적으로 올려 존5에 진입한다.
- 속도 변화 구간에서 페이스를 확인하며 존4 또는 존5 강도를 유지한다.
- 속도 변화 구간이 끝난 후 체감하는 운동 강도(1~2)를 조정해 존1로 돌아간다.
- 언덕 반복 러닝 사이의 회복 구간에서 존1을 유지한다.
- 쿨다운에서 체감하는 운동 강도(1~2)를 조정해 존1로 돌아간다.

- 쿨다운이 끝날 때까지 심박수를 확인하며 존1을 유지한다.

- 전체 과정에서 필요에 따라 체감하는 운동 강도를 기준으로 훈련 강도를 미세하게 조정한다.

단거리 인터벌 러닝 🥾

- 워밍업에서 체감하는 운동 강도(1~2)를 기준으로 존1 강도를 설정한다.

- 워밍업이 끝날 때까지 심박수를 확인하며 존1을 유지한다.

- 워밍업 후 체감하는 운동 강도(3~4)를 점진적으로 올려 존2에 진입한다.

- 존2 러닝 구간에서 심박수를 확인하며 존2를 유지한다.

- 단거리 인터벌 러닝 시작 시 체감하는 운동 강도(9)로 존5에 진입한다.

- 단거리 인터벌 러닝 구간에서 페이스를 확인하며 존5 강도를 유지한다.

- 단거리 인터벌 러닝이 끝난 후 체감하는 운동 강도(1~2)를 조정해 존1로 돌아간다.

- 단거리 인터벌 러닝 사이의 회복 구간에서 존1을 유지한다.

- 쿨다운에서 체감하는 운동 강도(1~2)를 조정해 존1로 돌아간다.

- 쿨다운이 끝날 때까지 심박수를 확인하며 존1을 유지한다.

- 전체 과정에서 필요에 따라 체감하는 운동 강도를 기준으로 훈련 강도를 미세하게 조정한다.

장거리 인터벌 러닝 🥾

- 워밍업에서 체감하는 운동 강도(1~2)를 기준으로 존1 강도를 설정한다.

- 워밍업이 끝날 때까지 심박수를 확인하며 존1을 유지한다.

- 워밍업 후 체감하는 운동 강도(3~4)를 점진적으로 올려 존2에 진입한다.

- 존2 러닝 구간에서 심박수를 확인하며 존2를 유지한다.

- 장거리 인터벌 러닝 시작 시 체감하는 운동 강도(7)로 존4에 진입한다.

- 장거리 인터벌 러닝 구간에서 페이스를 확인하며 존4 강도를 유지한다.

- 장거리 인터벌 러닝이 끝난 후 체감하는 운동 강도(1~2)를 조정해 존1로 돌아간다.

- 장거리 인터벌 러닝 사이의 회복 구간에서 존1을 유지한다.

- 쿨다운에서 체감하는 운동 강도(1~2)를 조정해 존1로 돌아간다.

- 쿨다운이 끝날 때까지 심박수를 확인하며 존1을 유지한다.

- 전체 과정에서 필요에 따라 체감하는 운동 강도를 기준으로 훈련 강도를 미세하게 조정한다.

복합 인터벌 러닝 🏃

- 워밍업에서 체감하는 운동 강도(1~2)를 기준으로 존1 강도를 설정한다.

- 워밍업이 끝날 때까지 심박수를 확인하며 존1을 유지한다.

- 워밍업 후 체감하는 운동 강도(3~4)를 점진적으로 올려 존2에 진입한다.

- 존2 러닝 구간에서 심박수를 확인하며 존2를 유지한다.

- 존5 인터벌 러닝 시작 시 체감하는 운동 강도(9)로 존5에 진입한다.

- 존5 인터벌 러닝 구간에서 페이스를 확인하며 존5 강도를 유지한다.

- 존4 인터벌 러닝 시작 시 체감하는 운동 강도(7)로 존4에 진입한다.

- 존4 인터벌 러닝 구간에서 페이스를 확인하며 존4 강도를 유지한다.

- 존3 인터벌 러닝 시작 시 체감하는 운동 강도(5~6)를 조정해 존3에 진입한다.

- 존3 인터벌 러닝 구간에서 페이스와 심박수를 확인하며 존3 강도를 유지한다.

- 각 인터벌이 끝난 후 체감하는 운동 강도(1~2)를 조정해 존1로 돌아간다.

- 복합 인터벌 러닝 사이의 회복 구간에서 존1을 유지한다.

- 쿨다운에서 체감하는 운동 강도(1~2)를 조정해 존1로 돌아간다.

- 쿨다운이 끝날 때까지 심박수를 확인하며 존1을 유지한다.

- 전체 과정에서 필요에 따라 체감하는 운동 강도를 기준으로 훈련 강도를 미세하게 조정한다.

옮긴이 **최보배**

대학에서 영어영문학을 공부하고 출판 기획편집자로 일하고 있다. 영미권 외서를
기획하고 있으며 새로운 생각과 오래 남는 이야기를 번역한다.

80대20
러닝 훈련법

초판 1쇄 발행 2025년 4월 15일
초판 2쇄 발행 2025년 6월 17일

지은이 맷 피츠제럴드
옮긴이 최보배
펴낸이 최현준

편집 홍지회, 강서윤
디자인 박영정

펴낸곳 빌리버튼
출판등록 2022년 7월 27일 제 2016-000361호
주소 서울시 마포구 월드컵로 10길 28, 201호
전화 02-338-9271
팩스 02-338-9272
메일 contents@billybutton.co.kr

ISBN 979-11-92999-75-3 (13690)